Beate Handler

Wie der Mensch denkt

Beate Handler

Wie der Mensch denkt

Die Milliarden im Kopf

GOLDEGG VERLAG

Der Verlag und seine Autoren sind für Reaktionen, Hinweise oder Meinungen dankbar. Bitte wenden Sie sich diesbezüglich an verlag@goldegg-verlag.at.

ISBN Print: 978-3-902729-17-0

Mommsengasse 4/2 • A-1040 Wien
Telefon: +43 (0) 1 5054376-0
E-Mail: office@goldegg-verlag.com
http://www.goldegg-verlag.com
Herstellung: Goldegg Verlag GmbH, Wien
Druck: CPI Moravia Books

Für Frau Irmfriede H.,
der die Willkür des Lebens das Gedächtnis gestohlen hat
und dabei auch nicht zurückschreckte,
ihr das Lachen zu verstecken.

Vorwort

Was haben ein Philosoph, ein Nobelpreisträger, ein Affe und Beate Handler gemeinsam?

Alle haben sich mit dem Denken beschäftigt!

René Descartes war **Philosoph,** Mathematiker und Naturwissenschaftler. Sein wohl berühmtester Satz ist: „Ich denke, also bin ich." An diesem Satz lässt sich erkennen, wie wichtig für Descartes das Denken war.

1929 wurde Eric Kandel in Wien geboren. Nach dem Anschluss 1939 musste er in die Vereinigten Staaten emigrieren und machte sich dort als Neurowissenschaftler einen Namen. Er beschäftigte sich unter anderem mit der Erforschung des Gedächtnisses. Im Jahr 2000 erhielt er für seine Forschung den **Nobelpreis** für Medizin.

Nun gut, aber wie passt ein **Affe** in diese illustre Runde?

1971 wurde in San Francisco ein Gorillaweibchen geboren. Es erhielt den Namen Koko. Der Affe wurde von Francine Patterson und anderen Wissenschaftern trainiert, mit über 1.000 Zeichen der American Sign Language zu kommunizieren und annähernd 2.000 englische Wörter zu verstehen. Besonders beeindruckend finde ich folgende „philosophische Unterhaltung", nachdem Francine Patterson Koko das Bild eines Gorillaskeletts gezeigt hatte:

Patterson: Lebt der Gorilla oder ist er tot?

Koko: tot, wiedersehen.

Patterson: Wie fühlt sich ein Gorilla, wenn er stirbt: glücklich, traurig, ängstlich?

Koko: schlafen.

Patterson: Wohin gehen Gorillas, wenn sie sterben?

Koko: gemütliches Loch, wiedersehen.

Nun zu **Beate Handler.** „Wie der Mensch denkt. Die Milliarden im Kopf" ist das dritte Buch von Beate Handler. Ihre ersten beiden Werke: „Mit allen Sinnen leben. Tägliches Genusstraining“ und „Meine magische Persönlichkeit. Persönlichkeitsanalyse mit der Erdgeistchen-Methode“ beeindruckten mich sehr durch ihre fachliche Kompetenz, aber auch durch den humorvollen Stil, der das Lesen der Bücher zur leichten Kost mit Substanz machte.

Bevor ich ihr drittes Buch las, überlegt ich noch, ob es wohl möglich sei, auch in einem Buch über das menschliche Denken diesen von mir sehr geschätzten Stil der fundierten Leichtigkeit beizubehalten. Ich habe schon etliche Bücher zu diesem Thema gelesen, es aber immer ein bisschen als „Pflicht“ gesehen, mich weiterzubilden, etwas „Gescheites“ zu lesen. Das Vergnügen blieb manchmal auf der Strecke. Nicht so bei Beate Handlers neuem Buch!

So, liebe Leserinnen und Leser, nun werde ich Sie nicht länger auf die Folter spannen und Ihnen anhand einer Gebrauchsanweisung, wie Sie das Buch lesen sollen, einen Vorgeschmack auf Beate Handlers Buch geben: Nehmen Sie eine große Portion Vorfreude, packen Sie sich in einen gemütlichen Sessel oder aufs Sofa und beginnen Sie einfach.

Es wird eine spannende, genussvolle Reise durch das komplexe Land des Denkens und Fühlens auf gesicherten Pfaden werden. Die anregende Aussicht, die Sie erleben werden, ermöglicht viel Einsicht und Sie werden nach dem Lesen dieses Buchs reicher sein.

Vorsicht: Eine mögliche Nebenwirkung könnte sein, dass Sie die Zeit vergessen …

Viel Freude beim Lesen!

Wien, am 1. September 2010

Walpurga Müller
Psychotherapeutin

Inhaltsübersicht

Inhaltsverzeichnis

WIE DER MENSCH DENKT

WIE DER MENSCH FÜHLT

WIE DER MENSCH HANDELT

ANHANG

Wie der
Mensch denkt

1. Wann beginnt das Denken?

Böse Zungen könnten jetzt behaupten: „Bei manchen Menschen beginnt es nie!“ Auch wenn es so wirken mag, ist das jedoch schlichtweg unmöglich und außerdem ist ein Denkprozess nicht direkt beobachtbar. Er läuft im tiefsten Inneren eines Menschen ab. Nicht so bei der Zeichentrickfigur Wickie (aus der Serie „Wickie und die starken Männer“), denn er denkt hörbar, plakativ und für seine Umgebung beobachtbar. Er reibt während eines intensiven Denkvorgangs seine Nase und verkündet dann mit strahlendem Gesicht und einem Sternchenfeuerwerk rund um seinen Kopf: „Ich hab‘s!“ Wenn die Denkvorgänge aller Menschen so laut und sichtbar wären, kämen wir vor lauter Sternchenfeuerwerken und Ausrufen gar nicht mehr zur Ruhe. Bei nachdenklichen Menschen wären die Nasen zudem ganz rot vom vielen Reiben. Gut, dass es die Natur so gestaltet hat, wie es eben ist.

Wenn ich Säuglinge beobachte, kommt mir oft der Verdacht, dass sich diese winzigen Menschlein schon viel mehr zur großen weiten Welt denken, als Erwachsene annehmen. Ich beobachte bei Säuglingen oft einen Gesichtsausdruck, der uns zu verstehen gibt: „Ja was macht ihr euch denn für Probleme?“, oder „Nervt mich doch nicht so mit eurem Gebrabble – ich verstehe weit mehr als ihr denkt!“

Die aktuelle Forschung bestätigt meine Annahmen, dass Babys bereits logisch denken können, lange bevor sie laufen und sprechen lernen. Sie durchforsten als kleine Entdecker in Windelhosen die Welt nach Interessantem. Die Entwicklungspsychologin Sabina Pauen fand heraus, dass Kinder mit sieben Monaten bereits über Ursache und Wirkung nachdenken. So wissen sie, wenn ein Baustein zu weit über eine Tischkante hinausragt, fällt er auf den Boden. Diese Beobachtung konnte ich in meiner Jugend beim Babysitten machen. Ich hatte Max, einen kleinen Buben, auf meinem Schoß sitzen und ihm fiel der Löffel aus der Hand. Ich beugte mich verdreht und ächzend zu Boden, um den Löffel aufzuheben und ihn Max zu überreichen. Schwups, schon war der Löffel wieder am Boden und ich hob ihn erneut auf – begleitet von einem Krachen und Knirschen in meiner Wirbelsäule. Jedes Mal, wenn nun der Löffel wieder zu Boden fiel, blickte Max unschuldig, unwissend und traurig drein, als könnte er keine Wässerchen trüben. Hob ich den Löffel auf und gab ihn Max, dann strahlte er.

Ich denke zwar nicht, dass durch das oftmalige Bücken der Grundstein für einen Bandscheibenvorfall gelegt wurde, jedoch ließ ich mich, unwissend und naiv, gute zehn Minuten von Max manipulieren, sein Löffelsklave zu sein. Als der Löffel zum ungefähr zwanzigsten Mal zu Boden fiel und Max sich das Lachen nicht mehr verkneifen konnte, kam auch mir schön langsam die Erkenntnis, dass er den Löffel bewusst fallen ließ und sich so ein Spiel erschaffen hatte. Nicht nur, dass es Max Spaß machte den Löffel klangvoll der Erde entgegentrudeln zu lassen, meine Akrobatik, Mimik und Gestik waren für Max die Witzsensation des Tages.

Der Mensch kommt bereits mit einigen Grundfähigkeiten auf die Welt, wovon jene, sich aktiv mit der Umwelt zu beschäftigen, die Voraussetzung für eine reichhaltige Denkentwicklung darstellt. Der kleine Mensch nimmt Dinge wahr, erinnert sich und kann Zusammenhänge herstellen. Die Wissenschaftlerin Pauen geht sogar so weit zu sagen, dass Babys mit einem Kernwissen von Sprache, Mathematik, Physik und vielen weiteren Bereichen in unsere Welt purzeln. Und schon bevor Babys ihren Purzelbaum in die Welt schlagen, finden bereits Lernprozesse statt, wie eine Studie zeigt. Ungeborenen Kindern wurde während der letzten sechs Schwangerschaftswochen täglich von ihren Müttern eine ausgewählte Geschichte laut vorgelesen. Nach der Geburt zeigte sich dann, dass die Kinder diese Geschichte eindeutig am liebsten hörten.

Das Gehirn des Menschen verfügt bei der Geburt über ungefähr 100 Milliarden Nervenzellen, in denen das Kernwissen gespeichert ist. Vergleicht man diese Zahl mit etwas Vorstellbarem, eignet sich hierfür der Himmel, denn so viele Sterne existieren auch in unserer Milchstraße. Sterne müssen jedoch nicht gefördert, stimuliert und gepflegt werden, um zu leuchten. Das Baby und Kleinkind hingegen braucht viele Anregungen von außen, um zu gedeihen und sich weiterzuentwickeln. Nur so kann der Mensch später durch Wissen, Fertigkeiten und Fähigkeiten funkeln und strahlen. Diese Nervenzellen sind zum Zeitpunkt der Geburt mit mehr als 50 Billionen Synapsen miteinander verknüpft. Der Begriff Synapse kommt aus dem Griechischen und bedeutet so viel wie „zusammen-tasten". Weil es schöner aussieht, stellen Sie sich die Zellen doch einfach als Gehirnsternchen vor. Diese Gehirnsternchen reichen einander nun die Hände, oder besser gesagt die Zacken, um Information weiterzuleiten.

Die Synapsen eines Säuglings verzwanzigfachen sich in den ersten Lebensmonaten. Durch die Förderung und die Anregungen, die er aus seinem Umfeld erhält, schaffen sie es im achten Lebensmonat bereits, auf die stolze und unvorstellbare Anzahl von 1000 Billionen anzusteigen. Das Gehirn eines Säuglings leistet schwerste Arbeit und verbraucht dadurch auch doppelt so viel Energie wie das Gehirn eines erwachsenen Menschen. Würden diese Prozesse Töne von sich geben, so würde das Gehirn eines Babys mehr Lärm machen als ein startender Düsenjet. Sind vielleicht die hochfrequenten Schreitöne, die unsere Jüngsten immer wieder von sich geben, der Druckausgleich eines aufs höchste geforderten Gehirns?

Tausend zum Quadrat sind 1 Million. 1000 Millionen sind 1 Milliarde oder 1 Billion. Also, ein Milliardär ist auch gleichzeitig ein Billionär. Welche Bezeichnung gewählt wird, ist abhängig davon, ob man das Zahlensystem der „langen oder der kurzen Leiter" verwendet. Die Begriffe „lange" und „kurze Leiter" stehen für unterschiedliche Gepflogenheiten, große Zahlen oberhalb der Million zu benennen. Auf den Punkt gebracht bedeutet es, dass in Europa andere Zahlensysteme angewendet werden als beispielsweise in den USA. 1000 Billionen werden dann als 1 Trillion bezeichnet. Diesen kleinen Ausflug in die Mathematik mussten Sie jetzt deshalb mit mir unternehmen, weil das mathematische Denken nicht meine Stärke ist. Ich habe somit sehr eigennützig agiert, um mir selbst eine bildliche Vorstellung liefern zu können, wie 1000 Billionen wohl aussehen mögen. Das menschliche Gehirn ist allgemein nicht besonders gut in der Lage, so abstrakte Zahlenbegriffe in eine begreifbare Form zu bringen. Um dies zu können, müssen wir auf Begriffe zurückgreifen, die wir kennen. Vergleiche mit bekannten Gegenständen können dabei helfen. „The Mega Penny Project", zu finden unter www.kokogiak.com/megapenny/seventeen.asp, hat sich die Visualisierung astronomischer Zahlenmengen zur Aufgabe gemacht. Um uns die gedankliche Vorstellung zu erleichtern, wurde hier die Abbildung eines erwachsenen Menschen, eines Footballfelds und eines Autobusses in Relation zu immer zahlreicher werdenden Münzstapeln gesetzt. Bei der Abbildung der 100 Milliarden und der Trillion wird es dann schon fast zu einer Denksportaufgabe, den Menschen zu suchen.

Die Sorge, unser Gehirn könnte durch ungebremstes Wachstum explodieren, ist unbegründet, da sich in den verschiedenen Entwicklungsphasen jene synaptischen Verbindungen, die nicht gebraucht und verwendet werden, wieder zurückbilden. Im ersten Lebensjahr werden sogar zwischen 30 und 50 Prozent dieser Verbindungen wieder abgebaut.

Was sich in diesen winzigen Köpfchen alles so abspielt, ist fast unvorstellbar. Kein Computer dieser Welt funktioniert besser, reibungsloser oder wartungsfreier und ist noch dazu so liebenswert. Ja gut, man muss einem Computer keine Windeln wechseln und er hinterlässt weder stinkende Winde, noch übergibt er sich nach einer Dateneingabe, aber er denkt auch nicht, sondern wird gedacht. Unter Umständen später einmal durch so ein kleines Menschlein, wenn es erwachsen geworden ist und sich zu einer großen Denkerin entwickelt hat.

Unser Gehirn ist auch ein höchst soziales Organ, das unbedingt soziale Anreize braucht. Um diese einfordern und pflegen zu können, ist es mit einer Grundausstattung von Spiegelneuronen ausgestattet. Spiegelneurone sind das Werkzeug des Säuglings, um in einen wechselseitigen Kontakt mit seinen Bezugspersonen und der Umwelt treten zu können.

Stellen Sie sich eine völlig glatte Wasseroberfläche vor, in die ein kleiner Stein geworfen wird. Plötzlich bilden sich kreisförmige Wellen rund um diese Einwurfstelle, die sich fast ins Unendliche fortsetzen. Diese unzähligen Wellen bringen Bewegung in das stille Wasser. Kommt nun ein leichter Wind hinzu, beginnt das Wasser zu hüpfen, zu schwingen, sich zu kräuseln, in Aufregung zu geraten. So kann man sich auch die Wirkung der Spiegelneurone vorstellen: als kleinen, flachen Stein, der, trotz seiner Unscheinbarkeit, wenn er ins Wasser geworfen wird, eine mächtige Wirkung haben kann. Die Wellen, die er erzeugt, können Gehirne, Gefühle und Stimmungen von anderen Menschen zum Hüpfen, Schwingen und Kräuseln bringen. Beim Säugling sieht das so aus, dass er die Mimik seines menschlichen Gegenübers nachahmt und so mit seiner Umwelt kommunizieren kann. Das Einzigartige an diesen Nervenzellen ist, dass sie bereits zu feuern beginnen, wenn eine Handlung nur beobachtet wird. Die Nervenzellen reagieren genauso, als ob man das, was man nur wahrnimmt, selbst ausgeführt hätte. Ein Klassiker ist das gähnen, es ist, wie man sagt, „ansteckend". Versucht man sich von seinem gähnenden Gegenüber ja nicht infizieren zu lassen, braucht es starke Willenskraft. Sieht man jemanden gähnen, beginnt es sofort im Bereich des Kieferwinkels hin zu den Ohren so eigenartig kitzelig zu zucken, Tränen drängen sich in die Augenwinkel und boxen dort herum, die Zunge beginnt gegen den Gaumen zu vibrieren und Spannung aufzubauen. Die Oberlippe wird breit und zieht gegen die Nase, welche augenblicklich beschließt, Tröpfchen zu bilden, und schwups ist er da, der breite, herzhafte und entspannende Gähner. Selbst jetzt, als ich diese Zeilen verfasste und mir dabei einen Gähnvorgang nur vorstellte, musste ich einige Male hintereinander gähnen und mittlerweile tropfen nicht nur Tränen aus meinen Augenwinkeln auf die Tastatur, sondern auch meine Nase hat beschlossen, an dem Buch tatkräftig mitzuwirken. Und das alles einzig deshalb, weil ich übers Gähnen nachgedacht und es mir bildlich vorgestellt habe. Ja, das Gehirn ist ein recht eigenwilliges Wunderwerk, welches beim erwachsenen Menschen je nach Geschlecht 1275 bis 1375 Gramm wiegt. Aus dem Kapitel „Was macht uns intelligent?" vorweggenommen: Es besteht absolut kein Zusammenhang zwischen Intelligenz und Gewicht bzw. Größe des Gehirns!

Wieder zurück zum Säugling, zu dessen emotionalen Grundbedürfnissen diese Spiegelungen gehören, denn soziale Isolation macht krank. Das „Start-Paket“ der Spiegelneuronen muss so viel wie möglich zum Einsatz kommen, sonst rostet es ein, geht kaputt und verkümmert. Fehlen Lernen und Imitieren von Gefühlen, so verkümmern die Spiegelneuronen. Sie sind jedoch die Basis für das Lernen am Modell und auch für das soziale Denken sowie das Mitgefühl des Menschen.

„Sie sind jetzt aber vom Denken abgedriftet“, könnten Sie mir zum Vorwurf machen. Ja, bin ich, aber ich habe dadurch die Brücke zu den Grundpfeilern des menschlichen Daseins geschlagen, den Kognitionen, den Emotionen und der Motivation.

Mit dem Begriff Kognitionen werden die verschiedensten Denkvorgänge bezeichnet. Denkvorgänge, bei denen wir neue Information aufnehmen, verarbeiten und in unseren bereits vorhandenen Wissensspeicher integrieren. Ebenso zählt dazu, wenn wir in unserem Wissensspeicher Ordnung machen. Bildlich dargestellt, würde das bedeuten, wir teilen den Inhalt eines dicken Ordners in mehrere neue Ordner auf. Legen dort wiederum Unterordner wie im PC oder Trennblätter und Register wie in einer realen Ordnermappe an. Oder wir schlichten Unterlagen um, da sich herausstellt, dass diese zu anderen Bereichen besser passen, oder wir eliminieren Gespeichertes, wenn wir es nicht unbedingt brauchen – manchmal allerdings auch, obwohl wir es brauchen. All diese Vorgänge passieren im Gehirn auf der Basis biochemischer und elektrophysiologischer Mechanismen. Der Ablauf, Information neu einzuordnen, umzuordnen und zu entsorgen, ist ein sehr rascher, den die Außenwelt nicht merkt. Außerdem fällt zum Glück kein Mist an, wie bei Papierunterlagen, denn stellen Sie sich vor, Ihnen würden zum Beispiel bei jedem Vorgang des Vergessens Papierschnitzel aus den Ohren flattern.

Emotionen oder Gefühle sind Empfindungen und „Seelenregungen“. Eine gleichmäßig vorhandene Grundstimmung zählt ebenso zu den Emotionen wie auch plötzlich aufflammende Leidenschaft, Glücksmomente, Genussmomente, Freudenexplosionen und natürlich auch das Gegenteil von Freude und Glück.

Motivation umfasst jeglichen Drang zur Aktivität. Ob diese Aktivität nun eine sinnvolle oder keine sinnvolle ist, ist dabei völlig egal, der Begriff ist neutral. Das bedeutet aber auch, dass es kaum unmotivierte Menschen gibt, sondern nur Menschen, die nicht motiviert sind, das zu tun oder zu denken, was eine andere Person will.

Sobald ein Säugling auf der Welt ist, ist jeder dieser drei Bereiche vorhanden. Ein Säugling ist motiviert, sich soziale Zuwendung zu holen und seine Bedürfnisse zu befriedigen, um eine ausgeglichene und angenehme Stimmung zu spüren. Diese Bedürfnisse können durch körperliche Streicheleinheiten, Nahrung und geistige Anregung befriedigt werden – dem Alter entsprechend natürlich, also weder mit dem Verzehr einer Stelze und einem Bier noch dem Vorlesen von Homer.

Je jünger ein Kind, desto schwerer ist es, seine „Gedanken zu erraten“, wobei die engsten Bezugspersonen schnell zu GedankenleserInnen werden können. Auch Außenstehende können das, wenn sie achtsam Mimik und Gestik eines Kleinkinds beobachten. So geschah es kürzlich, als ich eine Freundin besuchte. Ihr fünfzehn Monate alter Sohn saß mit uns am Tisch und gab ohne Worte, jedoch sehr eindeutig zu verstehen, dass sein mürbes Kipferl eine absolute Zumutung war, das wunderschön rot leuchtende Erdbeerplundertascherl jedoch unbedingt in seinen Mund müsse. Seine Gedanken waren ein offenes Buch: „Was die Erwachsenen auch immer mit dem Satz ‚nicht gesund für kleine Kinder‘ haben. Wenn etwas so schön rot ist, ist es für Kinder, sonst wäre es nicht rot. Und Punkt!“

Ebenso wusste ich danach auch sofort, dass er mit der Gabel, die er in der Hand hielt und plötzlich über den Kopf hob, nicht winken wollte, sondern beabsichtigte, diese mit dem Bewusstsein, dass er das nicht darf, durch die Gegend zu werfen. Leon blickte dabei nämlich so schelmisch und abwartend drein, dass man seine Gedanken regelrecht hören konnte: „Gleich werf ich sie! Na, was ist, du sagst jetzt sicher gleich ein dickes lautes Nein?!“ Leon hatte richtig gedacht. Befriedigt, infolge seiner korrekten Annahme, ließ er kurzzeitig von seinem Vorhaben ab, um danach noch ein paar weitere Testläufe zu starten, bis ihm dabei schließlich langweilig wurde. Wenn das nicht Denken ist, was ist es dann?

Als Leon später, mit Windelhose und Body bekleidet, ein Schnurlostelefon ans Ohr haltend und satzähnliche Lautgebilde von sich gebend, wie ein gestresster Börsenmakler durch das Zimmer wuselte, fand ich die Bestätigung: Denken beginnt lange vor dem Sprechen! Die Sprache dient dazu, Gedanken zu verbalisieren und in Dialogen zu denken, und ist somit als Werkzeug zu sehen. Das Gehirn ist unsere Hardware und Denken die Software, die laufend neue Updates erhält. Das Gehirn von Kindern leistet mehr als ein Hochleistungsrechner auf dem neuesten Stand der Technik.

Der Entwicklungspsychologe Piaget definierte die Zeit der ersten 24 Lebensmonate als sensomotorisches Stadium und als Vorstufe zum Denken. Nach seiner Ansicht kommt der Säugling in dieser Zeit vom Tun zum Denken. Das Kind beobachtet, was passiert, wenn es Dinge berührt, bewegt, zieht, wirft, fallen lässt und so weiter. So lernt es auch die Verknüpfung von Mittel und Zweck und wie man damit die jeweiligen Ziele erreicht. Dieses sensomotorische Stadium teilt Piaget in sechs Phasen, an deren Ende die Verinnerlichung von Handlungen steht. Die sogenannte Objektpermanenz ist dann vorhanden. Das bedeutet, das Kind weiß, dass ein Gegenstand, zum Beispiel sein Kuscheltier, auch dann noch vorhanden ist, wenn es unter der Decke versteckt wird. Das Kind wird danach suchen. (Probieren Sie jedoch diesen Vorgang nicht unbedingt mit dem Kuscheltier aus, denn das kann obwohl das Kind schon weiß, dass es noch da ist, zu Tränen führen.) Erst zu diesem Zeitpunkt sieht Piaget den Übergang zum Denken.

Das Wort und der Begriff „DENKEN“ haben viele Bedeutungen und werden ganz unterschiedlich verwendet. Nimmt man nun die Definition, dass Denken eine charakteristische, aktive, imaginäre und ordnungsstiftende Verarbeitung von Informationen ist, mit dem Ziel, Begriffe zu bilden, Bedeutungen zu verstehen, Sinneszusammenhänge offenzulegen, Schlussfolgerungen zu ziehen, Entscheidungen zu treffen und Probleme zu lösen, dann behaupte ich aus meiner Sicht, dass der Mensch mindestens ab der Geburt denkt.

Piaget entwarf seine Theorie 1937, welche zwar dann weiterentwickelt wurde, jedoch nun aktuell mehrfach Kritikpunkten ausgesetzt ist. So haben neuere Forschungsergebnisse gezeigt, dass die kognitive Entwicklung bei Kindern schneller sowie individuell unterschiedlich verläuft und bereits beim Säugling komplexe Denkprozesse stattfinden. Kinder haben eine angeborene Fähigkeit, Theorien zu bilden. Zu allem, was Kinder wahrnehmen und erleben, „erdenken“ sie eine Theorie, die sie dann durch neue Wahrnehmungen und Erfahrungen überarbeiten, ergänzen oder auch verwerfen.

Als Leon seine Mutter einmal bei der Hausarbeit unterstützte, begann er mit einem orange leuchtenden

Schwammtuch einen Säuberungsprozess in der Wohnung durchzuführen. Er wischte zuerst über alles, was ihm wünschenswert erschien, wie über Teppich, Balkonboden, Mauer, Tisch, Fenster und auch unser Füße. Bald kam er aber von jenen Objekten ab, die rau waren und das Schwammtuch stoppten oder zerrissen. Er beschränkte sich schließlich auf glatte Flächen, um dann schlussendlich nur mehr den Tisch und die Fensterscheiben zu wischen. So banal der Vorgang von außen betrachtet erscheinen mag, das Gehirn von Leon hatte in dieser Zeit ständig gearbeitet. Physikalische Phänomene wurden analysiert, Emotionen und Sinneseindrücke wahrgenommen, Schlussfolgerungen daraus gezogen und Probleme gelöst – also wurde hier eindeutig gedacht.

2. Denkt jeder anders?

„A jeder denkt anders" ist der Titel eines Songs der österreichischen Band Ausseer Hardbradler: „A jeder denkt anders – und koana bleibt gleich – fürn oan war des oid – und fürn andern wirds grad neuch." Ins Hochdeutschte übertragen bedeutet das: „Jeder denkt anders und keiner bleibt gleich, für einen war das alt und für den anderen wird es gerade neu." Florian Randacher, österreichischer Liedermacher, Dichter und ehemaliger Bandleader der Ausseer Hardbradler, schrieb dieses Lied am Abend vor einem Gespräch mit dem Chef eines großen Plattenlables, dessen mögliches Andersdenken ihm in Gedanken sehr zu schaffen machte. Mundartgeübte können sich hier den Text zu Gemüte führen, Ungeübte ebenfalls, auch wenn diese einen intensiveren Denkaufwand haben. Zum Nachdenken über das „Anders denken" kann es jedoch Geübte wie Ungeübte anregen:

a in österreich is net a jeder gleich
is a ganz kloans land, grenzt an koan großen teich
aber es gibt a leut, de habms oafach drauf se machn
guate sachn und gebm nia auf dagegn zum haltn gegn
macht und göd se selber wirkli gspürn, wär des was
zählt mia san vo luxus, dr. titeln und vom schesein
besessn habm auf so vü schene sachn vergessn a jeder
fühlt se frei doch was frei sein wirklich bedeut?

red ma liaber morgn drüber und gspürn ma's liaber
heut

hi und da is dir drinn alls kloar
woasst genau was los is, woasst genau was zum toa
doch auf oamal kemman einflüssse von aussn
verlierst dein groove, bist aus deim kompletten rhyth-
mus draußn
du denkst es is zeit für an kompromiss
doch obs wirklich da richtige gwesn is?
du moanst er haut de vieri, derweil haut er die zruck
z'vü kompromisse machn verruckt …

du muasst oafach mehr auf di selber horchn
dei innere stimm sagt ja a i mauss soachn
drum horch da selber oafach besser zua
dann geht nix mehr in d hosen und du hast dei ruah
(Florian Randacher, Texter und Komponist)

Sollte Ihnen dieser Song zu wenig Beweis für unterschiedliches Denken sein, kann ich auch den Psychologen Paul J. Guilford, als bedeutenden Persönlichkeits- und Intelligenzforscher, anführen. Guilfords Verdienst ist es, dass er die Kreativität des Menschen wieder in den Blickpunkt psychologischer Forschung rückte. Kreativität als Ausdruck divergenten Denkens wird definiert. Divergentes Denken bedeutet, dass es für ein Problem oder eine Aufgabe mehrere Lösungen gibt:

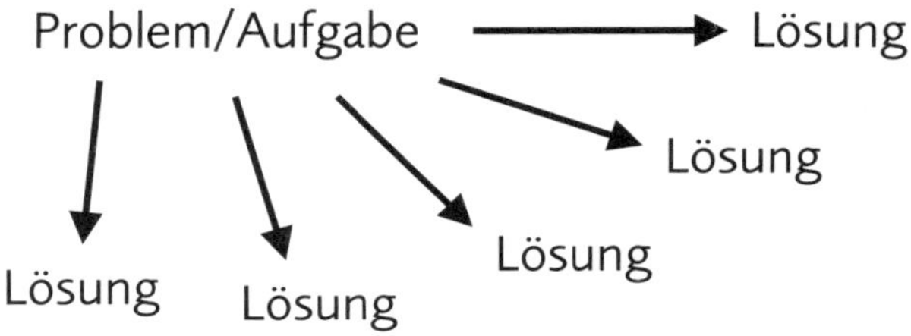

Demgegenüber steht das konvergente oder lineare Denken. Das ist logisches, schlussfolgerndes, bewertendes Denken, das **eine** richtige Aufgaben- und Problemlösung sucht:

Problem/Aufgabe ⟶ Lösung

Das bedeutet, es gibt immer nur eine korrekte **Lösung,** wie **z.B. bei 2 + 5 = ?** Mit dem konvergenten Denken in unmittelbarem Zusammenhang steht das Konzept der Intelligenz. So gibt es z.B. beim Turm von Hanoi nur ein Ziel. Auf dieses muss das Denken hinkonvergieren.

Der Turm von Hanoi:
Auf einer Platte sind drei Stäbe befestigt, auf die runde Holzscheiben gesteckt werden können. Zu Beginn steht der Turm, bestehend aus drei verschieden großen Scheiben, auf dem ersten Stab, wobei die größte Scheibe unten und die kleinste Scheibe oben liegt. Die Aufgabe besteht nun darin, den Turm auf dem zweiten Platz neu aufzubauen. Platz 3 kann dabei als Zwischenablage benutzt werden.

Zwei Regeln sind dabei zu beachten:
1. Man darf immer nur eine Scheibe umlegen.
2. Man darf eine größere nicht auf eine kleinere Scheibe legen.

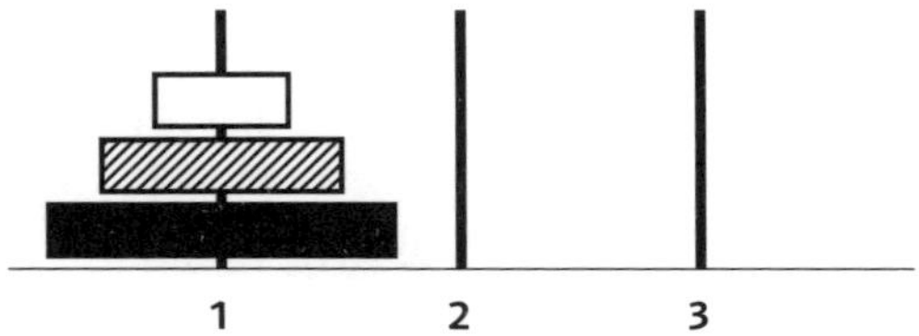

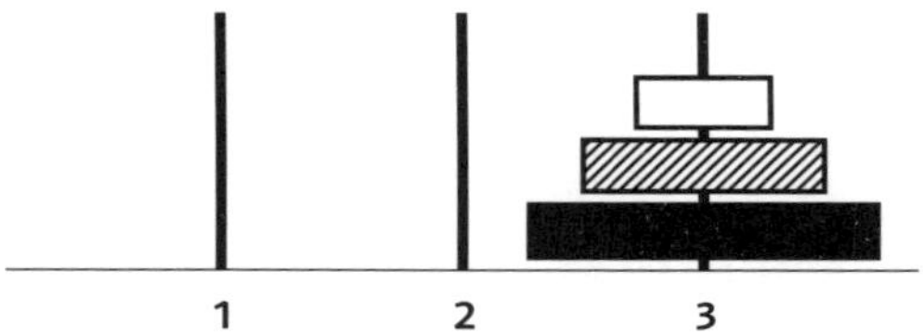

Menschen sind in der Lage, sowohl konvergent als auch divergent zu denken. Ob die Fähigkeit zu beidem ausgeglichen ist, oder eher das eine oder andere dominiert, ist individuell unterschiedlich. Wenn jedoch zwei Personen die gleiche Aufgabe lösen müssen und eine versucht, dies durch divergentes Denken zu lösen, die andere durch konvergentes Denken, so denken diese zwei Personen während der Lösungsfindung unterschiedlich – also jeder denkt anders!

Als oft zitiertes Bespiel dient eine Aufgabenstellung, die in einer australischen Quizshow gestellt wurde. Ein Pfarrer und ein Schafhirte traten gegeneinander an und es stand nach Ablauf der regulären Fragerunde unentschieden. Der Moderator der Sendung verkündete dann die alles entscheidende Aufgabe, die lautete: „Reimen Sie innerhalb von fünf Minuten einen Vers auf das Wort ‚Timbuktu'."

Der Geistliche löste seine Aufgabe mit diesem Vers:

I was a father all my life
had no children, had no wife.
I read the bible through and through
on my way to Timbuktu.

Das Publikum bejubelte diesen ehrwürdigen Kandidaten und wähnte ihn bereits als Sieger. Ich unterstelle dem Publikum auch, dass es nicht damit rechnete, dass ein einfacher Schafhirte dieser lyrischen Leistung des Pfarrers etwas entgegenhalten könne. Doch es kam anders, als vom Publikum angenommen! Der Schafhirte war ein kreatives und humorvolles Wesen, sein Denken divergent und sein Vers unschlagbar:

When Tim and I to Brisbane went
we met three ladies cheap to rent.
They were three but we were two
so I booked one and Tim booked two.

Um sich an den Sieg heranzudenken, war kein Allgemeinwissen nötig. Es war, wie man lesen kann, nicht notwendig, zu wissen, dass Timbuktu eine Oasenstadt in Westafrika, am Rand der Sahara ist. Divergentes Denken bedeutet, offen, unsystematisch und spielerisch an Problemstellungen heranzugehen und dabei Denkblockaden und kritische Einwände auszuschalten.

Nicht alle Menschen wissen genau, was Timbuktu ist. Manche ahnen jedoch, dass es sich um einen Ort handeln könnte, und suchen diesen dann vielleicht im Lexikon oder Internet. Lösungen, die dem linearen Denken entspringen, kann man auch wesentlich leichter nachschlagen als solche, denen konvergentes Denken vorausgeht. Jedoch ist es im Alltag wichtig, beide Denkstile zu pflegen. Um auf der sogenannten Schullaufbahn nicht zu stolpern, fallen oder gar liegen zu bleiben, muss das Kind konvergente Denkprozesse durchführen können.

Ich habe negative Konsequenzen des divergenten Denkens in meiner Schulzeit ausgeprägt zu spüren bekommen, hingegen die Freude am klassisch linearen Denken ist bis heute nicht so richtig aufgekommen. Ein Ausspruch meines Klassenvorstands im Gymnasium zu meiner Mutter wurde des Öfteren zitiert: „Wie kann Ihre Tochter mit solchen Grammatikkenntnissen so selbstbewusst sein?!" Ebenso wenig hat mir meine Kreativität dabei geholfen, meine Aufmerksamkeit auf das Wesentliche zu richten. Darunter litt meine Sitznachbarin, die ich ständig fragte, auf welcher Buchseite wir denn gerade seien. Sie fragen sich, wie ich so das Gymnasium geschafft habe? Ich habe es auch nicht geschafft, da ich infolge meines Widerstands gegen das lineare Denken nach der vierten Klasse den Schulzweig gewechselt habe. Latein und Mathematik sind leider keine Aufgabenstellungen, die nach divergenten Denkprozessen rufen. Fürs Schummeln hingegen ist diese Art zu denken hilfreich – begrenzt zumindest.

Das war ein Ausflug zu diesen beiden unterschiedlichen Denkvorgängen. Aber auch mein Beispiel, dass Latein und Mathematik nicht nach divergenten Denkprozessen rufen, wird vermutlich von Menschen, deren Interessenschwerpunkt diese Bereiche sind, sofort widerlegt werden – denn diese Menschen denken anders als ich. Mathematik fordert natürlich lineares Denken. Jedoch fordert mathematisches Denken auch intensive divergente Denkprozesse, wie bei Einstein, Nash oder alle jenen, die diese Wissenschaft lieben und sie auch leben.

Da wären wir nun bei den Vorlieben und Interessen angelangt. Würden alle Menschen gleich denken, hätten auch alle die gleichen Interessen. Eine groteske Vorstellung: Abertausende Menschen stehen mit ihren Angelruten an der Neuen Donau und gehen dieser Beschäftigung nach. Oder ich tätige meine morgendliche Laufrunde in einer Horde von Menschen, die die gleiche Laufkleidung tragend lemminggleich, ebenso außer Puste, mit mir im Gleichschritt traben. Außerdem haben sie das Gleiche gefrühstückt und gleichen mir in allem, was es sonst noch so gibt. Unheimlich!

Diskussionen könnten ebenso nicht geführt werden, denn wenn alle gleich denken, gibt es nichts mehr zu diskutieren. Gäbe es in diesem Fall dann auch keine Meinungsverschiedenheiten und infolge auch keinen Streit? Das weiter durchzudenken macht wenig Sinn, egal ob linear oder divergent, denn blicken wir auf unsere Welt, wie sie sich zur Zeit so dreht, sehen wir ganz andere Zustände als streitfreie.

Die Neurobiologin Louann Brizendine konnte mit neuen Methoden der Gehirnforschung belegen, dass sich die Gehirne von Mann und Frau unterscheiden. So enthalten die Gehirnzentren für Sprache und Hören bei Frauen zum Beispiel elf Prozent mehr Nervenzellen als bei Männern. Auch der Hippocampus – das Hirnzentrum, welches für die Entstehung von Gefühlen und Erinnerungen zuständig ist – ist bei Frauen größer. Weiters sind auch die Schaltkreise, die die Sprache und das Beobachten von Emotionen übernehmen, bei Frauen weitreichender. Daraus resultiert, dass Frauen besser in der Lage sind, Gefühle auszudrücken und sich an emotional gefärbte Ereignisse bis ins Kleindetail zu erinnern. Bei Männern nimmt das Zentrum, welches der Sexualität zugeordnet wird, zweieinhalb Mal mehr Raum ein, auch die Zentren für Aktivität und Wehrhaftigkeit sind größer. Aus diesen Strukturen und biochemischen Besonderheiten des jeweiligen Gehirns resultiert das unterschiedliche Denken von Mann und Frau. Louann Brizendine will mit diesen Erkenntnissen, die sie auch in ihrem Buch „Das weibliche Gehirn. Warum Frauen anders sind als Männer" festhielt, in keinem Fall diskriminieren, sondern hofft einen Beitrag für ein besseres Miteinander der Geschlechter liefern zu können.

Ich habe in meiner psychologischen Arbeit sowie bei meinen alltäglichen zwischenmenschlichen Begegnungen und Freundschaften nicht diese Erfahrung gemacht. Männer denken und fühlen nicht anders als Frauen. Männern emotionale Defizite oder Mangel an sprachlicher Ausdrucksfähigkeit zu unterstellen, finde ich unfair, ebenso wie sie eines geringeren Einfühlungsvermögens zu beschuldigen. Aus meiner Sicht denken, fühlen und handeln Menschen zwar unterschiedlich, aber aus ihrer Individualität heraus und nicht aufgrund des Geschlechts. Natürlich dienen meine Erfahrungen, die in meinen Gedanken festgehalten sind und keine hochtechnisierten bildgebenden Verfahren als Beweis haben, nicht dazu, die Entdeckungen der Neurobilogie zu widerlegen. Aber es gibt nun mal kein „Seelenröntgen" oder einen „Gedankenscan".

Grotesk, jedoch fast täglich Tatsache ist, dass Tausende Autos nebeneinander auf der Autobahn im Stau stehen. Ist das ein Beweis dafür, dass doch alle gleich denken? Nein, wohl eher für das Gegenteil: Jeder denkt, dass der andere doch hoffentlich anders denkt und nicht zur selben Zeit in dieselbe Richtung fährt. Was jedoch noch schlimmer wäre, für so manche Person, wenn alle im selben tollen Auto unterwegs wären. Denn wo bliebe dann der Statuswert dieses Objekts, das man zumindest im Stau gut zur Schau stellen kann?

Wie unterschiedlich Menschen denken, zeigte mir eben eine aktuelle Diskussion auf der Businessinternetplattform Xing, in der es ebenfalls um das Statussymbol Auto ging. „Warum werden Menschen wie ich, die mit einem 1.0-Liter-Motor mit 50 PS auf der Autobahn unterwegs sind, so behandelt, als hätten wir kein Recht, uns überhaupt dort aufzuhalten? Ich erfahre jeden Tag Handzeichen, Geschrei, Drängeln und Hupen, obwohl mein Auto auch bei Vollgas nicht mehr als 150 km/h schafft! Haben A8- oder S-Klasse-Fahrer die linke Spur bezahlt oder was?" Die Frage löste Antworten aus, in denen die unterschiedlichsten Menschen ihr Andersdenken postulierten. Sie reichen von niveaulosen Statements wie „Schubkarren haben auf der Autobahn nix verloren! Basta!" über „Ich habe weder einen A8 noch eine S-KLasse, aber was mich nervt, sind Autofahrer, die mit ihren Öko-Kisten mit 100 auf der Überholspur zuckeln. Die linke Spur auf Autobahnen ist dazu da, (sofern nicht gerade Tempolimit besteht) möglichst zügig voranzukommen." sowie auch der Versuch, mit einem bildlichen Vergleich zu Gleichgesinnung zu motivieren: „Partner im Verkehr heißt die Parole! Wenn mir jemand auf dem Bürgersteig vor die Füße läuft, raste ich ja auch nicht aus und boxe ihm ins Gesicht. Und der öffentliche Straßenverkehr ist nicht dafür da, seine aufgestauten Aggressionen loszuwerden. Leider dreht mancher den Schlüssel (respektive: drückt den Start-Knopf) und schaltet gleichzeitig das Gehirn aus."

Auch Fakten wie in der folgenden Antwort werden, wenn auch etwas emotional gefärbt, angeführt: „Liebe ‚Drängel-Begründer': Auf welchem Planeten lebt Ihr? In welchem Selbstverständnis? Nein, die linke Spur ist nicht dazu da, ‚möglichst schnell voranzukommen'. Nur in eurem egoistischen Kopf. De facto ist die linke Spur eine Ausweichmöglichkeit, die es jedem Verkehrsteilnehmer auf der Autobahn ermöglichen soll, einen langsamer fahrenden Wagen vor ihm zu überholen. Es ist nicht das (verbriefte) Recht der Fahrer schnellerer Wagen, zu entscheiden, wie schnell man auf der linken Spur zu fahren hat. Wenn jemand gemütlich mit 120 fahren will und dann auf eine Kolonne von 3 Lastern mit Tempo 100 trifft, dann hat er das Recht, diese drei hintereinander mit 120 zu überholen. Und er hat ebenso das Recht, dass ein von hinten kommender Wagen abbremst und den Sicherheitsabstand einhält. Im Gegenzug hat jeder Schnellfahrer die gesetzlich Verpflichtung, bei Annäherung an langsame abzubremsen und den Abstand einzuhalten. Fahrschule geschwänzt?"

Jedoch tragen auch Fakten nicht dazu bei, solche Statements zu verhindern: „Wer mit einem solchen Geschwür auf der Autobahn geht, ist ein Querulant mit Minderwertigkeitskomplexen. So jemand will sich nur wichtig machen, weil er im Leben nix erreicht hat und auch nie etwas erreichen wird. Solche Leute sollten konsequent der blauen Beschilderung mit dem U + Zahl folgen."

Ich nehme diese Thematik als Beispiel, weil ich selbst auch „dränglerallergisch" bin und daher darüber mit Bekannten und KollegInnen diskutiert habe. Menschen, die sonst durchaus über Themen ähnlich denken wie ich, hatten zu diesem Thema fast gegensätzliche Meinungen kundgetan. Was hier offensichtlich wird, ist, dass ein Gleich- oder Andersdenken immer vom Thema abhängig ist. Eine weitere wesentliche Rolle spielt der Persönlichkeitsstil eines Menschen. Menschen, die zum Beispiel gerne provozieren, müssen ja (schon fast notgedrungen) eine Gegenposition einnehmen. Und sei es manchmal auch gar nicht aus echter Überzeugung. Ist gesetztenfalls der provokative Gedanke schon identisch mit der eigenen Einstellung, so denken Querdenker nicht nur zu einem

Thema anders, sondern sie denken über sich selbst und ihre Rolle in der Gesellschaft anders als das beispielsweise sehr vernünftige, angepasste oder harmoniebedürftige Menschen tun.

Der folgende Vorschlag bei der zitierten Xing-Diskussion ist ein interessanter Denkansatz, um sich versuchsweise in andere Denkpositionen hineinzudenken und -zufühlen: „Früher Rüstung, Ross und Wappenschild, heute Automarke. Vielleicht sollten alle Oberklassefahrer und Gasfüße einmal im Monat im Kleinwagen mit 70 PS auf die Autobahn geschickt werden, um ihr Bewusstsein zu erweitern. Umgekehrt müssten natürlich alle Schleicher einmal im Monat dann eine PS-Schleuder bekommen, um auch die andere Seite kennenzulernen ..."

Diese Diskussion brachte es innerhalb von zwei Stunden auf 69 Antworten, in denen zum Ausdruck kam, wie Andersdenken bezüglich eines scheinbar sehr sensiblen Themas die Volksseele fast zum Überkochen bringen kann.

Ich habe zuerst die Bezeichnungen Provokateur und Querdenker in einem Atemzug genannt. Beide Begriffe möchte ich nun differenzieren: Um Provokateur zu sein, muss man kein Querdenker sein. Querdenker denken aus der inneren Einstellung heraus anders und nicht, um einen Publikumseffekt zu erreichen. Der Provokateur wird stark vom eigenen Stil der Persönlichkeit gesteuert, während der Querdenker von seinen Einstellungen, Werten und Überzeugungen angetrieben wird. Möchten Sie mehr zu den Persönlichkeitsstilen wissen, bietet sich das Buch „Meine magische Persönlichkeit. Persönlichkeitsanalyse mit der Erdgeistchenmethode" als heitere, aber trotzdem wissenschaftlich fundierte Literatur an.

In einem Wörterbuch im Internet habe ich die folgende Definition gefunden: „Der Querdenker ist ein Mensch, der in seiner Denkweise von dem allgemein üblichen und als normal erachteten Denkroutinen erheblich abweicht und ungewohnte Denkbrücken zu anderen Wissensgebieten schlägt. Querdenker zeichnen sich nicht selten durch Kreativität aus, gelten aber auch als Sonderlinge oder Eigenbrödler. Der Begriff ist zwiespältig und schwankt zwischen Anerkennung und Abschätzigkeit."

Wer definiert aber nun, was übliche und normale Denkroutinen sind? Wir definieren es, und zwar in Form von sozialen Skripts, die sich in einer gesellschaftlichen oder sozialen Norm zeigen. Das sind konkrete Vorschriften, die das zwischenmenschliche Miteinander, also das Sozialverhalten, betreffen. Sie sind abhängig von der jeweiligen Kultur des Landes. So ist unser Verhalten unseren Mitmenschen gegenüber durch zahlreiche Regeln gesteuert, die jedoch nicht rechtlicher Art sind. Würden sich nun alle Menschen daran halten, würde eine soziale Normierung ausreichen. Dem ist jedoch nicht so, wie wir alle wissen, weil eben nicht jeder Mensch gleich denkt. Normen sind ja auch nur Erwartungen der Gesellschaft an das Verhalten von Individuen, welche von jedem Einzelnen in unterschiedlicher Verbindlichkeit wahrgenommen werden. Und daraus resultiert, dass oft Selbstverständlichkeiten im Miteinander infrage gestellt werden oder das Zusammenleben immer wieder zu Konflikten führt. Wenn sozusagen die soziale Normierung versagt, dann wird der Ruf nach einer Institution laut, die soziale Gebote durchsetzt. So befriedigt der Mensch sein Bedürfnis nach Rechtssicherheit und Gerechtigkeit, indem er die Justiz geschaffen hat. So unterliegt das Handeln Gesetzen, das Denken bleibt jedoch weiterhin frei.

3. Geheimnis Gehirn

Was Geheimnisse so an sich haben, ist, dass wenn man sie verrät oder lüftet, sie keine Geheimnisse mehr sind. Das Geheimnis des Gehirns ist trotz der bahnbrechenden Erkenntnisse der Forschung bis heute noch immer nicht ganz gelüftet – ich denke mit meinem geheimnisvollen Organ, dass es vielleicht immer ein solches bleiben wird. Geheimnisse sind doch auch etwas Schönes, Mystisches und Magisches. Zu entgegen ist jedoch, dass Magie auch eine schwarze Seite hat und so ein Geheimnis in einen Fluch wandeln kann.

Auf meine im Bekanntenkreis gestellte Frage, welches Geheimnis das eigene Gehirn berge, bekam ich Antworten, die dieses Organ noch geheimnisvoller machen. Antworten wie: „Es kribbelt, wenn ich schnell viel Wasser trinke“, „Es kann jeden Tag ein Buch sinnerfassend lesen und Wörter schmecken“, „Ich entdecke immer neue Geheimnisse! Aber welches plaudere ich jetzt nur aus? Ein Geheimnis ist sicher – in meinem Kopf kann ich machen, was ich will!“, „Gedanken, ... alle möglichen“, „Mein Hirn hat sich still und heimlich mit meinem Herzen vernetzt“. Zudem bekam ich auch eine sehr humorvolle und weniger geheimnisvolle Antwort: „Mein WAS?? Ich bin ein Mann, was denken Sie von mir?? Tztztz ... Gehirn ...“

Nachdem wir nur ungefähr 10 bis 15 Prozent unserer Gehirnkapazität nutzen, natürlich unabhängig vom Geschlecht, bleiben rund 85% ungenutzt. Warum? Ein einziges menschliches Gehirn verfügt über mehr Rechen- und Speicherkapazität als alle Computer und Speichersysteme der Welt. Die Prozesse unseres Gehirns sind hochkomplex, sodass wir diese vielleicht auch aufgrund unseres „beschränkten“ Denkens nicht nachvollziehen können. Wir tragen somit ein Organ in unserem Körper, das „intelligenter“ ist und mehr kann als das Wesen, in welchem es ruht? Der Mensch benötigt sein Gehirn, um dasselbe zu erforschen. So wie das Gehirn seine eigenen Prozesse nutzt, welche es aber auch gleichzeitig verändert. Unser Gehirn mit einem Computer zu vergleichen wird von Hirnforschern als falsch bezeichnet, denn im Gehirn gibt es keine Schaltzentrale. Die Prozesse laufen nicht seriell oder Schritt für Schritt ab, sondern das Gehirn verrichtet eine hochkomplexe parallele Verarbeitung, bei der es auf eine genaue Taktung ankommt. Würde man sich das Gehirn als Orchester vorstellen, würde dieses jedoch keine fix vorgegebene Kompositionen spielen, die beliebig oft wiederholt werden können, sondern es wäre eher eine Jazzband, die im spontanen Zusammenspiel Freejazz spielt und Bedeutung durch immer neue Variationen erzeugt. Nur so kann Aufmerksamkeit entstehen und auf dieser basieren dann höhere Hirnleistungen, die sogenannten kognitiven Prozesse. Das sind alle Vorgänge im Gehirn, die eine höhere Ebene der Verarbeitung benötigen.

Beispiele:

- Wie viel sind 349,99 plus 29,59 Euro?
- Erinnern Sie sich noch an die Anfänge des Einmaleins-Lernes in der Schule?

Für diese beiden Aufgaben – Rechnen und Erinnern – benötigt man solche kognitiven Prozesse. Weiters zählen zu diesen höheren Hirnleistungen auch Lernen, Erkennen, Vergleichen, Nachdenken, Problemlösen, Entscheiden oder die Raumorientierung.

Sinnesfunktionen, wie Hören oder Sehen, kann man recht zuverlässig bestimmten Regionen im Gehirn zuordnen, viel schwieriger ist das jedoch bei den höheren Hirnfunktionen. Hirnforscher sind jedoch fest davon überzeugt, dass es eines Tages gelingen wird, selbst die kompliziertesten kognitiven Funktionen mittels der Naturwissenschaft erklären zu können.

Die Vorgänge, die in unserm Hirn ablaufen, zeigen ihren Output großteils in Form unseres Bewusstseins. Bewusstsein brauchen wir, um wahrnehmen zu können. Bewusstsein bedeutet „bewusst sein“, also sich selbst und seiner Umwelt bewusst sein.

Bewusstsein kommt aus dem Lateinischen und bedeutet „Mitwissen“. Es bezeichnet die Fähigkeit, über mentale Zustände, wie Gedanken, Emotionen, Wahrnehmungen oder Erinnerungen, zu verfügen. Wobei es keine allgemein anerkannte präzise Definition von Bewusstsein gibt, denn das Phänomen des Bewusstseins ist nach wie vor eines der größten ungelösten Probleme in der Philosophie und der Naturwissenschaft.

Ein Mensch, der „sich selbst und seiner Umwelt sehr bewusst war“, war meine Mutter. Sie war bis zu ihrem 75. Lebensjahr im Denken und Fühlen sehr jung geblieben. Geistig wie körperlich war sie ein hochaktiver, höchst humorvoller und kreativer Mensch. Sie hatte sich auch das magische Denken bewahrt und ist immer wieder in den Erlebensbereich von Kindern eingetaucht und konnte denken, wie Kinder denken. Sie liebte es herzlich zu lachen, ebenso wie sie gerne und oft philosophische Gedanken über die Welt, wie das menschliche Tun, Sein und Denken, webte. Sie verschlang im wahrsten Sinn des Wortes Bücher. Als sie noch als Volksschullehrerin tätig war, war sie mit ganzem Herzblut dabei, den Kindern sinnverständiges Lesen beizubringen, dazu entwickelte sie sogar eigene Methoden und Materialien – fast besessen davon, jedem Kind die Möglichkeit zu bieten, Lesen zu lernen. Meine Mutter ohne ein Buch, das war unvorstellbar.

Wenn ich nun diese eben geschriebenen Zeilen lese, klingt es für mich, als wäre die beschriebene Person bereits gestorben. Sie ist es auch, obwohl sie noch lebt! Sie hat ihr bewusstes Sein verloren.

Das Bewusstsein zu verlieren wird im Volksmund gleichgesetzt mit Ohnmacht. Jedoch verliert auch ein Mensch, bei dem Hirnfunktionen gestört sind, das „bewusste Sein“. Diesen Verlust erlebte ich bei meiner Mutter, die an einer vaskulären Demenz erkrankt ist. Das ist eine Form der Demenz, die von Durchblutungsstörungen im Gehirn ausgelöst wird. Menschen, die von dieser Hirnschädigung betroffen sind, sind in ihren kognitiven Fähigkeiten, also ihrem Erkennen und Denken, eingeschränkt.

Nach sieben Jahren, in denen die Demenz im Gehirn meiner Mutter gewütet und ihre zerstörerischen Spuren hinterlassen hat, existiert, außer dem Körper, nichts mehr von dem, was diese Frau einst war. Sie vegetiert tagaus, tagein in einem Dämmerzustand vor sich hin. Sie verweigert jegliche Tätigkeiten, ist zu nichts zu motivieren. Tätigkeiten, die sie früher mochte, wie mit Ton arbeiten, Turnübungen durchführen, Spiele spielen oder sich an heiteren Dingen ergötzen, machen ihr nun keinen Spaß mehr. Kaum ein Lächeln ist ihr jetzt zu entreißen und wenn, dann ist dieses nur mehr ein automatisierter Schatten dessen, was es früher war. Alles, was auch nur Sekunden in der Vergangenheit liegt, ist vergessen – keine Erinnerung mehr. Keine Bücher, kein Lachen, kein Denken mehr – nur mehr – WAS?

In der Neurowissenschaft sieht man Gehirnaktivitäten, die mit Bewusstseinsprozessen einhergehen, als neuronale Korrelate des Bewusstseins. So ist es amerikanischen Forschern mittels der „Brainbow-Technik“ gelungen, das Denken bunt einzufärben. Nervenzellen werden dabei dazu gebracht, durch die Wirkung bestimmter Proteine farbig und damit voneinander unterscheidbar aufzuleuchten, und so kann man genau sehen, wie die Nervenzellen und ihre Schaltkreise arbeiten. Bei diesem Vorgang wird aber nur die sogenannte Hardware des Gehirns sichtbar gemacht, Gedanken bleiben unsichtbar – und das ist auch gut so!

In der Philosophie wird Bewusstsein auch derart beschrieben, „belebt und beseelt“ zu sein. Der Philosoph Thomas Metzinger sieht das Bewusstsein als Rätsel, bei dem es fraglich ist, ob wir die Lösung überhaupt akzeptieren würden: „Das Problem des Bewusstseins bildet heute – vielleicht zusammen mit der Frage nach der Entstehung unseres Universums – die äußerste Grenze des menschlichen Strebens nach Erkenntnis. Es erscheint deshalb vielen als das letzte große Rätsel überhaupt und als die größte theoretische Herausforderung der Gegenwart. [...] Das zeigt sich bereits daran, dass bei näherem Hinsehen überhaupt nicht klar ist, worin das Rätsel des Bewusstseins überhaupt besteht und was wir als eine überzeugende Lösung dieses Rätsels akzeptieren würden.“

Solange es sich um gesunde Gehirne handelt, mag der Zugang, dieses mystische Rätsel als solches bestehen zu lassen, nur weil diesem eine inakzeptable Lösung entspringen könnte, ein durchaus legitimer sein. Wenn jedoch damit die Chance genommen wird, durch neurobiologische Forschung, Hirnfunktionsstörungen in naher oder weiter Zukunft verstehen und behandeln zu können, erachte ich es als „philosophisches Verbrechen“, das Rätsel ein solches sein lassen zu wollen. Denn was ist der Mensch ohne bewusstes Sein?

Es mutet fast heiter an, aber etwas, das man über das Bewusstsein sehr konkret weiß, ist, dass es in großem Maße vom Unterbewussten bestimmt ist. Ich spreche hier bewusst vom UNTER-Bewussten und nicht, wie Freud, vom UN-Bewussten. In der Kognitionswissenschaft geht man davon aus, dass etwas, das durch verschiedene Situationen oder Techniken wieder ins Bewusstsein geholt oder befördert werden kann, davor ähnlich den Dateien im PC in einer Art von UNTER-Ordnern, gespeichert sein muss. Es wurde wissenschaftlich nachgewiesen, dass es in unserem Gehirn bereits Aktivitäten gibt, lange bevor wir das Gefühl haben, bewusst einen Entschluss zu fassen. Auch versuchen wir immer wieder gefühlsmäßige Entscheidungen im Nachhinein „vernünftig“ zu begründen, wir tendieren dazu zu rationalisieren. Vielleicht müssen wir das auch, denn alles, was uns aus unserer Außenwelt erreicht, ist physikalisch betrachtet nur ein Zusammenspiel aus Farben, Formen, Licht und Schall. Betrachten wir die Situation eines Mittagessens mit FreundInnen oder der Familie: Wir meinen FreundInnen, Brüder, Schwestern, PartnerInnen oder Eltern rund um den Tisch sitzen zu sehen. Physikalisch betrachtet sind das jedoch nur „... Hautsäcke, die in Tuchstücke gestopft und auf Stühle drapiert sind. Oben auf den Hautsäcken befinden sich zwei Löcher, dunkle Punkte, die sich rastlos bewegen, und darunter ein Loch, das gelegentlich Geräusche von sich gibt. Die Säcke bewegen sich in unberechenbarer Weise und manchmal berührt uns einer von ihnen. Die Löcher verändern ihre Form und gelegentlich tropft salzige Flüssigkeit aus den beiden Punkten.“ (Ein sehr interessantes Zitat aus dem Buch „Forschergeist in Windeln. Wie Ihr Kind die Welt begreift“ von Gobnik, Kuhl und Meltzoff.)

Die Vorstellung, Menschen so wahrzunehmen, ist schrecklich und gleicht eher einem Horrorfilm als dem, was wir bei einem gemütlichen Beisammensitzen erleben möchten. Aber warum sehen wir keine Hautsäcke, sondern Frauen, Männer, Kinder, Hunde, Katzen usw.? Dieselbe Frage können wir uns auch betreffend aller Gegenstände, Speisen, Bäume und unserer gesamten Umwelt stellen: Warum sehen und erleben wir alles in dieser Form und nicht anders? Wie schon im Kapitel über den

Beginn des Denkens angeführt, kommen wir mit einem Kernwissen von Sprache, Mathematik, Physik und vielen weiteren Bereichen auf die Welt. So auch mit dem Wissen, wie Menschen aussehen. Und Menschen werden auf der ganzen Welt von ihresgleichen als solche erkannt. Ob das menschliche Gehirn jemals bereit sein wird, dieses Geheimnis preiszugeben, und ob wir es dann auch begreifen könnten? Auch wenn wir nicht alles begreifen, sind wir dennoch keine Schafsköpfe, denn Schafe haben die Fähigkeit, die Gesichter von mindestens 50 ihrer Artgenossen auseinanderzuhalten. Forscher haben bei Schafen eine spezielle Region im Gehirn entdeckt, die dafür zuständig ist. Natürlich steht der Mensch dem Schaf um nichts nach, sein Gehirn toppt sogar die Leistung eines Schafsgehirns. Kann ich Sie jetzt gar denken hören „Na das ist doch wohl klar!"? Nun, ich zweifle sehr oft daran, sogar bei Menschen, die nachgewiesenermaßen über einen guten Intellekt verfügen.

Der Mensch kann Tausende von Gesichtern auseinanderhalten und sich an diese erinnern und sie, auch noch nach Jahren, wiedererkennen. Auch wenn sich die Gesichter durch Alter, Brille, Bart oder Schönheitsoperationen verändert haben. Dieser Erkennensprozess erfolgt in unserem Gehirn, so sagt die Wissenschaft, nach einem strikten Befolgen fest eingeübter strenger Regeln. Wir besitzen die Fähigkeit dafür, weil es für uns als soziale Wesen für das Überleben wichtig ist, und wir trainieren es vom Tag unserer Geburt an. Wie sehr es jedoch auch von Gewöhnungs- und Lernprozessen abhängig ist, zeigt sich an den Problemen, die uns, als EuropäerInnen, Gesichter von BewohnerInnen fremder Kontinente machen. Aber so bereiten auch unsere Gesichter AsiatInnen Probleme bei der Unterscheidung.

Der Sitz dieses geheimnisvollen Tools soll in einer speziellen Windung im unteren Schläfenlappen des Großhirns liegen und hat die Bezeichnung FFA nach „Fusiform Face Area“ erhalten, wo die Gesichterkennung auf dem Zusammenspiel ungezählter Nervenzellen basiert.

Menschen, egal von welchem Kontinent, können jedoch auch an einer Prosopagnosie, der Gesichtsblindheit, leiden. Die Fähigkeit, Emotionen aus Gesichtern zu lesen und etwas als schön oder nicht schön einzustufen, ist zwar vorhanden, eine Person wiederzuerkennen ist jedoch nicht möglich.

Der Mensch kann es selbst erkennen, wenn sein Gehirn nicht einwandfrei funktioniert. So wurde mir dies auch von einer Frau beschrieben, die vor zwölf Jahren bei einem schweren Verkehrsunfall ein Schädel-Hirn-Trauma erlitt, welches bleibende Funktionsstörungen verursachte. Heute ist sie 45 und an ihre Vergangenheit kann sie sich nur mehr bruchstückhaft erinnern, diese Erinnerungen stehen aber nicht im korrekten zeitlichen Zusammenhang. Ihre Raumorientierung hat sie verloren. Menschen, die sie heute kennenlernt, erkennt sie am Folgetag nicht mehr. Was sie jedoch weiß und empfindet, ist, dass sie vergisst. Sie sagte zu mir „Ich werde Sie morgen nicht mehr erkennen, Sie müssen mir dann wieder sagen, wer Sie sind.“ Und was sie noch sagte: „Es ist nicht leicht, mit so einem Gehirn zu leben.“

Was diese Frau nicht verloren hat, ist ihre Lebensfreude, und sie kann ihre Gefühle ausdrücken und mir mitteilen, dass es ihr gut tut, über ihr Fühlen und Sein sprechen zu können. Sie hat sich ihr „bewusstes Sein“ erhalten – verloren hat sie die Vergangenheit, sie lebt fast ausschließlich im Hier und Jetzt. Sie hat die Fähigkeit, das Beste aus ihrer Situation zu machen – wo ist wohl das Geheimnis der Zufriedenheit in unserem Gehirn verborgen? Dort, wo die Emotionen sitzen. Ja, aber wo sitzen denn diese?

Sie müssen eigentlich die Feldherren des Gehirns sein, denn es wurde nachgewiesen, dass wir Menschen unsere Entscheidungen in Zweifelsfällen, mit großem intuitivem Anteil treffen. Das bedeutet, wenn wir Entscheidungen treffen sollen, bei denen wir Zweifel überwinden müssen, findet in jenem Gehirnareal, das für die Verarbeitung von Gefühlen zuständig ist, ein Neuronengewitter statt – es arbeitet auf Hochtouren. Emotion und Ratio arbeiten somit sehr eng zusammen. Unser Hirn greift in solchen Momenten auf alle Erfahrungen zurück, die wir im Laufe unseres Lebens gemacht haben, erstellt anhand dieser Hypothesen über die momentane neue Situation und macht Verhaltensvorschläge.

Bei einem Experiment wurde einer Gruppe von Frauen eine Auswahl von Nylonstrümpfen präsentiert und sie wurden aufgefordert, sich ein Paar auszusuchen. Als sie danach gefragt wurden, was genau zu ihrer Entscheidung, einen bestimmten Strumpf auszuwählen, geführt habe, gaben alle Frauen detaillierte und nachvollziehbare Gründe an. Ihre Entscheidung wurde durch die Wahrnehmung von leichten Unterschieden in der Farbe, der Gewebestruktur oder der Qualität geleitet.

Tatsächlich waren aber alle Strümpfe identisch und die „Gründe", die die Frauen anführten, waren somit Rationalisierungen, die sie konstruierten, um ein im Grunde unerklärliches Verhalten zu rechtfertigen.

Auch wenn es so etwas wie ein Unisex-Gehirn für Mann und Frau nicht gibt, sollten männliche Leser jetzt trotzdem nicht süffisant schmunzeln und meinen, das könne ihnen nicht passieren. Wahrscheinlich nicht mit Nylonstrümpfen, aber vielleicht mit Dessous für ihre Freundin oder Ehefrau oder mit Werkzeug, Computern oder anderen Objekten. Die Unterschiede zwischen männlichem und weiblichem Gehirn schließen nicht aus, dass das männliche Gehirn nicht ebenso ein Zusammenspiel von Emotion und Ratio produziert. Auch Männer können einer Realitätsverzerrung unterliegen. Oder vergeht für Männer die Zeit, die sie auf einem Zahnarztstuhl, bewegungsunfähig gemacht durch einen fiesen, in höchsten Tönen pfeifenden Bohrer, der einen ihrer Zähne eben zur großen Höhle macht und alle Schmerzsensoren aktiviert, nicht auch elendiglich langsam? Hingegen rast die Zeit wie im Überschallflug vorbei, wenn wir schöne Momente so richtig auskosten wollen.

Da unser Wahrnehmungsapparat ein evolutionäres Produkt ist, sind solche Realitätsverzerrungen infolge unserer Entwicklungsgeschichte verständlich.

Dem menschlichen Gehirn wurde nie die Aufgabe zugeteilt, unsere Außenwelt vollständig und objektiv abzubilden, sondern in der Form, wie es die Bedürfnisse des Menschen erfordern.

Dnkee nie gcaehdt zu heabn, dnen das Deeknn der Gkdneean ist gednelokseans Dkneen. Wnen du dnkest, du dneskt, dnan dkenst du nur, du dksnet. Dnen dnkeen tsut du nie.

Konnten Sie diese letzten Zeilen lesen? Der Linguist Graham Rawlinson konnte mit solchen Leseexperimenten nachweisen, dass der Mensch Texte auch dann versteht, wenn die Buchstaben vertauscht sind, da unser Leseverständnis stark von unserem Vorwissen geprägt ist. Sehen heißt somit konstruieren. Wir nehmen die Wirklichkeit sehr oft nicht objektiv wahr, sondern neigen sehr stark dazu, sie zu interpretieren. Das, was wir in gutem Glauben für real halten, ist oft nur ein Konstrukt unserer Gedanken und persönlichen Deutungen – Streiche, die das Gehirn uns spielt.

Wenn Sie selbst mit eigenen Texten dieses Experiment durchführen wollen, finden sie unter www.gemeinde buecherei-forst.de/index.htm einen „Wortmixer".

Nun lassen Sie Ihr Gehirn ein Rätsel lösen, auch wenn es sein eigenes gut hütet, und trainieren Sie dieses geheimnisvolle Organ auch gleich dabei, indem sie den passenden Ausdruck für folgende Begriffe finden (eine Anregung aus „Hirnverbrannt" von European Dana Alliance For The Brain): einen vegetarischen Schädel, einen widerspenstigen Schädel, einen geschriebenen Schädel, einen jungen Schädel, einen leblosen Schädel, einen Schädel ohne Haare, einen musikalischen Schädel, einen gedrückten Schädel. Die Auflösung finden Sie auf Seite 277.

4. Gedanken sind frei ...

Sind im 21. Jahrhundert unsere Gedanken nur mehr dann frei, wenn wir nicht mittels Gehirnscans überprüft werden – also in die Röhre eines Kernspintomografen gestopft werden? Mittels bildgebender Verfahren ist die Neurowissenschaft in der Lage, unsere Gedanken bis zu einem gewissen Grad „zu lesen". Jedoch brauchen wir keine Sorgen zu haben, dass unsere Gedanken wie Werbebanner mit laufenden Schriftzügen auf den Bildschirmen der Hirnforscher erscheinen. Die Erforschung des Gehirns mit solchen Verfahren steht am Anfang und es wird nur die Gehirnaktivität mittels der funktionellen Magnetresonanztomografie (fMRT) abgebildet. Das fMRT ist ein bildgebendes Verfahren, das mittels starker Magnetfelder und Radiowellen zwei- und dreidimensionale Bilder von Organen aufzeichnet. Anders als bei Röntgenaufnahmen, die nur statische Bilder liefern, können diese Geräte die

Aktivität der Organe, so auch des Hirns, fast in Echtzeit darstellen.

So faszinierend die Möglichkeiten der funktionellen Kernspintomografie auch sind, sie haben ihre Grenzen. Außerdem ist bis heute nicht eindeutig erwiesen, ob die abgebildeten Hirnaktivitäten wirklich für die beobachteten geistigen Vorgänge verantwortlich sind. Somit hütet unser Gehirn neben anderen Geheimnissen, auch jenes unserer Gedanken sehr gut und schützt so auch ihre Freiheit.

Spannend muten die Experimente der Hirnforscher trotzdem an. Im neuropsychiatrischen Institut der University of California wurde unter anderem die Frage untersucht, ob man mithilfe solcher Verfahren im Gehirn erkennen kann, welchem Präsidentschaftskandidaten die Sympathie eines Probanden zukommt. Es meldeten sich zahlreiche Freiwillige, die ihre Anhängerschaft zu einem der beiden Lager offen ausdrückten, und es konnten tatsächlich charakteristische Unterschiede im neuronalen Geschehen beobachtet werden. Beim Anblick des „eigenen" Kandidaten zeigten die Gehirne der Testpersonen im ventromedialen präfrontalen Cortex eine emotionale Reaktion. Wenn der Gegenkandidat oder seine Wahlwerbung zu sehen war, wurde dagegen der dorsolaterale präfrontale Cortex aktiv, was auf eine rationale Aktivität hindeutet. Die Interpretation ist, dass sich die getesteten Personen gefühlsmäßig mit „ihrem Kandidaten" identifizieren und sich gegen die Botschaft des Gegenkandidaten mit ihrem Verstand wehren.

Unter zahlreichen Experimenten, mit verschiedenen Fragestellungen, denen entweder wirtschaftliches Interesse, im Sinne des Neuromarketings, sowie juristisches oder politisches Interesse zugrunde lag, wurde auch untersucht, wie sich moralische Entscheidungen im Gehirn offenbaren. Das Ziel ist es, mit dieser Technik komplexere Phänomene, wie bestimmte Aspekte des menschlichen Sozialverhaltens oder die Verarbeitung von Emotionen, zu entschlüsseln.

In der Wirtschaft sollte es dazu dienen, das Konsumentenverhalten zu eruieren und in Folge gezielt beeinflussen zu können. Wobei unterm Strich nichts Neues entdeckt wurde, nämlich dass die Präsentation eines Produkts starke Emotionen erzeugen müsse, weil Emotionen mehr Macht im Hirn haben als rationale Argumente. Sowie, dass man möglichst viele Sinne gleichzeitig ansprechen müsse, weil so das Gehirn besonders aktiviert wird.

Im juristischen Bereich sind die Auswirkungen eher erschreckend. Jedoch nicht, weil das Ergebnis so treffsicher ist, sondern weil angenommen wird, dass infolge einer spektakulären Darbietung Geschworene in ihrer Neutralität beeinflusst werden könnten. Die Hirnforscher fanden beim Lügen charakteristische Muster auf ihren Hirnscans. Ein geschäftstüchtiges amerikanisches Unternehmen namens „No Lie MRI" hat sich diese Technik bereits zu Nutzen gemacht und kündigt auf ihrer Website noliemri.com an: „Die Technologie, die von No Lie MRI verwendet wird, repräsentiert das erste und einzige direkte Maß der Wahrheitsüberprüfung und Lügenerkennung in der Geschichte der Menschheit!"

Zum Kundenkreis von „No Lie MRI" gehören zum Beispiel ein alkoholabhängiger Lenker, dem der Führerschein entzogen wurde, sowie ein Vater der des sexuellen Übergriffs an seiner Tochter beschuldigt wird, und ein Mann, der angeblich zu Unrecht wegen Mordes verurteilte wurde. All diese Personen wollen mithilfe von Hirnscans ihre Unschuld beweisen.

Viele renommierte Neurowissenschaftler zweifeln begründet an der Seriosität des Angebots von „No Lie

MRI", denn es konnten bislang keine eindeutigen Lügenmuster im Gehirn identifiziert werden und es gibt auch kein Lügenzentrum im Gehirn, wie es allerdings auf der Website beschrieben ist. Hinzu kommt, dass Laborbedingungen nicht so einfach in die Praxis zu übertragen sind. Das menschliche Gedächtnis wird ständig mit neuen Daten versorgt, die Datenspeicher erhalten laufend neue Updates, das geschieht wesentlich häufiger als bei Windows Updates oder jedem Spam- und Virenschutz am PC.

Weiters hat unser Hirn die Angewohnheit, Erinnerungen derart zu verfälschen, dass sie kaum mehr Ähnlichkeit mit der Realität aufweisen. Dieser Mechanismus ist auch bekannt unter der Bezeichung „Psychische Abwehrmechanismen". Dazu zählen psychische Vorgänge wie beispielsweise Verdrängung, Verleugnung, Projektion oder Rationalisierung. Diese Mechanismen können ein derart intensives Ausmaß erreichen, dass die erinnerte Version wenig bis nichts mehr mit dem objektiven Sachverhalt einer Handlung oder eines Ereignisses gemeinsam hat. Das fällt dann nicht unter Lügen, da der Mensch dies als wahr empfindet. Daher ist es schlichtweg unmöglich, Jahre später vor Gericht mittels eines solchen Verfahrens festzustellen, was wahr oder falsch ist.

Der Computertomograf kann jedoch verraten, bei welchen geistigen Prozessen Gefühle beteiligt sind, und kann so auch zur Diagnose von bestimmten Gemütszuständen wie Depression dienen sowie die Wirksamkeit von psychotherapeutischer wie medikamentöser Behandlung sichtbar machen. Es lässt sich anhand der Veränderungen der neuronalen Aktivitätsmuster eindeutig feststellen, ob eine medikamentöse oder psychotherapeutische Behandlung gewirkt hat oder nicht. Jedoch wahrt nicht nur der Arzt oder Psychotherapeut weiterhin seine Schweigepflicht, sondern auch unser Gehirn. Denn es gibt keine Gedankeninhalte preis, sondern nur Muster der Hirnaktivität, die zu bestimmten Gedanken gehören. Und die Muster unterscheiden sich von Mensch zu Mensch. Je komplexer Denkprozesse sind, umso weniger gibt es auch nur annähernde Übereinstimmungen in den Mustern. Ebenso wenig, wie man aus einem Silvesterfeuerwerk einen einzelnen Knallkörper heraushören kann, kann man einen Gedanken aus einem Denkprozess herauslesen – unsere Gedanken bleiben frei!

Bis vor wenigen Jahren wären solch intime Einblicke in die Innenwelt eines Menschen nicht möglich gewesen, obwohl zahlreiche Machthaber und Regimes regelrecht danach gierten. So war in Deutschland während der Deutschen Märzrevolution (1848/1849) und der Zeit des Nationalsozialismus (1933–45) sogar ein Lied verboten, das sich der Freiheit der Gedanken widmet. Ein Lied, welches seinen Ursprung bereits im 12. Jahrhundert hat. Aktuell hat es Leonhard Cohen bei seinen Solidaritätsauftritten sogar in deutscher Sprache interpretiert. Das Lied „Die Gedanken sind frei" spricht für das unaufgebbare Motiv der Menschheit, welches in diesem Liedtext zum Ausdruck kommt:

Beleget den Fuß
Mit Banden und mit Ketten
Dass von Verdruss
Er sich kann nicht retten,
So wirken die Sinnen,
Die dennoch durchdringen.
Es bleibet dabei:
Die Gedanken sind frei.

Die Gedanken sind frei
Wer kann sie erraten?

Sie fliehen vorbei
Wie nächtliche Schatten;
Kein Mensch kann sie wissen,
Kein Kerker verschließen
Wer weiß, was es sei?
Die Gedanken sind frei.

Ich werde gewiß
Mich niemals beschweren,
Will man mir bald dies,
Bald jenes verwehren;
Ich kann ja im Herzen
Stets lachen und scherzen;
Es bleibet dabei:
Die Gedanken sind frei.

Ich denk was ich will
und was mich erquicket,
Und das in der Still
Und wenn es sich schicket;
Mein Wunsch und Begehren
Kann Niemand mir wehren;
Wer weiß was es sei?
Die Gedanken sind frei.

Wird gleich dem Gesicht
Das Sehen versaget,
So werd ich doch nicht
Von Sorgen geplaget.
Ich kann ja gedenken,
Was soll ich mich kränken?
Es bleibet dabei:
Die Gedanken sind frei.

Ja fesselt man mich
Im finsteren Kerker,
So sind doch das nur
Vergebliche Werke.
Denn meine Gedanken
Zerreißen die Schranken
Und Mauern entzwei:
Die Gedanken sind frei.

(„Unser Lied“, Hrsg. vom EXEKUTIVKOMITEE DER INTERNATIONALEN ARBEITSGEMEINSCHAFT SOZIALISTISCHER JUGENDORGANISATIONEN, 1922)

Hier kommt zum Ausdruck, dass die persönliche Einstellung, das Weltbild und auch die Selbstachtung eines Menschen von außen nicht zu brechen sind. Auch wenn ich durch Bedrohung meines Lebens oder meiner Existenz gezwungen werde, mit der Masse konform zu gehen, meine Gedanken kann mir niemand verbieten. Daher kann ich auch beispielsweise so tun, als ob ich mit etwas einverstanden wäre, jedoch dabei genau das Gegenteil denken. Unser Geist erlaubt es sogar, beispielsweise gleichzeitig zu denken „Sie sind ein unverbesserlicher, einfältiger Tyrann“, während über unsere Lippen kommt „Aber gerne, Herr Chef, werde ich Ihrem Wunsch, die Liste fertigzustellen, unverzüglich nachkommen“. So haben wir die Freiheit, uns unsere Gedanken auch in friedlichen Zeiten in unserem Alltag zunutze zu machen. Sollte das nun nach „Einschleimen“ anmuten, mag es von außen betrachtet zutreffen. Aber da es die Person auch als Selbstschutz macht, mit dem Wissen, den Chef ja sowieso nicht verändern zu können, aber auf diese Art jedoch zu einem angenehmeren Arbeitsklima beizutragen, würde ich es als „manipulatives Schleimen“ bezeichnen. Mit dem Ziel

„besseres Leben am Arbeitsplatz", und nicht mit der Absicht, beim Chef beliebter zu werden.

Natürlich soll der Mensch nicht nur in den geheimen Gängen seines Gehirns anders denken dürfen, sondern er soll seine Meinung auch laut sagen dürfen, aber das ist nicht immer von Vorteil. Daher ist es oft gut, seine Gedankenfreiheit ausgiebig zu nutzen, auf die Meinungsfreiheit aber hin und wieder freiwillig zu verzichten. Um trotzdem nicht vor Ärger grün, blau oder gar violett zu werden, hilft eine psychologische Denk- und Imaginations-Strategie: das Externalsieren. Auf die nützliche Funktion dieser Technik habe ich bereits im Buch „Meine magische Persönlichkeit. Persönlichkeitsanalyse mit der Erdgeistchenmethode" hingewiesen und beschreibe sie auch hier genauer.

Externalisieren wird in der Psychologie definiert als „die Verlagerung von Motiven oder Zuschreibungen nach außen". Unsere inneren Vorstellungen, Sichtweisen, Gedanken und Gefühle werden nach außen verlagert. Sie können die Gestalt von Texten, Skizzen, Modellen, Zeichnungen, Objekten und ebenso von magischen Gestalten annehmen.

Menschen externalisieren auch ohne zu wissen, dass sie eben dies tun, einfach weil es sehr hilfreich ist. Auf dem Papier statt im Kopf zu rechnen, Tagebuch schreiben, Gesprächsprotokolle schreiben, eine Wegbeschreibung oder Skizzen der geplanten Wohnungseinrichtung aufzeichnen – all das hilft uns, Distanz zu unserem Denken und Fühlen zu finden und dieses in konkretisierter Form plötzlich als Betrachter vor uns zu haben. Ein Vorgang, bei dem unsere Gedanken ihre Freiheit im wahrsten Sinn des Wortes suchen und dem Gehirn entfliehen. Nicht weil es dort für die Gedanken oder Vorstellungen gefährlich wäre, sondern weil es ihnen zu eng wird. Sie entlasten so „HausherrIn Gehirn“, machen Platz für neue Generationen und genießen die Freiheit, nun endlich greifbare Gestalt anzunehmen.

In Schulzeiten hat mir diese Technik dabei geholfen, meinen Ärger über Lehrpersonen ausdrücken zu können, ohne disziplinäre Maßnahmen fürchten zu müssen. In so manch langweiligem Pflichtseminar diente der Schreibblock als Projektionsfläche für meinen Frust. Dass es sich um eine psychotherapeutische Technik handelt, erfuhr ich dann Jahre später bei einer Fortbildung über Systemische Psychotherapie. In abgewandelter Form nutze ich diese Technik seither auch in meiner psychologischen Arbeit und bekam schon oft die Rückmeldung, dass dieses Gedankenexperimet sehr wohltuend wirken kann. So berichtet eine junge Frau, die mit einer Studienkollegin, die sie mit ihren Verhaltensweisen fürchterlich nervte, eine Gruppenarbeit machen musste, dass sie die Kollegin nun als Carla Columna sieht. Das ist in der Welt von Benjamin Blümchen eine überaktivierte Reporterin, die auf ihrem Motorroller durch die Stadt rast und immer auf der Suche nach sensationellen Neuigkeiten ist. Ihr nerviges „Hallöchen“, „Tschüsselchen“ und „Sensationell“ ist zu hören, noch lange bevor man Carla Coulmna sieht. In ihren Gedanken wandelt sich die Kollegin somit in diese Comicfigur, wodurch stille Heiterkeit eintritt und die junge Frau sich mithilfe der Gedanken entlastet.

Dieselbe junge Frau war auch der Macht eines selbstverliebten und frauenfeindlichen Professors ausgesetzt, den sie in ihrer Gedanken- und Vorstellungswelt zu jenem „grinsenden Baby“ mutieren ließ, das Sie womöglich auch aus Witzrundmails kennen. Sie nahm der Lehrperson somit in Gedanken die Autorität und Macht und musste, wenn sie ihn ansah innerlich lachen, statt sich zu sorgen und ängstigen. Für alle, die dieses hässliche „Babyface“

nicht kennen und auch nicht im Internet suchen möchten, eine kurze Beschreibung: Ein Babyporträt wurde mit einem Bildbearbeitungsprogramm in die Breite verzerrt, dann wurden ihm überdimensionale abstehende Ohren, riesige doof blickende, schielende Augen, Nasenlöcher groß wie Scheunentore und ein Grinsen, das an Dämlichkeit unübertrefflich ist, verpasst. Als Krönung sitzen senkrecht auf seinem sonst fast kahlen Kopf ein paar struppige Haarbüschel.

Derart kann man sich jedoch auch seine liebenswerte „Kraftfigur" suchen, die dabei helfen kann, Ärger oder Ängste ein Stückchen weiter von sich zu weisen und so Situationen leichter zu nehmen. So assozierte ein Mann, der Fantasy-Geschichten seit seiner Kindheit liebt und über eine hervorragende bildliche Vorstellungskraft verfügt, den Waldschrat „Hogoblin Speichel" aus dem Film Spiderwicks als seine Kraftfigur. Der Grund war: „Dieses spuckende Schwein ist humorvoll und wenn ihm danach ist, dann spuckt es einfach los!" So nutzte dieser Mann „Hogoblin Speichel" immer dann, wenn es Situationen gab, die ihn ärgerten oder nervten, indem er sich diese Figur in Gedanken an seine Seite holte und so mehr Leichtigkeit verspürte.

Eine weitere Variante, Gedanken einfach auszuleben und sich diese Freiheit seiner Gedanken zunutze zu machen, ist, einem Problem, welches ein Mensch mit sich trägt, eine magische Gestalt zu verleihen. Ich lernte einmal eine Frau kennen, deren Problem Angst war: Angst, alleine zu sein; Angst, dass etwas passieren könnte; Angst, dass sie eine neue Herausforderung nicht meistern könnte; einfach Angst, die immer wieder neue Gestalten annehmen konnte. Diese Frau wählte für die Angst einen Drachen. Keinen bösen, sondern einen, der ähnliche Eigenschaften wie ein Hund hat. Diesen Drachen ließ sie in ihrem Garten wohnen, in einer ehemaligen Hundehütte am Rande des Grundstücks. Sie nannte ihn Axel. Mal war er griesgrämiger und unfolgsam, dann wieder eher zuneigungsbedürftig und sehr folgsam. Wenn wir über die Angst sprachen, so sprachen wir über Axel den Drachen und was er so gemacht hat. Für die Frau war dies eine Möglichkeit, der Angst ein Gesicht zu geben und sie so besser kontrollieren zu können. Da die Angst in Form von Vorsicht ja eine schützende Begleiterin ist, wollte sie diese nicht ganz aus dem Leben verbannen, sondern einfach in wohltuender Art mit ihr leben lernen. Axel entwickelte sich zu einem bald recht folgsamen Gedankengefährten. Gedanken sind frei, wenn der Mensch diese Freiheit auch zu nutzen weiß.

5. Gedanken und Erziehung

- Man darf keine Fehler machen!
- Jeder muss mich mögen!
- Es ist wichtig, was die Leute über mich denken!
- Menschen lauern nur auf die Schwäche von anderen!
- Man darf sich nicht gehen lassen!

Die sanftere Variante einer solch groß- wie elterlichen „Gehirnwäsche" kennen vermutlich viele Menschen aus ihrer Kindheit und Jugendzeit:

- Nach dem Klo und vor dem Essen Hände waschen nicht vergessen!
- Solange du deine Füße unter unseren Tisch stellst, hast du zu machen, was dir deine Eltern sagen!
- Gegessen wird, was auf den Tisch kommt!
- Anständig oder gar nicht!

- Wenn Erwachsene reden, bist du still! Rede erst, wenn du gefragt wirst!
- Was ich darf, darfst du noch lange nicht!
- Kinder, die was wollen, kriegen was auf die Bollen! (= Finger, dieser Spruch stammt aus Norddeutschland)
- Wenn du den Kaugummi verschluckst, klebt dein Magen zusammen!
- Nach dem Eis gibt's keine Limonade, sonst bekommst du Läuse im Magen.
- Keine Erbsen in die Nase stecken!

Durch Erziehung verlernen wir „zu re-agieren“ und stattdessen üben wir, die Welt so zu sehen, wie wir sie sehen sollen, und nicht, wie sie ist.
(NACH KEITH JOHNSTONE)

Die obskur-heiteren Regeln stellt man später infolge von Erfahrung und erworbenen Wissen natürlich infrage bzw. würde man solches sowieso nicht tun. So stecken sich Erwachsene kaum noch Erbsen in die Nase. Aus Kindernasen hingegen müssen HNO-ÄrztInnen des Öfteren Erbsen, Perlen, Spielfiguren oder andere erstaunliche Dinge angeln. Bringen Erwachsene durch solche Regeln, die ohne Anlass dahingesagt werden, Kinder nicht erst auf „dumme“ Gedanken?

Die strengen „Überlebensregeln“, die uns durch elterliche, großelterliche und sonstige Erziehungsstile in unserer Kindheit auferlegt wurden, haben wir oft stark verinnerlicht und daher können sich viele Menschen auch im Erwachsenenalter nicht davon trennen.

Die Auswirkung eines solchen anerzogenen Denkstils nennt der Psychologe Albert Ellis scherzhaft, jedoch mit ernstem Hintergrund, „Mussturbation“. Nein, es hat mich nicht mein Tippfehlerteufelchen ausgetrickst und nein, ich habe auch kein moralisierendes Engelchen auf meiner Schulter sitzen, welches mir ins Ohr flüstert „Masturbation ist ein ‚Pfuiwort', das musst du umändern".

Ellis nannte „Man muss"-Einstellungen tatsächlich „Mussturbation". Im Gegensatz zur Masturbation beglückt die Mussturbation jedoch in keiner Weise. Das Einzige, was die beiden Begriffe gemeinsam haben, sind womöglich die daraus resultierenden Schuldgefühle. Bei der Masturbation, weil man auf diese Weise sein Bedürfnis gestillt hat, und bei der Mussturbation entstehen die Schuldgefühle, wenn man NICHT mussturbiert hat.

Solche verinnerlichten Regeln stellen für so manche Betroffene oft eine zentnerschwere Seelenlast dar und können zu gesundheitsschädlichem Verhalten im Erwachsenenleben beitragen. Man kann sie auch als ungünstige Mythen bezeichnen und es lohnt sich, sie auch mal zu hinterfragen, und zu versuchen, Gegenargumente zu finden.

Die Mussturbation ist überliefertes, unreflektiertes, suggeriertes Gedankengut und somit großteils ein Produkt der Erziehung. So schnürt uns auch heute noch das enge Korsett der Erziehung beispielsweise in sexuellen Bereichen, wie eben der Masturbation, ein.

Welche Weltanschauungen, welche Überlebensregeln, welche Gedankenwelten, welches Wissen über die Welt und seine Bewohner wurden uns durch unsere Bezugpersonen und Lehrpersonen vermittelt und dominieren noch immer unser Denken? Machen Sie sich hin und wieder Gedanken darüber, wie Ihr Stil, über die Welt und die Lebewesen zu denken, sich entwickelt hat? Welche äußeren Einflüsse auf Ihre Einstellungen und Werte wirkten und wirken?

Wenn Sie Lust und Laune haben, überprüfen Sie anhand der folgenden Aussage, ob Sie Überlebensregeln verinnerlicht haben und an diesen „(...)“ Stellen entsprechende Begriffe einsetzen können:

Nur wenn ich IMMER das vorgeschriebene oder sinnvolle Verhalten (...) zeige und die dazugehörigen, vorgeschriebenen, sinnvollen Gefühle (...) habe und nur wenn ich NIEMALS das unerlaubte oder sinnlose Verhalten (...) zeige und niemals die dazugehörigen unerlaubten oder sinnlosen Gefühle (...) habe, bewahre ich mir so die Zufriedenstellung meines zentralen Bedürfnisses (...) und verhindere damit das Eintreten einer von mir gefürchteten Bedrohung oder erwarteten Angst (...)!

Es kann sein, dass man schockiert ist, wenn man seine Überlebensregeln aufdeckt. Man kann dabei nämlich entdecken, dass man als erwachsener Mensch noch immer nach einer Regel lebt, die in der Kindheit Gültigkeit hatte, und dass man diese noch nie revidiert und auch noch nie überschritten hat. Eine Regel, die mich unter Umständen von der Umsetzung von Träumen, Wünschen und Bedürfnissen fernhält. Die mich davon abhält, authentisch sein zu können und meine eigenen Gedanken denken zu dürfen. Das alles nur, um überleben zu können – jedoch ohne dabei ER-leben zu können. Es werden dabei nicht nur Verhaltensweisen vorgeschrieben und verboten, sondern es gibt auch Gebote, wie man zu fühlen hat oder unter keinen Umständen fühlen darf, wie beispielsweise ein Klassiker aus der Kategorie Gefühlsverbote zeigt: „Ein Indianer kennt keinen Schmerz.“

Albert Einstein machte sich nicht nur über Mathematik und Physik Gedanken, sondern auch über die „Denkerziehung“ und plädierte für eine „Erziehung zum selbstständigen Denken“: „Es ist nicht genug, den Menschen ein Spezialfach zu lehren. Dadurch wird er zwar zu einer Art benutzbarer Maschine, aber nicht zu einer vollwertigen Persönlichkeit. Es kommt darauf an, dass er ein lebendiges Gefühl dafür bekommt, was zu erstreben wert ist. Er muss einen lebendigen Sinn dafür bekommen, was schön und was moralisch gut ist. Sonst gleicht er mit seiner spezialisierten Fachkenntnis mehr einem wohlabgerichteten Hund als einem harmonisch entwickelten Geschöpf. Er muss die Motive der Menschen, deren Illusionen, deren Leiden verstehen lernen, um eine richtige Einstellung zu den einzelnen Mitmenschen und zur Gemeinschaft zu erwerben. [...] Zum Wesen einer wertvollen Erziehung gehört es ferner, dass das selbstständige kritische Denken im jungen Menschen entwickelt wird, eine Entwicklung, die weitgehend durch Überbürdung mit (Lern-)Stoff gefährdet wird. Überbürdung führt notwendigerweise zu Oberflächlichkeit und Kulturlosigkeit. Das Lehren soll so sein, dass das Dargebotene als wertvolles Geschenk und nicht als saure Pflicht empfunden wird."

War Albert Einstein (1879 – 1955) seiner Zeit voraus, oder ist Howard Gardner, ein Erziehungs- und Kognitionswissenschaftler, der „Five Minds for the Future" 2008 veröffentlichte, ein Spätzünder? Dieses Modell wird auch als „die fünf Gardnerschen Elemente des Denkens" bezeichnet. Fokus ist es, dem Menschen die Entfaltung des eigenen Potenzials und der eigenen Kräfte zu ermöglichen und dabei nie auf respektvolles und ethisches Handeln zu vergessen. Also genau jene Punkte, die auch Einstein als die Kernpunkte der „Erziehung zum gesunden Denken" sieht.

Die fünf Gardnerschen Elemente des Denkens lauten Diszipliniertes Denken, Synthetisches Denken, Kreatives Denken, Respektvolles Denken und Ethisches Denken. Das disziplinierte Denken beinhaltet die Fähigkeit zur Konzentration, Expertentum, welches man sich durch Faktenwissen in den verschiedenen Schulfächern oder im Beruf aneignet. Auch die Beherrschung einer der grundlegenden „Disziplinen“, etwa aus den Bereichen Naturwissenschaft, Geschichte, Mathematik oder Handwerk und Künste, zählen hierzu. Diszipliniert denken heißt, dass man die eigene Weltanschauung und eigene Überzeugungen immer wieder anhand von realen Gegebenheiten überprüft und sogenannte Vorurteile hinterfragt (z.B. „Wer nämlich mit h schreibt, ist dämlich“). Es bedeutet, achtsam wahrzunehmen, dass unser Wissen sich entwickelt hat und sogenannte „Fakten“ einem menschlichen Interpretationsprozess unterliegen, der immer wieder neu gestaltet wird. Zum Experten oder Meister meines Fachs, kann ich nur werden, wenn ich über den Tellerrand hinausblicke, offen für Neues bin, mein Denken reflektierte und all diese Erkenntnisse auch in meinem „Metier“ anwenden kann.

Synthetisches Denken bedeutet, den jeweiligen Kern und das Wesentliche einer Sache zu erfassen und dabei trotzdem den Sinn fürs Ganze zu entwickeln. Hier geht es um den Vorgang der Informationsverarbeitung und darum, wie Information schlussendlich zusammengeführt wird. Das Zusammenspiel verschiedener Disziplinen in sein Denken zu integrieren – eine Synthese zu bilden. Wichtige Formen, Mittel und Methoden für das synthetische Denken sind z.B. Aphorismen (philosophische Gedankensplitter), Metaphern (bildhafte Gleichnisse) oder Erzählungen.

Kreatives Denken praktiziert man, indem man Neues entdeckt und nicht nur am Bekannten und Gewohnten festhält. Man erkennt Probleme, hinterfragt und sieht sie als „Lösungen in Arbeitshosen“. Zusammenhänge erkennt man und ist dazu bereit, neue Perspektiven zu schaffen.

Respektvolles Denken bedeutet, dem Menschen aktiv Wertschätzung entgegenzubringen und zur Loyalität fähig zu sein. Dafür benötigt man Gemeinschaftssinn und die

Erkenntnis, dass jeder Mensch das Recht auf Individualität hat und diese auch leben darf. Egal wie unterschiedlich Aussehen, Gefühlsausdruck, Denkweisen auch sind, sie sind gleichwertig und nie minderwertig! Für diesen Bereich des Denkens wird der Grundstein schon bei der Geburt eines Menschen gelegt. Ob Wertschätzung und Respekt vermittelt wird, zeigt sich an der Art, wie Eltern miteinander, mit der Familie, mit Freunden und mit anderen Menschen umgehen.

Zum ethischen Denken lässt sich sagen, dass der Mensch ein ethisches und moralisches Orientierungs- und Wertesystem benötigt. Nur mithilfe eines solchen können wir erkennen, wer wir sind, und was Anstand im Miteinander bedeutet. Ethisches Denken ist der Grundpfeiler, um Verantwortung im Leben übernehmen zu können sowie seine Verpflichtungen seinen Mitmenschen wie auch der Umwelt gegenüber wahrzunehmen und auszuführen.

Der Anstoß, diese fünf Bereiche zu wecken, zu fördern und zu modellieren, wird durch Erziehung gegeben. Sowohl durch jene der Bezugspersonen, aber auch durch Lehrpersonen und solche des sozialen Umfelds.

Wie starr Erwachsene in der Weise, Dinge zu sehen und in ihrem Denken sein können, und was dadurch in der kindlichen Seele oft kaputt gemacht wird, beschreibt Antoine de Saint-Exupéry in seinem Werk „Der Kleine Prinz“: „Meine Zeichnung stellte aber keinen Hut dar. Sie stellte eine Riesenschlange dar, die einen Elefanten verdaut. Ich habe dann das Innere der Boa gezeichnet, um es den großen Leuten deutlich zu machen. Sie brauchen ja immer Erklärungen. [...] Die großen Leute haben mir geraten, mit den Zeichnungen von offenen oder geschlossenen Riesenschlangen aufzuhören und mich mehr für Geografie, Geschichte, Rechnen und Grammatik zu interessieren. So kam es, dass ich eine großartige Laufbahn, die eines Malers nämlich, bereits im Alter von sechs Jahren aufgab. Der Misserfolg meiner Zeichnung Nr. 1 und Nr. 2 hatte mir den Mut genommen. Die großen Leute verstehen nie etwas von selbst, und für Kinder ist es zu anstrengend, ihnen immer und immer wieder erklären zu müssen."

Hier sollte ursprünglich eine Abbildung der „Zeichnung Nr. 1 und Nr. 2" zu sehen sein, was jedoch leider aus urheberrechtlichen Gründen nicht möglich ist. Jenen LeserInnen, denen der „Kleine Prinz" und somit auch „Zeichnung Nr. 1 und Nr. 2" unbekannt sind, sei grundsätzlich empfohlen, sich dieses einzigartige Buch einmal zu Gemüte zu führen. Ich liebe diese beiden Zeichnungen, aber es fällt mir jetzt schwer, sie mit Worten zu beschreiben. Da es jedoch meinen Eltern bei meiner Erziehung sehr wichtig war, auch das kreative Denken zu fördern, stelle ich mich nun der Herausforderung, aktiviere mein Gehirn und versuche es.

Zeichnung Nr. 1: Stellen Sie sich einen skizzen- oder piktogrammähnlich gezeichneten schwarzen Hut mit breiter Krempe vor – vergleichbar mit einem etwas verbeulten italienischen Pastorenhut.

Zeichnung Nr. 2: Derselbe Pastorenhut, jedoch nur mehr als Umriss gezeichnet – und in der dadurch entstandenen freien Innenfläche steht eine piktogrammähnlicher gezeichneter Elefant.

Sollten Sie mir, liebe LeserInnen, nun auch raten, mit dem Schreiben und Beschreiben aufzuhören, so werde ich diesem Rat nicht nachkommen, denn ich habe als Kind auch gelernt, bei Missgeschicken nicht sofort aufzugeben und Dinge weiterzuverfolgen, die mir selbst Freude bereiten, auch wenn das Ergebnis nicht jeden in meinem Umfeld in Begeisterung versetzt. Und Schreiben, wie Beschreiben, bereitet mir nun mal sehr große Freude!

Wie schon im ersten Kapitel angeführt, ist nicht alles nur Erziehung, sondern wir kommen schon mit einer gewissen Grundausstattung auf die Welt. Um zu überprüfen, wie reichhaltig diese kostenfrei mitgelieferte Grundausstattung ist, also welche Funktionen oder welches Verhalten von den Genen vorgegeben wird, wurden Studien mit Zwillingen und normalen Geschwistern durchgeführt.

Abgesehen davon, dass bestätigt wurde, dass Menschen gleiche Aufgaben auf sehr unterschiedliche Weise lösen, konnten zwei unterschiedliche „Denktypen" gefunden werden.

So kamen zum Beispiel bei der Aufgabe, sich eine Folge von Zahlen zu merken, bei Denktyp A jene Hirnzentren zum Einsatz, die für die Sprache zuständig sind. Bei Denktyp B wurden bei derselben Aufgabe jene Hirnbereiche aktiv, die für die numerische Verarbeitung verantwortlich sind.

Dass die Zugehörigkeit zu einem der beiden Denktypen genetisch bedingt ist, wurde von den Wissenschaftlern nachgewiesen und so ausgedrückt: „Die Genetik bestimmt zwar nicht was, aber wie wir denken."

Welche Kluft sich auftun kann, wenn Menschen über eine Sache sehr unterschiedliche Gedanken hegen, zeigt sich bei der Thematik Internet. So bewegen sich Jugendliche völlig selbstverständlich im Internet. Sie pflegen mittels dieses Mediums Kontakte, hören dort Musik, sehen sich Filme an und spielen Spiele. Sie sprechen dort und davon in einer Sprache, die so manchen Erwachsenen hilflos und ratlos macht. Meist vorrangig durch Informationsmangel, der jedoch auch oft von Vorurteilen und Angst begleitet wird.

Wenn Erwachsene die „Größe" haben, sich von „halbwüchsigen Jugendlichen" die virtuellen Welten des Internets nahebringen zu lassen, kann daraus eine „Denkerziehung“ der „dritten Art“ erfolgen. Voraussetzung sind gegenseitige Wertschätzung und Respekt. So können „Digital Natives“, das sind junge Menschen, die mit den neuen Medien aufwachsen, den „Digital Immigrants“ – jenen Erwachsenen, die sich die virtuelle Welt erst erschließen müssen – Input zum innovativen Denken geben.

Leider sind Erwachsene nicht so leicht dazu bereit, sich von Jugendlichen Denkanstöße geben zu lassen oder, wie Eugen Roth es ausdrückt:

„Ein Mensch war eigentlich ganz klug
und schließlich doch nur klug genug,
um einzusehen, schmerzlich klar,
wie blöd er doch im Grunde war.
Unselig zwischen beiden Welten,
wo Weisheit und wo Dummheit gelten,
ließ seine Klugheit er verkümmern
und zählt nun glücklich zu den Dümmern.“

6. Gedanken und Kultur

Kultur ist im weitesten Sinne alles, was der Mensch selbstgestaltend hervorbringt, im Unterschied zu der von ihm nicht geschaffenen und nicht veränderten Natur. Kulturleistungen sind alle formenden Umgestaltungen eines gegebenen Materials, wie in der Technik, der Bildenden Kunst, aber auch geistiger Gebilde wie etwa im Recht, in der Moral, der Religion, der Wirtschaft und der Wissenschaft. (Definition aus Kutschker, M. / Schmid, S.: Internationales Management, 2005)

Aus dieser Definition geht hervor, dass der Mensch durch sein Denken und Tun Kultur schafft. Jedoch beeinflusst Kultur auch ihrerseits wieder das Denken und Tun der Menschen.

Einheitlich für alle Menschen dieser Erde ist nur der Begriff „Kultur". Es gibt keine einheitliche Kultur auf den jeweiligen Kontinenten, da sich bereits die Kultur der Menschen, die in den verschiedenen Ländern leben, unterscheidet. Ja sogar innerhalb eines Landes gibt es kulturelle Unterschiede, beispielsweise zwischen Bundesländern oder zwischen Städten und dem ländlichen Raum. Spricht man von Kultur, meint man damit auch oft Tradition.

Die Überlieferung von Wissen, Fertigkeiten, Gebräuchen und Sitten einer Gruppe oder einer kulturellen Gemeinschaft wird in der Regel als Tradition bezeichnet. So gesehen ist Tradition ein kulturelles Erbe, welches über Generationen weitergegeben wird. Dazu zählen wissenschaftliche Erkenntnisse, Handwerk, Kunstbegriffe, Rituale, soziale Regeln und Gepflogenheiten. So gibt es in jedem Kulturkreis eigene Alltagsgesten des Begrüßens oder der Verabschiedung. Brauchtum zählt ebenso zu Tradition und wird oft bei Festlichkeiten wie Hochzeiten, Taufen, Begräbnissen zelebriert. Die „Überlebensdauer" von Traditionen kann sehr unterschiedlich sein.

Man spricht von einer Landeskultur, einer Esskultur, einer Trinkkultur, einer Sprachkultur, einer Firmenkultur, einer Freizeitkultur und vermutlich gibt es noch einige weitere Kulturbegriffe. Gibt es dann wirklich auch kulturlose Gesellschaften? Oder anders gefragt, würde je ein Land sich selbst als kulturlos betrachten – oder denken nur Außenstehende so? Um mir Input zu holen, wie denn die österreichische Gesellschaftskultur wahrgenommen wird, stellte ich die Frage „Die Österreichische Gesellschaftskultur" – wie würden Sie diese beschreiben?" in einem Internetforum. Einige der Antworten passen besser zum folgenden Kapitel „Gedanken und Vorurteile" und erstaunten mich, da sie von angeblich gebildeten Menschen kamen.

„Die österreichische Gesellschaft besteht aus Menschen, die kleinkariert sind und in irgendeiner Weise starken Bezug zum bäuerlichen Leben haben. Daher sind nationalistische Strukturen stark ausgeprägt (Made-in-Austria-Mentalität). Außerdem gibt es ca. eine Million Immigranten aus dem Balkan." Dieses Statement entspringt der Gedankenwelt eines in Deutschland lebenden Akademikers, der selbst einen Migrationshintergrund aufweist. Obwohl er einen solch negativen Eindruck von der österreichischen Gesellschaftskultur gewonnen hat, würde dieser Mann wieder am liebsten in Wien wohnen. Nun ja, Gedanken sind frei ...

Ein Drehbuchautor aus München hingegen schwelgt in gefühlvollen Worten, die österreichische Gesellschaftskultur beschreibend: „faszinierend, schillernd, vielfältig, interessant".

Auf den Punkt bringt es jene Antwort, in der am Ende auch Bezug auf die Aussage des zuvor zitierten Akademikers (bezeichnet als Herr XY) genommen wird: „Ich würde Österreich nicht mal so etwas wie eine klare historische Kultur zusprechen, dazu war die Zuwanderung über Jahrhunderte zu stark, Österreich war stets ein Dreh- und Angelpunkt und Verbindungsglied zwischen Ost und West. Ich finde es daher immer wieder lustig, wenn Pospischills, Kratochwills und andere ganz offensichtlich Slawischstämmige den Niedergang der ‚österreichischen' Kultur durch zu hohe Zuwanderung beheulen ... Die von Hrn. XY beschriebenen Symptome würde ich nicht als österreichisch, sondern als internationale Merkmale einer ungebildeten, eigentlich politisch uninteressierten, xenophoben Unterschicht bezeichnen. Stimmvieh für platte Demagogen, doch die gibt's leider überall, nicht nur in Österreich ..."

Starkes Konfliktpotenzial bringen aus meiner Sicht jene kulturellen Unterschiede, die durch Religion bedingt sind. Auch ohne einer Glaubensgemeinschaft anzugehören, wird das Denken des Menschen von den Regeln jener Religion beeinflusst, die im Land, in dem er aufwächst, „regiert". In Österreichischen Gefilden ist das die katholische Kirche. Zwei der zehn Gebote prägen unser kulturelles Gedankengut doch recht stark und hinterlassen oft tiefe Spuren in so mancher Seele. Spuren, mit denen der Mensch dann in Form von Schuldgefühlen zu kämpfen hat. Es ist das 4. Gebot: „Du sollst Vater und Mutter ehren, damit du lange lebest und es dir wohlergehe auf Erden."

Dieses Gebot verpflichtet die „Untergebenen" zum Gehorsam gegenüber der rechtmäßigen Autorität. Dass diese Autorität jedoch nicht missbraucht werden darf, sie also niemals zu etwas verpflichten darf, was Sünde ist, ist nicht so populär.

Den Eltern Respekt, Wertschätzung und Liebe entgegenzubringen, kann meines Erachtens nur dann gefordert werden, wenn diese das auch ihren Kindern gegenüber tun. Jedoch wird uns dieses Gebot quasi als dogmatisches Kulturgut in die Wiege gelegt, welches unter keinen Umständen hinterfragt werden soll – egal welche Fehler den Eltern bei der Erziehung auch unterlaufen. So nimmt das kulturell verankerte 4. Gebot Einfluss auf unsere Gedanken.

Führen wir den Gedankengang das Gebot betreffend weiter, kann das doch auch heißen: „Wenn du deine Eltern nicht ehrst, so wirst du nicht lange leben und es wird dir schlecht gehen." In dieser Form mutet es wie eine Drohung an. Eine Drohung, die Schuldgefühle hervorrufen kann und zu einer seelischen Krankheit beitragen kann.

Das 6. Gebot lautet „Du sollst nicht Unkeuschheit treiben". Hier werden unter anderem der voreheliche Geschlechtsverkehr, Pornografie durch unsittliche Filme oder Zeitschriften, der Gebrauch künstlicher Verhütungsmittel sowie die Masturbation verboten. Geschlechtsumwandlungen und homosexuelle Praktiken werden als Perversionen gesehen und strikt untersagt. Unkeusche Gedanken und unkeusches Begehren sind Vergehen und werden als Vorstufe zu sündlichen Taten gesehen.

Keuschheit wird als Beherrschung des Geschlechtstriebs vor und in der Ehe gesehen. Schamhaftigkeit ist „die ehrfürchtige Scham vor der Preisgabe der eigenen und der fremden Intimsphäre im geschlechtlichen Bereich" und soll wie ein Schutzwall wirken, um die „Tugend der Keuschheit" zu bewahren.

Wie oft bittet man bei religiösen Veranstaltungen um die Vergebung der eigenen Schuld? Welcher Schuld? Lernen wir dadurch in unserer Kultur bereits ständig präventiv um Vergebung zu bitten? Oder denken wir tatsächlich, dass wir immer irgendwie schuldig sind?

Dass das Gedankengut dieser beiden Gebote stark kulturell verankert ist und nicht nur bei praktizierenden Christen zum Einsatz kommt, zeigt sich deutlich in den Problemen von Menschen, die seelische Krankheiten entwickeln. Auch wenn in unserem Jahrhundert der Einfluss der Kirche auf das Gedankengut der Menschen etwas an Dominanz verloren hat, treten andere Aspekte in der Gesellschaftskultur auf, die diese Stelle einnehmen. Dazu zählt, trotz all ihrer positiven Seiten, die Internetkultur mit ihrer virtuellen Welt.

Die negative Folge dieser neuen Kultur kann sein, dass besonders Jugendliche dadurch zu „Stimulus-Junkies“ werden. Das Gehirn befindet sich in ständiger Alarmbereitschaft und hält ununterbrochen Ausschau nach einer spannenden Neuigkeit oder Information und hat dadurch keine Zeit für Reflexion oder Beschaulichkeit. Man weiß mittlerweile, dass diese virtuelle Reizattacke, also ein chronisches und intensives Multitasking, messbare Auswirkungen auf das Gehirn hat. Es kann die angemessene Entwicklung des frontalen Kortex verzögern, wodurch es dann schwerer fällt, Belohnungen aufzuschieben, Reaktionen anderer Menschen abzuschätzen, vorausschauend zu planen und abstrakt zu denken.

Auf der anderen Seite tragen die Möglichkeiten, die das Netz bietet, auch dazu bei, unser Gehirn zu trainieren. Man lernt schneller auf visuelle Stimuli zu reagieren, große Informationsmengen rascher zu verarbeiten und schneller zu entscheiden, was wichtig ist, wodurch unsere Gehirnprozesse effizienter ablaufen.

Die Kultur der Jugend und die Kultur der Erwachsenen können hier sehr fruchtbare Knotenpunkte bilden. Die technikbegeisterten Jüngeren können von den Älteren soziale Fertigkeiten, Einfühlungsvermögen, Zuhören und angemessenes zwischenmenschliches Verhalten lernen. Die Älteren können von den Jüngeren nahegebracht bekommen, wie man schnell und sicher zwischen verschiedenen Medien und Aufgabenstellungen wechseln kann.

So kann das „Gehirn der Zukunft“ eines werden, das Multitasking, Technikfreude und Menschlichkeit in sich vereint. Wissenschaftler haben jedoch Sorge, dass nicht alle diesen Schritt in eine konstruktive virtuelle Denkkultur erfolgreich bewältigen können, und somit quasi verblödet zurückbleiben. Sie sind dann gefangen in einer Welt aus oberflächlichen Reizen und Anreizen. Wenn alle Menschen den positiven Einfluss der Internetkultur zu spüren bekommen sollen, wäre dafür eine soziale und finanzielle Evolution erforderlich, die auch für ein supermodernes Gehirn schlichtweg „undenkbar“ wäre.

Undenkbar erscheint auch vielen Menschen der Gedanke, in ein fremdes Land auszuwandern und dort einen neuen Lebensmittelpunkt zu setzen. Vieles ist anders und ungewohnt. Da der Mensch ja angeblich ein „Gewohnheitstier“ ist, fällt es ihm schon oft im Urlaub schwer, sich an landeseigene Sitten und Bräuche anzupassen. Jedoch braucht man nicht mal weit zu reisen, um Gefahr zu laufen, bei einem Verstoß gegen Gebräuche und Sitten der jeweiligen Region scheele Blicke, Zurechtweisungen oder gar schwere Vorwürfe zu erhalten.

Es wird von Menschen sogar verlangt, die eigenen Bedürfnisse unbeachtet zu lassen und stattdessen der Sitte oder dem Brauch nachzukommen. So widerfuhr es auch einer jungen Frau, die in einem Dorf in einem österreichischen Bundesland, nahe einer Landesgrenze, aufgewachsen war und später nach Wien übersiedelte. Ihren Vater, ihre FreundInnen und die Verwandtschaft, die alle dort lebten, besuchte sie regelmäßig, wodurch sie weiterhin in die Dorfgemeinschaft eingebunden war. Der Vater erkrankte trotz seines noch jungen Alters schwer und starb nach einem langen Leidensweg, auf dem ihm die junge Frau zur Seite stand. Als einziges Kind war es nun ihre Aufgabe, das Begräbnis zu organisieren. Nicht nur, dass sie durch Schmerz und Trauer kaum in der Lage dazu war, klar zu denken, wurde sie von Teilen der Verwandtschaft verbal attackiert, weil sie sich nicht an die Begräbnistradition hielt. Sie hielt sich stattdessen an die Wünsche ihres Vaters und ließ die Bestattung ohne Trauergäste und Totenmahl stattfinden. Ihr Vater hatte das Bedürfnis gehabt, den Menschen als aktiver und lebendiger Mensch in Erinnerung zu bleiben und nicht am Grab von der gesamten Dorfbevölkerung beweint und beim traditionellen Totenschmaus schmatzend beredet zu werden. Das Recht auf dieses Bedürfnis wurde ihm jedoch durch das traditionelle Denken der Dorfgemeinschaft abgesprochen.

Die seelische Qual hatte für die junge Frau damit noch kein Ende, denn es gab nun ja das Grab auf dem Dorffriedhof. Unter Androhung von Liebesentzug, „Ausschluss aus der Sippe" bis hin zu Kundgebungen tiefster Enttäuschung, versuchten Verwandte, sie zu Friedhofsbesuchen zu nötigen. Sie konnte und wollte jedoch nicht das Grab des Vaters aufsuchen. Ihr Bedürfnis war es, in gewohnter Umgebung in Gedanken bei ihrem Vater zu weilen und so auf gemeinsame Zeiten zurückblicken zu können. Diese junge Frau ist sicher nicht der einzige Mensch, der trotz Glaubens, hoher Moralvorstellungen und wertschätzenden Verhaltens ihren Mitmenschen gegenüber nicht am Grab eines geliebten Menschen um diesen trauern möchte oder eben dort an ihn denken möchte. Leben wir gar in einem Land, das Schuld als Kulturgut und Tradition pflegt?

Können wir nur an verstorbene Menschen denken, wenn wir an ihre letzte Ruhestätte pilgern? Warum muss eine Begräbniszeremonie die Bedürfnisse der Lebenden erfüllen? Solche und viele ähnliche Gedanken entstehen, wenn man über Sitten, Gebräuche, Traditionen und Kultur hierzulande nachdenkt.

Um dieses Kapitel mit dem Beginn des Lebens ausklingen zu lassen, wende ich mich der Kinderkultur zu. In unserer Kultur ist es noch sehr weit verbreitet, sein Kind taufen zu lassen, auch wenn die Eltern selbst nicht gläubig sind. Es ist so auch ein Ritual, das Kind willkommen zu heißen, ihm sichtbar und spürbar eine Identität durch die Namensgebung zu verleihen. Ein Fest zu Ehren des Kin-

Wir gehören einer Zeit an, deren Kultur in Gefahr ist, an den Mitteln der Kultur zugrunde zu gehen.
(Friedrich Wilhelm Nietzsche)

des zu gestalten, ihm Wertschätzung und Respekt entgegenzubringen. Unter dem Aspekt, dass wir eine solch wertschätzende Denkweise unseren Kindern gegenüber ein Leben lang beibehalten, finde ich die Überlieferung traditionellen Gedankenguts hervorragend.

7. Gedanken und Vorurteile

Unfrei von eben diesem Vorurteil stellte ich in meinem Umfeld die Frage: „Wie gehen Sie mit Ihren Vorurteilen um?" Und mein Vorurteil wurde bestätigt, da niemand abstritt Vorurteile zu haben: „Auch wenn es schwerfällt, zum einen versuche ich sie zurückzustellen und wenn das nicht geht, dann wenigstens für mich zu behalten. Ich bin schon so oft eines Besseren belehrt worden, dass ich mir Vorurteile eigentlich gar nicht mehr erlauben kann und es im Grunde auch nicht will."

Aus psychologischer Sicht ist bewiesen, dass wir Menschen in unserem Leben von Vorurteilen geleitet werden und ohne solche gar nicht leben können. Ein Grund dafür ist, dass ein sehr schneller Umgang mit Information für unser Denken charakteristisch ist. Das ist deshalb möglich, weil die Regelmäßigkeiten in unserer Umwelt und die Art, wie wir täglich damit umgehen, ähnlich Piktogrammen, in einer Art von Mustern, Skizzen oder Schablonen in unserem Gehirn gespeichert sind. Einen stark vereinfachenden Vergleich bietet das Steck- oder Sortierobjekt, welches ein Spielzeug ist, bei dem Kinder verschiedene geometrische Formen in die richtige Auslassung eines hohlen Plastikwürfels stecken müssen. Die verschiedenen Formen repräsentieren all die Reize, die ständig auf uns einströmen, der hohle Plastikwürfel mit den passenden Einwurfschlitzen ist unser Gehirn.

Der oft hohe Preis, den wir für diese rasche Informationsverarbeitung zahlen, ist, dass sich unsere Wahrnehmung, das Gedächtnis und das Denken leicht zugunsten des Vertrauten und Erwarteten irren – und schon wird ein Vorurteil geboren. Als Vorbeugung, um sich von seinen eigenen Vorurteilen nicht austricksen zu lassen, hat ein Mann diese Strategie entwickelt: „Ja, ich habe Vorurteile. Ja, ich versuche sie ständig zu unterdrücken. Beim Kontakt mit Fremden verfahr ich daher grundsätzlich so: Ich sage mir: ‚Jeder Mensch ist mein Freund, das Gegenteil muss er erst beweisen.' Klappt nicht immer, aber schützt davor, dass Vorurteile bei der Urteilsfindung gleich die Überhand gewinnen."

In einer Situation in der wir mit anderen Menschen zu tun haben, findet ein „Beurteilungsprozess" innerhalb von zwei Sekunden statt, in denen wir uns ein Bild unseres Gegenübers machen. Wir gehen von bestimmten Annahmen über diese Person aus, schreiben ihr mögliche Eigenschaften, Einstellungen und Verhaltensweisen zu. Wir bauen eine Erwartungshaltung auf, welche Einfluss auf unseren Umgang mit dieser Person hat. Diese Person macht mit uns natürlich dasselbe. Dieser Vorgang hat die imposante Bezeichnung „Implizite Persönlichkeitstheorie (IPT)". Wir entwickeln eine solche aus Erfahrungen, die wir in unserem Leben machen, und den daraus entstehenden Erwartungen. Somit greifen wir auf mehr oder minder wohl begründete Annahmen über Merkmalsbeziehungen zurück, ohne diese jedoch für den Einzelfall auf Richtigkeit zu überprüfen.

Sind wir uns dieses Prozesses bewusst und überprüfen diese schnellen Urteile, die wir gefällt haben, bevor wir auf dieser Schiene weiterdenken und handeln, so wird niemand Schaden nehmen, wie sich auch in diesem Statement einer Frau zeigt: „Ich bin mir meiner Vorurteile bewusst, und habe gelernt, mit ihnen umzugehen. Wobei sich mir die Frage aufdrängt, was an Vorurteilen so schlimm sein soll? Sie sind doch genau das: Vor-Urteile. Also nichts Endgültiges, sondern nur der Versuch, Informationen zu filtern, um mit ihnen umgehen zu können. Weil man sonst im Info-Overkill landen würde. Sobald man das verstanden hat, verlieren Vorurteile ihren Schrecken und auch ihre Bedrohlichkeit, und man kann sie als das betrachten, was sie sind. Ein Hilfsmittel, das man bei näherem Kennenlernen nicht mehr benötigt. Und eine Ergänzung für sämtliche anderen Methoden der Wahrnehmung, derer man sich bedient."

Jedoch hinterfragen nicht alle Menschen Ihre Vorurteile, noch sind alle Vorurteile immer harmlos, veränderbar oder gar heiter so wie dieses hier, welches mit einem Augenzwinkern vorgebracht wurde: „... mache mir z.B. immer den Spaß an der Supermarktkasse, auf das gefahrene Auto von Menschen, die in der Warteschlange stehen, zu tippen. Erstaunlicherweise werde ich da zu ungefähr 80% bestätigt."

Mehr als fragwürdig hingegen sind Vorurteile, die in die Kategorie Rassismus fallen. Ein geringer Trost ist, dass Rassismus „geistig beschränkt macht". „Nature Neuroscience" berichtete über das Ergebnis einer Studie aus den USA, die belegt, dass Menschen, deren Denken von rassistischen Vorurteilen geleitet wird, bei kognitiven Tests weit schlechter abschneiden als ihre vorurteilsfreien Mitmenschen. Sogar dann, wenn sie versuchen, ihre Vorurteile zu unterdrücken, wird die Denkleistung einge-

> *Zu denken,*
> *die andern hätten Vorurteile,*
> *ist ebenso ein Vorurteil.*
> (Sara Oget)

schränkt; alleine nur durch den Energieaufwand, den das Gehirn zum Unterdrücken benötigt. Mittels der funktionellen Magnetresonanztomografie maß man die Gehirnaktivitäten, die beim Betrachten von Fotografien mit schwarzen bzw. weißen Gesichtern ausgelöst wurden. Hier zeigte sich, dass Personen mit stärkeren Vorurteilen beim Betrachten der Bilder mit schwarzen Gesichtern weit mehr neuronale Aktivitäten zeigten als ihre vorurteilsfreien Mitprobanden. Die Aktivität der Gehirnzellen zeigte sich in der rechten Hälfte des präfrontalen Cortex, einer Gehirnregion, die mit der Kontrolle von Gedanken und Verhalten verbunden ist.

Auch wenn dies nur eine Studie unter Laborbedingungen gewesen ist, geben die Forscher zu bedenken, dass unserer Gesellschaft eine immer buntere wird und somit das Aufrechterhalten von rassistischen Vorurteilen sich auch außerhalb des Labors negativ auf die geistige Leistung auswirken kann. Es ist jedoch fraglich, ob das ein Argument für so manche sein könnte, die eigenen Vorurteile nicht nur zu unterdrücken, sondern endgültig abzulegen.

Wenn das so leicht wäre, wo doch unser Leben von Vorurteilen geleitet wird. Sir Peter Ustinov soll gesagt haben, dass jeder Mensch gewisse Vorurteile habe, denn sonst könnte er keinen Koffer für eine Urlaubsreise packen. Ich möchte ergänzen, dass es ohne Vorurteile vielleicht nicht einer, sondern mehrere Koffer werden würden. Nach einigen Jahren Urlaub im sonnigen Griechenland entschlossen wir uns dazu, in Österreich, nahe der steirischen Seite des Dachsteins, Urlaub zu machen. Vorurteil: „Auch im

Sommer ist es hier empfindlich kalt." Somit kam, neben wenigen luftigen und zahlreichen wärmenden Kleiderstücken, sogar eine lange Unterhose in den Koffer. Tatsache jedoch war, wir hatten vierzehn Tage lang Wüstenhitze. Die Jahre darauf verließ ich mich beim Sommerurlaub in dieser Region auf meine Wüstenhitze-Erfahrung und packte kaum mehr Winterkleidungsstücke ein. Bis zu jenem fatalen Jahr, in dem es fast die gesamten vierzehn Tage regnete. Die Temperatur stürzte sich todesmutig in Richtung Nullpunkt und wir in ein Sportgeschäft, um lange, wärmende, atmungsaktive, Funktionsunterwäsche zu kaufen. O-Ton der Verkäuferin: „ Langarm- und -bein-Unterwäsche führen wir im Sommer nicht!" Ja, Vorurteile sind unterschiedlich und mein Reisegepäck legte nicht hinsichtlich der Anzahl, jedoch in der Flexibilität der Kleidungsstücke zu. So macht Flexibilität im Denken auch Vorurteilen hin und wieder den Garaus.

Leider sind jedoch viele der schädigenden Vorurteile selbst recht flexibel, denn statt sich löschen zu lassen, legen sie parasitäres Verhalten an den Tag und bilden kleine Ableger, die sich in unseren Hirnen einnisten und vorerst im Stillen noch unerkannt vor sich hinbrüten. Ähnlich wie in den Alien-Filmen verwandeln sie sich, kaum sind sie geschlüpft, in riesengroße schleimtriefende, allesfressende Monster. Solche Ableger-Vorurteile entstehen durch Informationen, die nicht in die vorhandene Schublade passen. Als zu viele Frauen nicht mehr ins „Heimchen am Herd"-Schema passten, wurde das Schema „Karrierefrauen" geschaffen. Als zu viele Männer nicht mehr ins Schema „steht seinen Mann" reinzupressen waren, schuf man die Kategorie „Softie". Die Liste der alienartigen Vorurteils-Ableger ist sicherlich noch mit zahlreichen Spezies dieser Gattung zu ergänzen!

Leider gibt es keine Entwurmungstablette, wie für

Katzen oder Hunde. Es hilft auch nicht, ein paar Tropfen wurmtodbringende Substanz auf unseren Nacken zu träufeln, damit die Vorurteilsparasiten unser Gehirn verlassen. Schlimmer noch, denn diese Parasitengedanken unterliegen einem Trend. Gestylt nach den aktuellsten Moderichtlinien scharwenzeln Vorurteile über den Laufsteg unserer Gesellschaft. Mit dem Trend, dass Models seit den 1950er-Jahren immer dünner wurden, wuchs die Diskriminierung von beleibten Menschen. In früheren Zeiten galt Leibesfülle als Zeichen für Reichtum. Heute wird, wer dick ist, sogar oft für dumm gehalten. Dieses Vorurteil ist häufig unter Kindern und Jugendlichen verbreitet – wer füttert jedoch diese Parasitengedanken? Die Erwachsenen!

An der Universität Tübingen lieferte die Studie „Stigmatisierung adipöser Kinder und Jugendlicher durch ihre Altersgenossen" erschreckende Ergebnisse: Besonders dicke oder fettleibige Kinder und Jugendliche werden von ihren AltersgenossInnen, überspitzt formuliert, als faul, dumm und hässlich wahrgenommen und dementsprechend auch häufig aus der Gemeinschaft ausgegrenzt.

Völkerverständigung und Vorurteil sind trotz der Widersprüchlichkeit der Begriffe untrennbar miteinander verbunden. So fand ich im Internet auf „Welt Online" den Beitrag „Das gepflegte Vorurteil. Was die Völker wirklich voneinander denken". Ich möchte Sie an jenen Vorurteilen teilhaben lassen, die die Türkei betreffen, da diese unterschiedlicher nicht sein können:

Österreicher denken über die Türkei, dass von dort die sogenannten „Tschuschen" kommen. Diese abwertende Bezeichnung wird oft einheitlich für Menschen aus südlichen Nachbarsländern verwendet. Höchst bedenklich dabei ist, dass manche gar nicht mehr wissen, dass es sich dabei um ein Schimpfwort handelt. Als Urlaubsland ist die Türkei bei ÖsterreicherInnen jedoch sehr beliebt. Kaum wieder daheim, wird jedoch gerne auf Wahlsprüche wie „Wien darf nicht Istanbul werden“ und „Daham statt Islam“ zurückgegriffen, welche wohl kaum zur Völkerverständigung beitragen.

In Deutschland lebende türkische Landsleute gelten bei der deutschen Bevölkerung als rückständig, frauenfeindlich, ungebildet und aufdringlich. Ganz anders wäre das Bild wohl, würde es sich um tausende türkische AustauschstudentInnen aus gutem Haus handeln. Ganz anders ist auch das Bild, welches sich deutsche TouristInnen in der Türkei von der einheimischen Bevölkerung machen. Diese wird als locker, freundlich, höflich, modern und hilfsbereit erlebt.

Für mich mutet die Assoziation vieler SchwedInnen, Türken seien meist Rapper, sehr skurril an – aber Skurrilität und Vorurteile sind bekanntlich Geschwister. Auf Erstaunen und sogar Empörung stieß in Schweden der Fall des deutschen Jugendlichen, der in der Türkei wegen eines sexuellen Kontakts mit einer dreizehnjährigen Britin inhaftiert wurde. In Schweden würden Dreizehnjährige tendenziell nie zugeben, NICHT sexuell aktiv zu sein.

Im Unterrichtsgegenstand Geografie erachten es die meisten SchülerInnen der USA als Witz, dass es ein Land geben soll, das so heißt wie der „Truthahn“, also „Turkey“. Umso erstaunter sollen sie dann sein, wenn sich diese Landesbezeichnung als Tatsache herausstellt. Aber da sie auch keine EinwohnerInnen aus Ländern wie „Ente“, „Gans“ oder „Storch“ kennen, haben sich in Ihren Köpfen auch keine Klischees eingenistet.

Für die spanische Bevölkerung ist die Türkei mittlerweile eines der beliebtesten Reiseziele. Dass die bekannte spanische Schauspielerin Ana Belén im Film „Pasión turca“ „Türkische Leidenschaft“ – ihre Liebe zu einem

Teppichhändler aus Istanbul auslebt, trägt dazu bei, dass SpanierInnen türkische Männer als leidenschaftlich, raffiniert und verführerisch wahrnehmen.

Wie an Spanien zu erkennen ist, gibt es auch positive Vorurteile. Ob solche jedoch weniger zu hinterfragen sind, ist fraglich, denn auch hier bringt unser Gehirn keine reife Leistung, sondern benutzt Klischees. Klischees, mit denen sich vielleicht nicht jeder identifizieren kann und will. Ob TürkInnen auf „leidenschaftlich, raffiniert und verführerisch" reduziert werden möchten?

Wenn wir uns selbst aufmerksam beobachten, so können wir vielleicht entdecken, wie oft unser Denken und Handeln von positiven Vorurteilen gesteuert wird – ob uns alle wirklich gut tun, muss jeder wohl für sich selbst beantworten.

Dem Handwerker, der uns von Verwandten oder Bekannten empfohlen wird, bringen wir großes Vertrauen entgegen und denken nicht mal daran, dass er uns „übers Ohr hauen" könnte.

Neue KollegInnen, die jemandem ähnlich sehen, den wir gerne mögen, finden wir sympathisch und das wird auch Auswirkungen auf unseren zwischenmenschlichen Umgang mit dieser Person haben.

Einer Hunderasse, mit der wir gute Erfahrungen gemacht haben, bringen wir einen Vertrauensvorschuss entgegen, auch dann, wenn uns ein solcher Hund einmal anbellt.

Ich habe das positive Vorurteil, dass Katzen viel ungefährlicher sind als Hunde. Obwohl mein Körper zahlreiche Kratzspuren aufweist und ich regelmäßig von meinen Katzentieren in die Zehen gebissen werde, bleibe ich diesem Vorurteil treu. Mich hat übrigens noch nie in meinem Leben ein Hund gebissen oder auch nur böse angeknurrt! So viel zu Gedanken und Vorurteilen.

8. Gedanken und Emotionen

Ein Henne-Ei-Problem? Führen Emotionen zu Gedanken oder rufen Gedanken Gefühle wach? Der stoische Philosoph Epiktet war der Ansicht, dass nicht die Dinge Menschen beunruhigen, sondern die Meinungen, die sich der Mensch über die Dinge bildet. Anders ausgedrückt besagt das: Die Art und Weise, wie wir bewusst oder unterbewusst denken und einschätzen, hängt von unseren verinnerlichten Einstellungen oder spontanen Werturteilen ab und steuert so unsere Gefühle.

Die aktuelle Situation: Ich sehe eine Katze.

Meine Bewertung dieser Situation: Ich denke, „Die ist aber lieb knuddelig!"

Mein durch diese Bewertung ausgelöstes Gefühl: Ich freue mich.

Mein Verhalten: Ich sage zur Katze „Na, bist du eine nette Mieze!" und ich streichle die Katze.

Durch meine Bewertung „Die Katze ist lieb" hatte ich ja keine andere Wahl mehr, als mich zu freuen. Also ist das daraus hervorgerufene Gefühl „Freude".

Ein zweites Beispiel:

Die aktuelle Situation: Ich sehe einen Hund.

Meine Bewertung dieser Situation: Ich denke, „Der schaut aber bissig drein!"

Mein durch diese Bewertung ausgelöstes Gefühl: Ich fürchte mich.

Mein Verhalten: Ich kreische, „Weiche von mir du Monster!" und ich ergreife die Flucht.

Durch meine Bewertung „der Hund ist bissig" hatte ich ja keine andere Wahl mehr, als mich zu ängstigen. Also ist das daraus hervorgerufene Gefühl „Angst".

Es erübrigt sich jetzt wohl auch anzuführen, welches Tier ich als Haustier habe. Was sich nicht erübrigt, ist, darauf hinzuweisen, dass für unsere Emotionen, für die angenehmen wie die unangenehmen nicht bestimmte Wesen, Ereignisse oder Situationen verantwortlich sind, sondern ausschließlich unsere Wert- und Vorurteile, die wir teils bewusst, teils unterbewusst gebildet haben. Überspitzt ausgedrückt heißt das, dass wir für unsere Gefühle selbst verantwortlich sind. Dadurch, wie und was wir denken, entscheiden wir ganz alleine, ob wir uns froh, glücklich, zufrieden, gelassen, ängstlich, traurig, ärgerlich, wütend oder angeekelt fühlen.

Natürlich wird sich jemand nicht selbst absichtlich niedergeschlagen oder ängstlich machen oder sich selbst in Wut oder Panik versetzen, aber wir tun es oft, ohne es zu wollen. Die Gründe dafür sind vielfältig. Zum einen kann es Fahrlässigkeit sein, weil wir beim Denken und Bewerten außer Acht lassen, welche Gefühlsvulkane damit zum Ausbruch gebracht werden können. Auch kann sein, dass wir zwar über die schädliche Wirkung von bestimmten Denkweisen wissen, aber unsere Gedanken und Bewertungen auf einer Ebene ablaufen, die dem Bewusstsein nicht so ohne Weiteres zugänglich ist, und wir daher nicht merken, dass wir eben Zündstoff-Gedanken denken. Eine weitere Möglichkeit ist, dass wir sogar erkennen, dass wir einen Zündstoff-Gedanken, in Form einer schädlichen Bewertung, gedacht haben, aber nicht wissen, was wir dagegen unternehmen können. Es besteht hier jedoch auch die Möglichkeit, dass es uns einfach nur zu mühsam ist, der schädlichen Bewertung entgegenzudenken.

Sollten Sie jetzt voller Empörung das Buch zuschlagen und rufen, „Ja, ist die Autorin denn völlig daneben?!“, so kann ich es Ihnen nicht verübeln, wenn Sie mir diesen Vorwurf deshalb machen, weil Sie der Ansicht sind, dass es Situationen gibt, die für jeden Menschen fürchterlich sind und in denen sich jeder schlecht fühlt. Bei Geschehnis-

Wir allein entscheiden jeden Abend darüber,
ob wir einen Tag reicher oder ärmer geworden sind.
(Ernst Ferstl)

sen wie Mord, Vergewaltigung, Kindermisshandlung, Krieg, Unfällen, Naturkatastrophen, lebensbedrohenden Krankheiten oder dem Tod nahestehender Personen werden bei der Mehrheit der Menschen negative Bewertungsgedanken entstehen.

Es ist zutiefst menschlich und nachvollziehbar, dass man hier Gedanken des Schreckens denkt und belastende Emotionen entstehen. Jedoch müssen sogar hier nicht unweigerlich bei allen Menschen idente Gedanken ablaufen und idente Gefühle hervorgerufen werden. Kriege werden von Kriegern und Bekriegten unterschiedlich bewertet. Mit medizinischen Diagnosen kommen Menschen sehr unterschiedlich zurecht. Krisen im Leben werden von Betroffenen sehr verschieden bewertet und mit unterschiedlichen Gefühlen durchlaufen. Ein klassisches Beispiel dafür, wie unterschiedlich Menschen Extremsituationen bewältigen, ist die immer wieder in Medieninterviews zu beobachtende Lebensfreude, Fröhlichkeit und Gelassenheit von manchen Holocaustopfern. Grundsätzlich gibt es auch in Extremsituationen verschiedene Bewertungsmöglichkeiten.

Wann Denken beginnt und welchen Einfluss Erziehung und Kultur haben, darauf bin ich in vorherigen Kapiteln eingegangen. Jedoch unabhängig davon, was wir bis zum heutigen Tag gelernt haben, welche Erfahrungen wir gemacht haben, wie unsere Einstellungen und Wertvorstellungen sind, können wir im „Hier und Jetzt“ etwas in Angriff nehmen, das uns dabei hilft, unseren Denkstil umzugestalten, um häufiger konstruktive Gedanken zu erschaffen.

Auch wenn fast alle von uns einige oder mehrere Jahre an Nikolo und Krampus, das Christkind, den Osterhasen und vielleicht auch die Zahnfee glaubten, haben wir es wohl alle geschafft, die Realität zu überprüfen und diesen Glauben abzulegen, auch wenn es schmerzlich gewesen sein mag. Ebenso können wir Gedankenmonster des Erwachsenenlebens zu „handzahmen Gedänkelchen" domestizieren.

Solche Gedankenmonster sind Gestaltenwandler, die in der Lage sind, eine Gefühlsgeisterbahn zu erschaffen. Sie treten in verschiedenen Gestalten auf, schränken unser Denken ein und rufen in Folge negative Gefühle hervor.

Filtern

Im Volksmund wird Filtern auch der „Tunnelblick" genannt. Man sieht in einer Situation nur das negative Element und auf dieses fokussiert man so stark, dass man alles andere rundherum, somit auch das Konstruktive und Positive, nicht wahrnimmt oder darauf vergisst.

Beispiele dafür sind die folgenden zwei Situationen: Das Geburtstagsfest hätte so schön sein können, aber das Buffet, war ohne Rücksicht auf VegetarierInnen, zusammengestellt. Der Tag wäre so angenehm gewesen, aber der Stau in der Früh hat ihn mir restlos verdorben.

Polarisiertes Denken

Obwohl es seit Jahren Farbfernsehen gibt, halten Menschen immer wieder an einem scharf konturierten „Schwarz-Weiß-Programm" fest, denn das versteht man unter diesem Denkmuster. Es ist etwas entweder gut oder schlecht, ein Dazwischen existiert nicht.

Beispiele dafür wären: Wenn ich mich nicht an jedem

Trainingstag im Fitnesscenter toll fühle und eine super Kondition habe, dann bin ich ein unsportlicher Schlappi. Ich möchte immer ein harmonisches Familienleben haben, wenn man streitet, zerbricht die Beziehung.

Generalisieren oder übertriebene Verallgemeinerungen

Ein Vorfall oder eine einzige Beobachtung führt dazu, dass man daraus ein „Gesetz" ableitet. Aus „manchmal" wird ein „immer". Wir erblicken ein Sandkorn und schließen daraus auf das Vorhandensein der Wüste oder zumindest auf das einer Sandkiste.

Beispiele: Seit Pia in der Pubertät ist, ist sie immer zickig. Alle BeamtInnen sind faul.

Katastrophisieren

Man erwartet eine Katastrophe und malt sich dieses Katastrophenszenario in Gedanken bis hin zur „Endzeitfantasie" detailgenau aus. Gedankengänge die sich hierfür gut eignen, beinhalten oft Worte wie: schrecklich, furchtbar, unerträglich, nicht auszuhalten, katastrophal, entsetzlich oder ausweglos.

Es ist nahezu unerträglich, wie schrecklich viele furchtbare Beispiele es hierzu gibt: „Der Lift ruckelt, wir werden sicher steckenbleiben und ich werde einen Kreislaufkollaps bekommen und ...", „Man hört in letzter Zeit so viel über Einbrüche, sicher wird auch bei mir bald eingebrochen. Und das Auto könnte mir dann auch gestohlen werden ...", „Wenn ich vom Urlaub zurückkomme, ist sicher alle Arbeit liegen geblieben. Ich werde dann ständig Überstunden machen müssen und meine Erholung wird in Nullkommanichts verflogen sein. Dann wird es nicht lange dauern, bis ich wieder eine Grippe bekomme und arbeitsunfähig bin, und die Arbeit wird sich noch weiter stapeln, mein Chef wird unzufrieden mit mir sein und ich werde um meinen Arbeitsplatz zittern müssen. Dann bin ich arbeitslos und werde nie wieder eine gute Arbeit finden ..."

Diese Aussagen sowie die Länge der Aussagen kann man bis ins Unendliche ergänzen, da Katastrophenfantasien nahezu grenzenlos sind.

Persönlichnehmen

Menschen empfinden Verhaltensweisen und Aussagen anderer Menschen sowie das Eintreten von Ereignissen oder bestimmten Situationen als Reaktionen auf sich.

Beispiele dafür sind die folgenden zwei Szenarien: Der Partner oder die Partnerin zeigt in der Früh kein Lächeln, worauf als erster der Gedanke entsteht, dass man selbst etwas getan hat, das den anderen verärgert oder gekränkt hat. Oder: KollegInnen sitzen und plaudern, aber hören auf zu reden, wenn ich mich dazusetze. Ich schließe dann daraus, dass sie über mich reden, weil ich einen Fehler gemacht haben könnte, oder dass sie mich aus dem Gespräch ausschließen wollen, weil sie mich nicht mögen.

Zum Persönlichnehmen zählt es auch, sich ständig mit anderen zu vergleichen. Auch wenn man selbst bei dem Vergleich besser aussteigt, so stellt sich die Frage, warum ich vergleiche und wofür ich diese ständigen Vergleiche brauche. Laufend seinen eigenen Wert zu überprüfen, legt den Schluss nahe, dass man sich dieses Werts sehr unsicher ist. Die aus solchen Gedanken entspringenden Emotionen ziehen Menschen eher in die Tiefe, als dass sie Wohlgefühl entstehen lassen.

Oft treten diese Gedankenmonster auch in Mischformen auf und haben die schlechte Angewohnheit, als

„Automatische Gedanken“ in Blitzesschnelle unser Gehirn in Beschlag zu nehmen. Ähnlich wie Werbespots poppen sie stichwortartig auf, fast ohne dass wir sie bewusst wahrnehmen, benebeln unser Gehirn und sorgen für emotionale Turbulenzen. Automatische Gedanken verfügen auch über Rückkopplungschleifen, wodurch sie eine Sogwirkung erhalten.

Egal in welcher Form oder Mischform Gedankenmonster auftreten, sie rufen kleine oder große emotionale Turbulenzen hervor, welche in jedem Fall fernab von Emotionen wie Freude, Glück oder Wohlbefinden sind.

Es ergab sich eben, dass ich im Internet folgendes Statement als Antwort auf die Frage „Vorfreude ist die schönste Freude! – Lässt die Adventzeit dies zu?“ gelesen habe. Hier treten die Gedankenmonster in besagter Mischform auf und lösen wahrlich emotionale Turbulenzen aus: „Jedes Jahr kommt es mir vor, als ob die Weihnachtssachen immer früher in den Regalen liegen, und somit habe ich meist im August schon keine Lust mehr auf Weihnachten. Kommt das nur mir so vor?!? Nach wie vor finde ich, dass Weihnachtszeugs erst ab Mitte bis Ende November in die Regale kommen darf, denn wenn dann der 1. Advent ist, sitze ich meist lustlos neben meinen Kindern und schaue/höre ihnen beim Singen zu und wie sie es kaum noch abwarten können, bis Weihnachten ist. Ist das nicht traurig??! Eigentlich sollte ich mit ihnen feiern und nicht einfach nur anwesend sein ... Ich bin auch immer besonders froh, wenn ich am Neujahrestag die Ostersachen sehe ...“

Zwar handelt es sich um Fakten, denn tatsächlich zieht die Weihnachtsdekoration sehr früh in die Regale der Kaufhäuser ein, jedoch sicher nicht immer früher, denn sonst würde sie ja gar nicht mehr aus den Regalen verschwinden. Aber ich muss mir aufgrund dieser Tatsache nicht meine Stimmung vermiesen lassen, dafür bin ich ganz alleine verantwortlich und sicher kein kleiner dümmlich blickender Plastik-Weihnachtsmann, auch wenn er bei 30 Grad im August „Jingle Bells“ trällert.

Eine Möglichkeit ist es, etwas, das ich nicht beeinflussen kann, mit Humor zu nehmen – nicht mit Zynismus, den beispielsweise der Schlusssatz des obigen Statements enthält. Humor kann heilsame Wirkung haben – Zynismus beinhaltet „Bitterkeit“ und ist verwandt mit „Verbitterung“. Und was tut der Mensch, wenn er etwas sehr Bitteres zu schmecken bekommt? Er verzieht das Gesicht – jedoch nicht zu einem Lächeln, sondern wohl eher zu einer Grimasse des Ekels.

Provozieren wir hingegen bei uns selbst bewusst ein Lächeln, so können wir dabei unmöglich gleichzeitig an etwas Unangenehmes denken. Mehr zu diesem Phänomen und Möglichkeiten zum Austricksen der „Gedankenmonster“ finden Sie im Kapitel „Gefühle, Stimmungen, Affekte, …“. Bevor Sie jedoch zu diesem Kapitel vordringen, können Sie prüfen, ob Sie monstermäßig intelligent sind, und haben auch noch die Möglichkeit, die Gedankenwelten von Engelsschlumpf und Teufelsschlumpf kennenzulernen.

9. Was macht uns intelligent?

Es gibt drei Dinge, die sich nicht vereinen lassen: Intelligenz, Anständigkeit und Nationalsozialismus. Man kann intelligent und Nazi sein. Dann ist man nicht anständig. Man kann anständig und Nazi sein. Dann ist man nicht intelligent. Und man kann anständig und intelligent sein. Dann ist man kein Nazi.

(Gerhard Bronner bei der Gedenkfeier zum 60. Jahrestag der Befreiung des KZ Gunskirchen, 7. Mai 2005, schulen.eduhi.at)

Das vorgestellte Zitat beinhaltet eine klare und nachvollziehbare Aussage. Schade, dass diese nicht die allgemein anerkannte Definition von Intelligenz ist. Zwar gibt es unterschiedliche Definitionen von Intelligenz, aber es ist keine darunter, die so viel Inhalt wie diese hat – mit anderen Definitionen möchte ich Sie nicht zu sehr langweilen. Wobei die Wahrheit eigentlich ist, dass ich mich schon im Studium über die Sichtweise mancher Lehrenden, was Intelligenz sein soll, fürchterlich aufgeregt habe, da zahlreiche Definitionen geradezu abwertend anmuteten. Eine für mich zwar unvollständige, jedoch neutrale Beschreibung von Intelligenz ist jene, die ich auf Wikipedia gefunden habe: „In der Psychologie ist Intelligenz ein Sammelbegriff für die kognitive Leistungsfähigkeit des Menschen, also die Fähigkeit, zu verstehen, zu abstrahieren, Probleme zu lösen, Wissen anzuwenden und Sprache zu verwenden. Ein Intelligenztest dient dazu, die kognitiven Fähigkeiten eines Menschen zu erfassen. Ergebnis eines solchen Tests ist häufig der sogenannte Intelligenzquotient (IQ)."

So soll es aber auch Forscher gegeben haben, die Intelligenz wie folgt definierten: „Intelligenz ist das, was der Intelligenztest misst." Diese Aussage erinnert mich etwas an die Antwort auf die, mit kindlicher Ausdauer gestellten, „Warum-Fragen", auf die Erwachsene schlussendlich nur mehr erschöpft oder hilflos „Darum!" sagen.

Holk Cruse, Mitautor des Buchs „Die Entdeckung der Intelligenz oder können Ameisen denken?" ist der Ansicht, dass der Begriff der Intelligenz und seine Definition umso verschwommener werden, je genauer man hinsieht. Nach seiner Auffassung hat Intelligenz etwas mit Vorhersehen und Planen zu tun. So können intelligente Organismen ein Situationsmodell durchspielen und in Folge aus verschiedenen Handlungsoptionen wählen.

In den letzten Jahren sind somit viele Bereiche hinzugekommen, die sich mittlerweile zur Intelligenz zugehörig fühlen dürfen, wodurch auch viel mehr Wesen zugestanden wird, intelligent zu sein. Dieser Ansatz spiegelt sich ebenfalls in den Ansichten von Xing-Mitgliedern, die so freundlich waren, mir ihre Sichtweise von Intelligenz mitzuteilen: „Intelligenz ist, unter anderem zu wissen, dass man Unrecht hat“, „Intelligenz ist, nicht viel zu wissen, sondern zu wissen, wo man findet, was man nicht weiß“, „Die Idee hinter dem Vorhang (Platons Höhlengleichnis)“, „Intelligenz ist wie die Milch im Kaffee ... gut ... viele mögen ihn auch schwarz.“, „Ein wunderschönes Feature ... es geht allerdings auch ohne!“

Ich denke, dass intelligente Menschen Dinge hinterfragen, statt sie einfach hinzunehmen. Intelligenz hat auf jeden Fall nur wenig mit Bildung zu tun: „Intelligenz ist für mich das Durchschauen von Abläufen, Logik, Kausalität“, „Intelligenz ist Allgemeinbildung, Weisheit und Weitsicht“, „Intelligent muss man hin & wieder mal sein, aber ohne Emotionale Intelligenz (Empathie) ist es fast sinnlos, weiter drüber nachzudenken.“

Eben diese emotionale Intelligenz ist es, die viele Jahre nicht berücksichtigt wurde. Bildung, Allgemeinwissen, die Beherrschung von Kulturtechniken übernahmen in Form der kognitiven Leistungen lange die alleinige Vorherrschaft. Meine ganz persönliche Meinung ist, dass Menschen mit ausgeprägter emotionaler Intelligenz oft sehr klug und weise sind, auch wenn sie möglicherweise Defizite in der Bildung oder den Kulturtechniken aufweisen. Bildungslücken kann man füllen – für das Einfühlungsvermögen ist jedoch kein Vermögensberater zuständig.

Kürzlich wurde ich Ohrenzeugin eines strohdummen Statements, das eine Person tätigte, die nach der klassischen Definition der Intelligenz über eine solche sogar in sehr hohem Ausmaß verfügt. Diese Person sagte kichernd über eine neue Mitarbeiterin, deren Namen sie nicht kannte, weil die Dame ihr noch nicht vorgestellt wurde (und sie deswegen pikiert war): „Für mich ist sie einfach ‚Pippi Langstrumpf', weil Sie rote Haare und Sommersprossen hat." Abgesehen davon, dass ich die Aussage nicht lustig, sondern abwertend empfinde, weist sie auch nicht auf eine soziale Problemlösefähigkeit hin. So einfach und so nah liegt doch die Lösung: Wenn ich nicht weiß, wie jemand heißt, so kann ich ihn fragen! Warum es dieser Person trotz ihrer hervorragenden Bildung und hohen Intelligenz nicht möglich war, der neuen Kollegin diese einfache Frage zu stellen, kann an einem Defizit im Bereich der emotionaler Intelligenz liegen und an Arroganz. Arroganz wird von bösen Zungen oft als Zeichen von Dummheit bezeichnet. In der Psychologie wird als Ursache für Arroganz Unsicherheit angenommen. Unsicherheit Gefühle zu zeigen, da Gefühle gefährlich sein können. Auf dieses Phänomen wird im Abschnitt „Wie der Mensch fühlt" noch näher eingegangen.

Kann ein Mensch eigentlich gleichzeitig kognitiv hochintelligent und emotional strohdumm sein?! Ist das umgekehrt auch möglich?

Emotionale Intelligenz wird beschrieben als die Fähigkeit, Gefühle bei sich und anderen zu erkennen und sie zu verstehen, sowie als die Fertigkeit, Gefühle den Situationen entsprechend zu nutzen und diese auch bewusst steuern zu können – also sich in eine andere Person einfühlen zu können. Gut beobachten und Zusammenhänge herstellen zu können, über Dinge, Wahrgenommenes und Begebenheiten nachdenken zu können, sind weitere wesentliche Merkmale. Im Kapitel „Gedanken und Emotionen" gehe ich noch ausführlich darauf ein, was emotionale Intelligenz beinhaltet. In dieser kurzen Beschreibung der emotionalen Intelligenz wird ersichtlich, dass dabei ein vernetztes wie vorausschauendes Denken stattfindet und Dingen auf den Grund gegangen wird, nach dem Motto „das Ganze ist mehr als die Summe seiner Teile". Ist ein Mensch dazu in der Lage, so kann er auch kognitiv nicht völlig dumm sein.

Ungerecht? Nein, denn unsere Gesellschaft schätzt, ehrt und fördert die kognitiv intelligenten Wesen so ausreichend, dass auch einmal Menschen, deren Stärke in der emotionalen Intelligenz liegt, übervorteilt werden dürfen.

Als ich eben den Begriff „strohdumm" verwendete, überlegte ich, woher dieser Ausdruck eigentlich kommen könnte, und fand die Redewendung „dumm wie Bohnenstroh". Die Herkunft der Redewendung „dumm wie Bohnenstroh" geht auf die ältere Wendung „grob wie Bohnenstroh" zurück.

Früher waren arme Menschen meist ungebildet und wurden daher im Volksmund als dumm bezeichnet. Infolge der Armut konnten sie sich kein teures Stroh für ihre Schlafstätte leisten, sondern mussten sich mit dem härteren und groben Kraut der Futterbohne zufrieden geben.

Auch hier wird Bildung als Voraussetzung für Intelligenz angenommen. Arme Menschen mögen früher zwar keine Bildung gehabt haben, aber sie können trotzdem klug, einfühlsam, weise oder kreativ gewesen sein.

Die andere Erklärung für „strohdumm" ist, dass jemand unbelebte Materie, wie eben nur „Stroh", im Kopf hat, wie beispielsweise Vogelscheuchen. Aber diese besitzen sicher emotionale Intelligenz, denn sonst würden sie ihren ArbeitgeberInnen nicht Widerstand leisten und mit den Vögeln Freundschaft schließen und diese auf Kopf und Schultern rasten lassen.

Eine Fantasiegeschichte, meinen Sie? Ja, das ist es, und weil Fantasie und Vorstellungsfähigkeit nach Ansicht des Kognitionswissenschaftlers Howard Gardner auch ein wichtiger Bestandteil der „multiplen Intelligenzen“ sind, dürfen sie nicht unterdrückt werden. Gardner vertritt mit seiner Theorie der „Multiplen Intelligenzen“ eine der modernsten und auch radikalsten Positionen. Jedoch wird auch dieser neue Ansatz, die menschliche Intelligenz zu definieren, sicherlich nicht der letzte Versuch sein. Zumal Gardner behauptet, dass einige dieser Intelligenzen prinzipiell nicht einer Messung zugänglich sind und wir in einer Zeit leben, wo fast alles messbar und quantifizierbar sein sollte, wird man sich mit „unmessbaren Größen“ nicht zufrieden geben. Bevor man uns alle in Raster passen kann, sollten wir jede Gelegenheit nutzen, um über die Fähigkeiten unseres Geistes und unserer Seele ehrfürchtig zu staunen und uns bewusst machen, dass jeder Mensch ein hochkomplexes einzigartiges Wesen ist, mit einmaligen Möglichkeiten zu denken, verstehen, planen, kommunizieren und zu handeln. Nun möchte ich Ihnen aber das Konzept der Multiplen Intelligenzen nicht länger vorenthalten.

Sprachlich-linguistische Intelligenz

Dies ist die Fähigkeit, Sprache einzusetzen, um im inneren Dialog Gedanken auszuformen und diese dann auch in Wort und Schrift auszudrücken. Die Fähigkeit, andere Menschen zu verstehen, ist auch ein Bestandteil der sprachlichen Intelligenz.

Musikalisch-rhythmische Intelligenz

Diese besitzt ein Mensch, wenn er Fähigkeiten aufweist, Stücke zu komponieren oder aktiv „Musik zu machen“. Ebenso zählen ein besonderes Gespür für Intonation, Rhythmik und Klang und ein feines Gehör dazu. Sich in

Musik einfühlen zu können, sie verstehen zu können, in der Musik Lebendigkeit, Abläufe und Ereignisse zu erkennen. Es wird ein enger Zusammenhang mit der sprachlichen, räumlichen oder kinästhetischen Intelligenz vermutet.

Logisch-mathematische Intelligenz

Diese beschreibt die Fähigkeit, mit Beweisketten umzugehen. Menschen, die mit dieser Intelligenz ausgestattet sind, können auch durch Abstraktionen Ähnlichkeiten zwischen Dingen erkennen, die nicht offensichtlich sind. Die Fähigkeit mit Zahlen, Mengen und mentalen Operationen umzugehen, ist dabei auch gegeben. Wichtig ist, diese Form der Intelligenz nicht mit mathematischer Begabung in einen Topf zu werfen, da sie über diese hinausgeht, so findet man sie zum Beispiel auch bei Menschen die eine große Neigung zum philosophischen Denken haben, aber nicht unweigerlich „Rechengenies“ sind.

Räumlich-bildliche Intelligenz

Sie beinhaltet die Fähigkeit, die sichtbare Welt bedachtsam und exakt wahrzunehmen und das Wahrgenommene dann umformen und abwandeln zu können. Wesen, die über diese Intelligenz verfügen, können bildliche Eindrücke und Erfahrungen, auch in Abwesenheit des realen Objekts – also aus dem Gedächtnis heraus –, mit Worten erklärend oder in Form von Skizzen oder Abbildungen wiedergeben.

Körperlich-kinästhetische Intelligenz

Unter dieser Intelligenz versteht Gardner die Beherrschung, Kontrolle und Koordination des Körpers und einzelner Körperteile. Ein guter Bewegungssinn und Harmonie im Bewegungsablauf sowie Körperbewusstsein zählen dazu.

Intrapersonale Intelligenz

Dies bedeutet eigene Impulse kontrollieren zu können, eigene Grenzen zu erkennen und mit den eigenen Gefühlen gesund und wirksam umgehen zu können. So schließt diese Intelligenz die Fähigkeit mit ein, sich selbst und andere zu verstehen und sich ein differenziertes Bild der eigenen Persönlichkeit machen zu können. Das bedeutet auch, Stärken, Schwächen, Bedürfnisse, Ängste, Fähigkeiten und Fertigkeiten an sich wahrzunehmen und diese Selbsterkenntnis im Alltag einzusetzen.

Interpersonale Intelligenz

Sie bezieht sich auf das zwischenmenschliche Miteinander und beschreibt die Fähigkeit, Absichten, Motive, Bedürfnisse, Wünsche von anderen Menschen zu erkennen und zu verstehen und entsprechend in der Lage zu sein, mit Mitmenschen wertschätzend kommunizieren und interagieren zu können.

Das Zusammenspiel von intrapersonaler und interpersonaler Intelligenz kommt dem Begriff der emotionalen Intelligenz sehr nahe. Mit der Bezeichnung „Emotionale Intelligenz“ wird sie jedoch im Konzept von Gardner nicht angeführt, was ihm auch Kritik einbrachte.

Naturalistische Intelligenz

Menschen besitzen die Fähigkeit, Lebendiges und Lebewesen zu erkennen, zu unterscheiden und zu beobachten, genau wie sie eine hohe Sensibilität für Naturphänomene aufweisen.

Existenzielle Intelligenz

Um diese Intelligenzform wurde das Konzept der multiplen Intelligenzen von Gardner nachträglich erweitert. Damit wird die Fähigkeit bezeichnet, grundlegende Fragen der Existenz zu erfassen und durchdenken zu können. Ob es sich dabei um einen eigenständigen Bereich der Intelligenz handelt, ist weder belegt noch widerlegt.

Wenn es Ihnen Freude bereitet, können Sie sich im Anhang einen Überblick schaffen, welches ihre „Favorit-Intelligenzen" sind.

Da Sie wahrscheinlich über Ihre Fähigkeiten sehr gut Bescheid wissen, wäre es nicht erstaunlich, wenn Ihnen die Erstellung Ihres Multiple-Intelligenzen-Profils keine neuen Erkenntnisse gebracht hat. Aber es schadet nichts, sich über seine Stärken und Schwächen hin und wieder Gedanken zu machen. Es kann zur Selbstreflexion beitragen, stolz und erfreut machen oder erheitern, weil uns wieder mal bewusst wird, dass Schwächen nicht still und heimlich verschwinden und man diese daher am besten mit Würde und Humor trägt und damit im Bereich der emotionalen Intelligenz auf jeden Fall punktet.

10. „Gute und Böse“ Gedanken?

Gibt es „gute“ und „böse“ Gedanken? Sind die beiden eindeutig voneinander trennbar? Verstehen alle Menschen darunter dasselbe? Fragen über Fragen kann man zu dieser Thematik stellen und philosophische, psychologische wie soziologische Bücher sind bereits ausschließlich mit diesem Thema gefüllt worden. Da ich dieser Fragestellung nur ein Kapitel in diesem Buch widme, werde ich nur jene Aspekte streifen, die mir persönlich heiter, wichtig oder interessant erscheinen – also somit nur einen Gedankeninput geben.

Ich nenne diese Gedankengegensätze in meiner psychologischen Arbeit die „Zwiegespräche von Engelschlumpf und Teufelschlumpf“. Diese beiden kleinen Figuren stehen auch auf meinem Schreibtisch. Wer, meinen Sie, hegt von den beiden nun die guten Gedanken? Der Engelschlumpf? Nicht immer richtig! Denn wenn das Engelchen dazu verführt, sich weiterhin anzupassen und eigene Bedürfnisse immer hintanzustellen und zu machen, was andere wollen, und der Mensch darunter leidet, sind diese Gedanken keine „guten Gedanken“. Hingegen können dann Gedanken der Aufmüpfigkeit, die von manchen als „Teufelswerk“ gesehen werden, hilfreich sein und Wohlbefinden bringen.

So kenne ich eine Frau die ihre gedanklichen Zwiegespräche mit (D)EVIL und der „Daunenfresse“ führt. „Devil“, der Teufel und „Evil“, die Sünde oder das Böse. Im schwedischen Film Evil, der auf dem autobiografischen Roman von Jan Guillou basiert, geht es um Rache und Wehrhaftigkeit. Rache ist in unserer christlich geprägten Kultur jedoch „Sünde“, also wiederum ein „böser Gedanke“. Stattdessen soll man vergeben, wenn einem Unrecht widerfahren ist – und sich vielleicht auch engelsgleich verhalten. Davon hat diese Frau auch die „Daunenfres-

Welche Adresse hat das Böse?
Wo immer man anklopft,
guckt ein »guter Mensch« heraus.
Der Teufel ist nie zu Hause.
(Gerhard Uhlenbruck)

se" hergeleitet. Von einem der kitschig flauschig weiß gefiederten Engelchen, mit rosa glühenden Pausbacken, Goldlöckchen und naivem, unschuldigem Blick – rein optisch eine nicht gerade wehrhaft erscheinende Kreatur.

Mythologische Figuren, die fest im christlichen Glauben verankert sind, werden häufig mit Gut und Böse assoziiert. Meist unabhängig davon, ob Menschen an Gott glauben oder nicht. Fast könnte man sagen, es handelt sich bei den Zuschreibungen von „Gut und Böse" zu „Engel und Teufel" oder „Himmel und Hölle" oder „Brav und Schlimm" um automatische Gedanken. Automatische Gedanken, die es sich, durch kulturellen, wie erzieherischen Einfluss, in unserem Gehirn wohnlich und gemütlich gemacht haben.

In der Psychotherapie wird Wehrhaftigkeit gefördert. Zwar nicht als Rache, sondern in Form eines selbstbewussten, sozial kompetenten Denkens, Verhaltens und der Einsicht, dass es wichtig ist, die eigenen Bedürfnisse wahrzunehmen und diesen auch in angemessener Form nachzukommen. Fordern nun PsychotherapeutInnen ihre KlientInnen zu bösen Gedanken auf oder vermitteln sie ihnen gute Gedanken? Das soziale Umfeld, welchem durch die Wehrhaftigkeit einer Person plötzlich Nachteile entsteht, wird diese neue Denkweise vielleicht als „schlecht oder böse" bezeichnen. Die Person selbst und empathische Mitmenschen hingegen bezeichnen es als konstruktives und gutes Umdenken.

Rache ist in der christlichen Kultur verpönt. Stattdessen sollte der Mensch, wie im Matthäusevangelium nachzulesen, so agieren: „Ihr habt gehört, dass gesagt worden ist: Auge für Auge und Zahn für Zahn. Ich aber sage euch: Leistet dem, der euch etwas Böses antut, keinen Widerstand, sondern wenn dich einer auf die rechte Wange schlägt, dann halt ihm auch die andere hin. Ihr habt gehört, dass gesagt worden ist: Du sollst deinen Nächsten lieben und deinen Feind hassen. Ich aber sage euch: Liebt eure Feinde und betet für die, die euch verfolgen, damit ihr Kinder eures Vaters im Himmel werdet; denn er lässt seine Sonne aufgehen über Bösen und Guten, und er lässt regnen über Gerechte und Ungerechte."

Nicht nachtragend sein, vergeben und vergessen heißt die Devise. Hass hat wie Rache einen schalen Nachgeschmack, das trifft auch im psychologischen Bereich zum Teil zu. Hass ist eine sehr tiefe Emotion und kostet ungeheuerlich viel Energie. Wenn ich nun meinen Hass, meine Wut in Form von Rache aushandle, bringt dies oft nicht die erhoffte Erleichterung. Hingegen kann das kleine passive Geschwister der Rache – die Schadenfreude – durchaus Wohlgefühle hervorrufen. Unlängst erzählte mir eine Bekannte vor Freude kichernd und glucksend, dass sie einer Person, deren unverschämtes Verhalten sie im beruflichen Kontext immer wieder zu spüren bekommt, die Telefonklingeltonmelodie des Kinderlieds „Kleiner Hai" gesungen von Alemuel, zugeteilt habe. Beginnt das Telefon, dieses Lied zu „singen", stellt sie sich vor, dass sich diese unsympathische Person an der Stelle des im Lied besungenen Mädchens befindet. Diese Vorstellung, unterlegt von dem humorig interpretierten Lied, lässt sie den Telefonkontakt leichter ertragen. Ein böser Gedanke? Oder eine gute gedankliche Entlastung, die niemanden schädigt? Auch solche „megabösen" Gedanken bleiben Gedanken und werden von Menschen, die sie denken, nie in die Realität umgesetzt. Es handelt sich hierbei nämlich um den Vorgang des „Externalisierens“, der dabei hilft emotionale Distanz zu einem Ärgernis zu bekommen, wie schon im Kapitel „Gedanken sind frei“ ausführlich beschrieben.

Sollte Ihnen das Lied nicht bekannt sein – es ist, infolge Gestik, Mimik und Gesang von Almuel, als ulkiges Video auf „youtube“ zu finden. Den „bösen“ Text jedoch möchte ich Ihnen hier jedoch nicht vorenthalten:

Kleiner Hai
Babyhai, dimm dimm, didi di-dimm (= Refrain in jeder Zeile)
Babyhai,
Kleiner Hai,
Großer Hai
Riesenhai
Weißer Hai
Mädchen schwimmt
Hai sieht
Mädchen sieht
Hai holt auf
Mädchen schwimmt
Hai holt auf
Mädchen schwimmt (schneller)
Hai holt auf
Mädchen schreit, aaaaaaaahhhhhhhhhhhh!
Hai frisst njam njam, njam njam njam njam.
Böser Hai dimm dimm, didi di-dimm …

Dieser Songtext, der einer Sammlung von Kinder-Singspielen entstammt, zeigt, wie aus einem lieben kleinen Babyhai ein großer böser Hai wird, weil er ein Mädchen frisst. Und wieder haben wir hier „das Böse und das Gute“. Wobei der Hai wohl kaum böse Gedanken denkt, wenn er, wie in der Natur üblich, der Nahrungssuche nachgeht. Da hegt doch wohl eher der Mensch, der den Hai als Bestie bezeichnet, böse Gedanken, da er ihn vermutlich vernichten möchte, weil er seiner Spezies Leid zugefügt hat. Aber die Wissenschaft weiß es besser, so wird im „Journal of Zoology" dem weißen Hai Killerinstinkt unterstellt, weil er ähnlich raffinierte Jagdstrategien aufweist, wie das viele Serienkiller tun. So schleichen sich Haie, bevorzugt bei schwächerem Licht und nahe dem Meeresboden, wo sie lange unentdeckt bleiben, an ihre meist noch jungen und daher auch unerfahrenen (Tier-) Opfer heran, um dann mit ungeheurer Kraft und Geschwindigkeit vertikal nach oben zu schießen und nach ihnen zu schnappen.

Braucht man, um jemandem Leid zuzufügen, böse Gedanken? Diese Frage ist nicht einfach mit Ja oder Nein zu beantworten, auch wenn das Sprichwort „Aus bösen Gedanken entspringen böse Taten", dessen Ursprung im Matthäus-Evangelium liegt, sie mit einem klaren Ja beantwortet. Dass es jedoch nicht so einfach ist, erkennt man auch im Buch „Bestie Mensch" vom Kriminalpsychologen Thomas Müller. Tatsache ist, dass diese Menschen furchtbare Verbrechen begangen haben. Herauszufinden, welche Gedanken diesen Verbrechen vorausgingen und sie begleitet haben, ist der Arbeitsbereich von Müller. Wenn sich ein Kriminalpsychologe nun in die Gedankenwelt eines Serienmörders versetzt, denkt er dann gute Gedanken, weil er damit der Verbrechensbekämpfung dient? Oder denkt er böse Gedanken, da er ähnlich wie der Mörder denkt? Müller führt in seinem Buch diesbezüglich an: „Immer wieder tauchen Leute aus dem Bereich Journalismus bei mir im Büro auf und vermeinen festgestellt zu haben, dass ich so denken könnte wie ein Serienmörder, nur weil ich ein paar davon getroffen und mich mit ihnen stundenlang unterhalten habe. Das ist falsch. Ich kann nicht so denken wie diese Menschen, ich kann nur deren Schuhe benützen. […] Die Person, die Biografie, das Gesagte steht im Vordergrund. Das ‚Material' ist der Mensch, das Werkzeug die Aufarbeitung der Biografie, das Explorationsgespräch, psychiatrische Klassifikationsschemata. Das ‚Material' der Kriminalpsychologie ist das Verhalten, die Veränderung der Umwelt und die Schlussfolgerung auf die darunter liegenden Bedürfnisse, …"

Somit braucht jedenfalls niemand Sorge haben, sich an bösen Gedanken anzustecken, jedoch ebenso wenig an guten Gedanken! Die Sorge vieler Eltern ist, dass sich ihre Kinder mit unflätigen Ausdrücken infizieren und dann dem Bösen mit Haut und Haaren verfallen. Sie denken, ich übertreibe? Tue ich nicht, denn ich kenne Eltern, die ihren Kindern den Gebrauch von Schimpfwörtern verbieten und jegliches Fluchen untersagen. Obwohl diese Kinder infolge der Erziehung genau wissen, in welchem Kontext sie Verbalexkremente auf keinen Fall von sich geben dürften. Aber in den Augen dieser Eltern ist Fluchen und Schimpfen einfach nicht tolerierbar und somit etwas Böses. Was diese Eltern nicht bedacht haben ist, dass ihre Kinder das Verbotene zwar nicht laut, aber in Gedanken sehr wohl tun können. In den Genuss des ausgiebig entspannenden Moments, der fluchenden oder schimpfenden Lautäußerung kommen diese Kinder zwar nicht, aber auch in gedachter Form erfüllen sie diesen Zweck. So berichtete mir ein sehr wohlerzogener Jugendlicher, dass er in Situationen, in denen er von Mitschüler gehänselt wird, sich antrainiert habe, ein extremes und sehr langes Schimpfwort zu denken, statt hilflos traurigen Gedanken nachzuhängen. Ich habe meine KollegInnen auch schon dazu animiert, bei aufkommendem Hilflosigkeitsgefühl und Ärger „Gedankenzuschimpfen" und es mal mit diesem besagten Schimpfwort zu probieren. Das Feedback war: „Herrlich!“ – „Böse Gedanken zeigen gute Wirkung.“

Sie möchten dieses Schimpfwort wissen? Es ist dermaßen heftig, dass ich es hier nicht anführen werde, aber wenn Sie Lust auf böse Gedanken verspüren, so können Sie ein „schwarzes Rätsel“ lösen, um an das Schimpfwort heranzukommen.

Solche Rätsel sind auch als „Black Stories“ bekannt. Das ist eine Kartenspiel-Serie von Holger Bösch mit kniffligen und morbiden Geschichten, die in der Art von „Lateralen“ gelöst werden. Ein Lateral ist ein Rätsel, bei dem eine paradox oder unsinnig erscheinende Situation mit einem Minimum an Information vorgegeben ist und man herausfinden muss, wie es zu der Situation gekommen ist. Lateralrätsel widersprechen meist unserer Alltagslogik und sind in hohem Grade unwahrscheinlich. Deshalb sind sie oft im Bereich des Kriminell-Absurden angesiedelt. Das bedeutet, man muss auch „böse Gedanken“ denken, um zur Lösung zu gelangen. Hier eine Kostprobe auf Ihrem Weg zum bösen Fluchwort:

> *Eine Frau wurde ermordet. Am Tatort werden viele Süßigkeiten und ein Hühnerknochen gefunden. Was ist passiert?*

Zur genauen Auflösung und dem Schimpfwort gelangen Sie, wenn Sie das bekannte Märchen, welches die Basis für diese „Black Story“ darstellt, erraten und auf meiner Website (psychotherapie-verhaltenstherapie.com/html/buchempfehlungen.html) die „Berufsbezeichnung“ der ermordeten Frau im entsprechenden Feld eingeben.

Eine Art „Black-Story“, die ich bis heute nicht eindeutig lösen konnte, ist folgende:

Meine Katze hat in meinem Bücherregal ein einziges Buch kräftig angebissen. Warum hat sie das getan?

Auf meiner zuvor genannten Website finden Sie ein Foto, auf welchem deutlich zu erkennen ist, dass dem Angriff nur dieses eine Buch zum Opfer gefallen ist! Sie hat davor und danach kein anderes Buch gebissen. Es ist übrigens das zuvor erwähnte Buch „Bestie Mensch". Haben gute oder böse Gedanken meine Katze zu dieser Tat veranlasst?

Dass Tiere denken können, ist wissenschaftlich belegt und auch am Haibeispiel gut nachvollziehbar. In welchem Ausmaß und wie, ist nur zum Teil erforscht, daher interpretiere ich nun mögliche „böse Gedanken" meiner Katze, die zur Handlung des Buchbeißens geführt haben könnten, völlig frei und natürlich ohne wissenschaftliche Grundlage: „Diese Buch ist Schund! Weg damit!". Außer diesem einen möglichen guten Gedanken, „Unsere Futtersklaven könne keine Bestien sein!", fallen mir infolge der nachfolgenden Handlung des Zerstörens sonst keine ein.

Aber woher weiß ich Mensch denn überhaupt, dass die Katze das Anbeißen als mutwilliges Zerstören sieht? Das ist nur mein menschlicher Gedankengang. In der Tierwelt sind Liebesbisse ebenso üblich wie aktiver Kannibalismus. Dieser ist sehr häufig unter Fischen und auch Reptilien zu finden. Ein hoher Prozentsatz aller jungen Hechte und Flussbarsche wird von größeren Artgenossen gefressen. Männliche Alligatoren, Warane und Schlangen töten und verspeisen häufig Artgenossen, denen sie überlegen sind.

Für den Großteil der Menschen ist das undenkbar. Nicht aber für alle. Diesen wenigen sieht man es aber leider nicht an der Nasenspitze an. So beschreibt es auch der Gerichtspsychiater Reinhard Haller in seinem Buch „Das ganz normale Böse". Viele grausame Täter waren demnach nach außen hin völlig unauffällig und erst in ihrer

Gedankenwelt stieß er immer wieder auf höchst auffällige Bilder der Psyche.

Andererseits kann man das Böse auch als Mitläufer sehen, das in verschiedenen Zeitepochen und Kulturen autorisiert und geachtet war. Im Nationalsozialismus gab es „unwertes Leben“ und viele Menschen, die diese Ideologie übernahmen und auslebten. Manche dieser Menschen stimmten in ihrer Einstellung zwar nicht mit dem grauenhaften Gedankengut überein, sondern wussten, dass die Handlungen, zu denen sie aufgefordert wurden, „böse“ sind. Sie führten diese aber trotzdem „brav“ aus und schoben die Verantwortung dann einer höheren Instanz zu. Alles Menschen, und beileibe nicht wenige, die von außen völlig normal wirkten – denn so kann es aussehen, das Böse: völlig normal!

Pädophilie ist eines der meistgeächteten Verbrechen, auch für hartgesottene inhaftierte Straftäter, die Pädophilen dann das Leben in der Haft sogar zur Hölle machen. Im antiken Griechenland gehörten sexuelle Beziehungen zu jungen Knaben allerdings zum guten Ton – es war gesellschaftlich geachtet, es war normal!

In Teilen Afrikas ist die Praxis, Frauen zu beschneiden, trotz intensiver Gegeninterventionen der WHO und anderer Organisationen weit verbreitet. Diese Eingriffe haben keine medizinische Begründung und sind für die Opfer mit starken Schmerzen verbunden. Sehr häufig verursachen sie auch schwere körperliche und psychische Schäden. In diesen Kulturen ist das eine legitime und übliche Vorgehensweise, und somit ist es normal!

Sind böse Gedanken die Ursache, warum all diese Grausamkeiten begangen werden? Ist das Böse Teil des Menschseins? Ein Teil, der ans Tageslicht tritt, wenn man ihm die Gelegenheit dazu gibt? Die Antwort ist Nein, denn es gibt auch das sogenannte Moralempfinden oder

Die Menschen sind keineswegs böse, sondern nur ihren Interessen unterworfen.
(CLAUDE-ADRIEN HELVETIUS)

weniger pathetisch ausgedrückt „die Menschlichkeit“ in uns, wodurch wir wissen, was „gut“ und was „böse“ ist. Dass sich dieses Moralempfinden bei vielen Menschen auch unter massivem Druck nicht ausschalten lässt, zeigen unter anderem jene Menschen, die in der NS-Zeit Widerstand geleistet haben.

Auch in unserer aktuellen Zeitepoche gibt es diese Menschen und ich lerne fast täglich welche davon kennen. Menschen verschiedenster Herkunft und Nationen, Menschen, die eigenständig denken, mitmenschlich, klug und empathisch sind, auch wenn sie hin und wieder entlastende „böse Gedanken“ denken, weil sie Unrecht oder Gemeinheiten, die auf unserer Welt passieren, so leichter aushalten können.

11. Entscheidungen treffen

Stehe ich sofort auf oder bleibe ich noch fünf Minuten im Bett?
Gehe ich zuerst aufs WC oder füttere ich die Katzentiere zuerst? (Anmerkung: Diese Entscheidung zu treffen wird mir fast täglich durch Bisse ins Bein erleichtert.)
Gebe ich meinen beiden Raubtieren Futter mit Huhn oder Rind?
Welchen Tee soll ich heute trinken?
Nehme ich Toast oder Vollkornbrot?

Habe ich Appetit auf Marmelade oder Käse?
Ist noch ausreichend Zeit, um die Zeitung zu lesen? (Anmerkung: Diese Entscheidung erübrigt sich sehr oft, nachdem sich mindestens eines der Katzentiere wohlig auf der Zeitung räkelt.)
Nach welchem meiner zahlreichen duftenden Duschbäder ist mir heute?
Welche Kleidung wähle ich?

Unser Leben besteht aus Entscheidungen. Hier habe ich nur den Zeitraum von ungefähr einer Stunde beschrieben und dabei nur einen Bruchteil aller Entscheidungen angeführt, die ich in dieser Zeit tatsächlich getroffen habe. So treffen wir zahlreiche unserer Entscheidungen ohne darüber nachzudenken, also automatisch oder unterbewusst. Auch gibt es Entscheidungen, die wir als selbstverständlich und somit als Verpflichtung wahrnehmen, wie zum Beispiel unserer Arbeit und unseren Aufgaben nachzukommen. Eine Entscheidung zu treffen kann fast ohne bewusstes gedankliches Zutun passieren oder kann einfach nur leicht sein, ebenso kann es aber auch eine Höllenqual werden. Der Übergang ist fließend, die Bandbreite extrem weit. Die Entscheidungsfreude ist von Mensch zu Mensch sehr unterschiedlich. Es gibt Menschen, die eine ausgeprägte Entschiedenheit aufweisen, und es gibt Menschen, die sehr zögerlich an eine Entscheidung herangehen und große Zweifel hegen.

Der Begriff Zweifel wurde von „zwei Fälle“ hergeleitet, also zwischen zwei Alternativen wählen zu müssen. Je mehr Alternativen es gibt, desto größer kann auch der Zweifel werden, aber es heißt deshalb dann nicht Zigfel („zig“ als Mundartform von „unzählig“). Schon deshalb nicht, da es doch etwas eigenartig klingt, gefragt zu werden „Haben Sie denn Zigfel an der Sache?“ Außerdem wäre aus dem Wort „Zigfel“ sicher „Zipfel“ geworden, wie ja aus „Zweifälle“ im Laufe der Zeit „Zweifel“ wurde. „Zipfeln Sie an ihrer Entscheidung?“ klingt jedoch heiter und würde infolge des Humors vielleicht dazu beitragen, leichter zu akzeptieren, dass es nicht EINE perfekte Lösung gibt.

Angeblich kommt das Wort von ent-scheiden, was bedeutet, das Schwert aus der Scheide zu ziehen. Man hat sich entschlossen, zu kämpfen, indem man es aus seiner Hülle zieht, statt nicht zu kämpfen und es dort zu belassen. Wobei manche Entscheidung für sich alleine oft schon als Kampf wahrgenommen wird. Daher liegt es nahe, dass jeder Entscheidung ein Konflikt zugrunde liegt, der Entscheidungskonflikt. Dieser entsteht, wenn in einer Situation zwei oder mehr nicht gleichzeitig durchführbare (Verhaltens-)Möglichkeiten zur Verfügung stehen. Wäre es da nicht einfacher, jemanden anderen die Entscheidung für uns treffen zu lassen? Ein Sprichwort weist darauf hin, dass ein solches Vorgehen Menschen auf Dauer nicht gut tut:

Wer sich nie entscheidet,
geht an sich selbst zugrunde.
(Peter Amendt)

Wenn jedoch eine Entscheidung ohne unsere Zustimmung von jemand anderem für uns getroffen wird, so ist es sehr menschlich, sauer darauf zu reagieren. Wir fühlen uns in unserer Entscheidungsfreiheit eingeschränkt und das mag der Mensch so gar nicht. Auch wenn wir oft über die Tatsache, uns entscheiden zu müssen, murren, aber man darf uns trotzdem diese Möglichkeit nicht nehmen. Denn wenn wir das Empfinden haben, dass unsere Freiheit bedroht oder beseitigt wird, tritt die sogenannte Reaktanz auf. Das ist der Zustand innerer Spannung, der uns motiviert, etwas zu unternehmen, um unsere Freiheit wiederzuerlangen. Wir möchten wieder selbst über unsere Handlungsmöglichkeiten bestimmen. Reaktanz tritt auch dann auf, wenn es nicht um lebenswichtige Entscheidungen geht.

Machen Sie ein kleines Experiment: Stellen Sie sich vor, Sie haben in der Früh die spontane Idee, am Nachmittag oder Abend eine der nachfolgend angeführten Situationen zu unternehmen. Schmücken Sie die bildliche Vorstellung Ihres Vorhabens auch mit angenehmen Gefühlen aus: Sich die Vorpremiere eines neuen Kinofilms anzusehen. In ein neu eröffnetes Restaurant, das Ihre Lieblingsspeisen anbietet, essen zu gehen. Zu einer Buchpräsentation zu gehen. Das Eröffnungsevent auf dem Eislaufplatz zu besuchen. Einen geruhsamen Abend zu Hause zu verbringen. Ein enorm preisgünstiges Angebot eines Artikels, den Sie sich schon so lange wünschten, zu nützen, um sich diesen endlich gönnen zu dürfen.

Die Vorfreude auf dieses Unterfangen begleitet Sie den ganzen Tag und lässt Sie trotz zahlreicher Anstrengungen und Mühen den Tag recht froh und heiter verbringen.

Als Sie nun am geplanten Ort eintreffen, wird Ihnen mit dem Ausdruck freundlichen Bedauerns mitgeteilt, dass die Veranstaltung bzw. der Artikel ausverkauft ist, der Raum überfüllt ist oder alles reserviert ist. Was denken und fühlen Sie? Wie verhalten Sie sich und welche Handlungen setzen Sie?

Es ist ganz natürlich, wenn in diesem Augenblick Reaktanz eintritt und wir uns dann enttäuscht, ärgerlich oder frustriert fühlen. Aber es ist von Mensch zu Mensch verschieden, was er nun mit solchen negativen Gedanken und Gefühlen macht – welche Entscheidung er nun trifft. So steht es jedem auch frei, sich eine angenehme Alternative einfallen zu lassen. Diese Alternative versucht man dann selbst aufzuwerten und sich schmackhaft zu machen. Dieser Vorgang wird als Dissonanzreduktion bezeichnet. Er findet immer auch dann statt, wenn ich zwei gleichwertige Wahlmöglichkeiten habe und nach dem Hin und Her der Entscheidungsfindung zu einem endgültigen Entschluss gekommen bin.

In der Sozialpsychologie wird der oft als sehr unangenehm empfundene Gefühlszustand, wenn mehrere Gedanken nicht miteinander vereinbar sind, als kognitive Dissonanz bezeichnet. Um wieder ein gefühlsmäßiges Gleichgewicht herzustellen, versucht der Mensch, diese Unstimmigkeiten wieder „stimmig zu machen". Er repariert sozusagen seinen schwankenden Gefühlszustand, indem er Einstellungen, Annahmen usw. so ändert, dass ein stimmiges Gesamtgefüge entsteht. Bei der zuvor beschriebenen Situation wird man versuchen, die Alternative, die man wählt, aufzuwerten und vielleicht auch das, durchs „Schicksal" unterbundene, Vorhaben abwerten.

Nicht nur, dass wir vom Aufstehen bis zum Schlafengehen ständig Entscheidungen treffen müssen, wir müssen uns auch noch mit den Konsequenzen unserer Entscheidungen herumschlagen. Das ist beinharte Kopfarbeit mit Überstunden, die nicht abgegolten werden! Und keine Gewerkschaft rührt hier auch nur ein Ohr! Aber wenn wir Menschen selbstbestimmt sein möchten, müssen wir die „Qual der Wahl" aushalten.

Wobei jedem natürlich die Möglichkeit offenbleibt, das Orakel zu befragen. Aber auch dazu muss man die Entscheidung treffen, dies zu tun, anstatt selbst nachzudenken. Liest man die Geschichte des Orakels zu Delphi nach, war es aber auf diese Weise auch nicht einfach, zu einem Rat zu kommen. Denn bevor das Orakel sprach, bedurfte es eines Vorzeichens, des sogenannten Omens. Dazu wurde eine Ziege von einem Oberpriester mit eiskaltem Wasser angespritzt. War der Ziege das egal und blieb sie dabei völlig gelassen, fiel das Orakel aus und die Ratsuchenden mussten ein Monat später wieder kommen. Beutelte sie sich jedoch angewidert von der Nässe, so wurde die arme Ziege geschlachtet, geopfert und das Orakel durfte befragt werden.

Wenn alle „Omenziegen" das Gemüt meiner wasserresistenten Katze gehabt hätten, wäre das Orakel nie befragt worden und all die entscheidungsunfreudigen Wesen hätten die Qualen ihrer getroffenen Entscheidungen selbst zu tragen gehabt und die Ziegen hätten glücklich weitermeckern dürfen.

„Wenn das Wörtchen wenn nicht wäre – wären wir alle Millionäre!" Dieses Sprichwort besagt, dass der Mensch das Wort „wenn" oft dazu benutzt, um verpassten Chancen nachzutrauern, weil er zum Beispiel eine andere Entscheidung getroffen hat.

Wenn ich die richtigen Lottozahlen erwischt hätte, ...

Wenn ich besser aufgepasst hätte, ...

Wir kennen den Gebrauch des Wörtchens „wenn" in dieser Form vermutlich alle, aber jene Menschen, die es ständig einsetzen, machen sich damit nicht froh. Manche von ihnen sind beim „Wenn-Denken" jedoch auch sehr unbedarft oder gar unverschämt, wie diese bekannte Geschichte zeigt: „Ein armer, gläubiger Mann betet zu Gott: ‚Lieber Gott, bitte lass mich im Lotto gewinnen.' Am nächsten Tag betet er wieder: ‚Herr, bitte mach, dass ich im Lotto gewinne.' So geht das Tag für Tag. Nach einem Jahr betet der Mann immer noch: ‚Lieber Gott, bitte lass mich auch mal im Lotto gewinnen.' Nichts passiert. Der Mann betet tapfer weiter, dann erhellt sich plötzlich der Raum und eine tiefe, laute Stimme spricht zu ihm: ‚Lieber Mann, gib mir eine Chance, kauf dir endlich einen Lottoschein!'"

Niemand kann jegliche Verantwortung, eine Entscheidung zu treffen und einen Entschluss zu fassen, an sein Umfeld abtreten, ein bisschen Eigeninitiative ist immer notwendig.

Einer bestimmten Gruppe von Entscheidungen geht ein sogenanntes „Problem" voraus. Ich verstehe den Begriff „Problem" als neutralen Begriff. Probleme sind somit weder gut noch schlecht, sondern es sind Aufgabenstellungen oder zu lösende Sachverhalte. Meine Lieblingsdefinition von „Problem" beschreibt dieses Zitat unbekannten Ursprungs: *„Probleme sind Lösungen in Arbeitshosen."*

Die Wirtschaftspsychologie quillt nahezu über von Methoden für Problemlösungen und Entscheidungsfindungen, besonders im Team. Eine davon möchte ich Ihnen hier vorstellen, da ich sie als hilfreich erachte und heiter empfinde. Man kann sie auch ohne Team und beruflich wie privat einsetzen. Es ist die „6 Hut Methode" von Eduard de Bono. Das „6 Hut Denken" fördert ein flexibles Umdenken, weil man dabei Sachverhalte von verschiedenen Perspektiven betrachtet. Der Gedanke dahinter ist, dass jedem Menschen für eine bestimmte Denkrichtung, symbolhaft ausgedrückt, ein Hut zu Verfügung steht. Sechs ausgewählten Denkrichtungen ist jeweils eine Hutfarbe zugeordnet:

Weißer Hut – Objektivität und Neutralität

Bedeckt mit diesem Hut, geht es darum Informationen zu sammeln, ohne diese zu werten. Es zählen Fakten und Zahlen und der Kopf soll frei sein von Emotionen oder Urteilen. Hier hat die eigene Meinung nichts zu suchen. Es ist sinnvoll, diesen Hut zu Beginn einer Problemlösung aufzusetzen, da diese Art des Denkens dazu beiträgt, einen Überblick über den Sachverhalt zu bekommen.

Roter Hut – ganz persönliche Meinung und subjektives Empfinden

Unter diesem Hut darf man seinen Gefühlen freien Lauf lassen. Hohe Atlantikwellen der Emotion dürfen hier tosen. Die Gischt der Wellen kann positive wie negative Gefühle versprühen. Das Bauchgefühl darf den Kopf überbrüllen – der Intuition sind keine Grenzen gesetzt. Die Aussagen, die man dabei tätigt oder aufschreibt, müssen weder logisch, noch für andere nachvollziehbar sein. Es sind keinerlei Erklärungen oder Rechtfertigungen nötig.

Schwarzer Hut – objektive negative Aspekte (sachliche Risiken, Bedenken, Zweifel)

Ein schwieriger Hut, denn es geht dabei darum, sachlich Risiken des Problems zu entlarven, ohne jedoch die Objektivität zu verlieren. Objektive Bedenken und Zweifel anzumelden. Also man soll sich keine Endzeitfantasien „heraufkatastrophisieren", sondern nur bei möglichen negativen Fakten bleiben. Ähnlich einem Worst-Case-Szenario oder einer Risikoanalyse. Dieses betrifft vor allem „technische" Aspekte einer zeitlichen Entwicklung. Wie zum Beispiel den Fall eines Systemversagens, widrige äußere Umstände und die daraus resultierenden Folgen, die dann zu bewältigen sind. Gefühle haben dabei „Lokalverbot".

Gelber Hut – objektive positive Aspekte

Auch nicht der einfachste Hut, obwohl er sich mit den positiven Seiten beschäftigt, da ebenfalls das „Lokalverbot" für Gefühle bestehen bleibt. Hier gilt es unter Einsatz des kreativen Denkens Chancen und Pluspunkte zu entdecken, sowie realistische Erwartungen und erstrebenswerte Ziele zu formulieren. Es sollen dabei jedoch keine Ideen geboren, sondern nur bereits bestehende positive Fakten aufgespürt werden.

Grüner Hut – Alternativen, neue Ideen kreieren

Schlüpfe ich unter diesen Hut, sind meiner Fantasie und Kreativität keine Grenze gesetzt. Ich begebe mich auf eine Entdeckungsreise, um Alternativen und „Neuland" zu finden und weit über „den Tellerrand" hinauszudenken. Mein Hirn darf alle Verrücktheiten der Welt erschaffen. Die Realität kann mal Pause machen. Der grüne Hut bietet das optimale Klima für Ideenwachstum.

Blauer Hut – Organisation, Kontrolle

Die ideale Kopfbedeckung, wenn man bei klarer Sicht auf dem Berggipfel steht und alles überblicken kann. Trägt man ihn, so soll man damit den Überblick über das Gesamtgeschehen finden. Die bereits erarbeiteten Ergebnisse werden zusammengefasst und einer Art „Produktkontrolle" unterzogen. Unbrauchbares wird aussortiert und es wird überlegt, welcher Hut nochmals zum Einsatz kommen soll. Man kann den blauen Hut auch als „Moderator-Hut" betrachten.

Vermutlich wird niemand diese Methode einsetzen, um zu entscheiden, welches Duschbad oder Brot man beispielsweise wählen soll, sondern dann, wenn größere Entscheidungen anstehen. Aber ein Wechsel zwischen den verschiedenen Perspektiven bringt in jeden Entscheidungsfindungsprozess, bei dem man ins Stocken gerät oder Zweifel verspürt, frischen Wind.

Setzt man die 6-Hut-Methode als Einzelperson ein, um sich an eine Entscheidung heranzuarbeiten, so steht es

Ihnen natürlich frei, sich den jeweiligen färbigen Hut aufzusetzen. Hierzu finden Sie bei Bedarf im Internet unter http://basteln.kidsaction.de/clips/falten.htm auch die entsprechende Faltanleitung, um sich sechs schicke Schiffchenhüte zu basteln. Möchten Sie jedoch keine imaginative Reise in Kindheitstage unternehmen, bei der Sie Hüte falten, können Sie auch nur Papierblätter mit den Hutfarben kennzeichnen, auf denen sie dann Ihre jeweiligen Gedanken festhalten. Und wieder steht eine Entscheidung an!

Diese Entscheidung ist eine „Ja-Nein-Entscheidung" und Sie können diese auch mit der „Himmel & Hölle"-Methode lösen. Kennen Sie das Spiel aus Kindertagen? Eine Erinnerungsauffrischung und Faltenanleitung finden Sie auf der zuvor angeführten Webseite. Statt jedoch die Flächen in Blau und Rot anzumalen, schreiben Sie ein Ja und ein Nein darauf, drehen das kleine Origami hinter Ihrem Rücken einige Male und klappen dann, unter großer Spannung, den gewählten Schlitz auf. Oh – da müssen Sie ja schon wieder entscheiden!

12. Welche Streiche spielt uns das Gedächtnis?

Max und Moritz, eine Bubengeschichte, in sieben brutalen Streichen von Wilhelm Busch hat den Refrain „Dieses war der erste Streich, doch der zweite folgt sogleich", hin bis zum siebten und letzten Streich, der für die beiden tödlich endet, denn sie werden fein geschrotet von des Müllers Federvieh verzehrt. Die Trauer über das Schicksal der beiden hält sich im Dorf in Grenzen, schon eher könnte man von Freude sprechen: „Gott sei Dank! Nun ist‘s vorbei, mit der Übeltäterei!“

Können Sie sich noch erinnern, welche sieben Streiche die beiden ihren Mitmenschen gespielt haben – oder spielt Ihnen Ihr Gedächtnis dabei einen Streich? Als Streich wird eine mutwillige oder (hinter)listige Handlung gegen andere bezeichnet. Das Gedächtnis spielt seine Streiche zwar nur seinem Besitzer, jedoch können die Folgen hin und wieder auch für andere unangenehm sein.

Sie haben nun eine weitere Chance, ihr übermütiges Gedächtnis zu prüfen, indem Sie versuchen, sich an das Märchen vom tapferen Schneiderlein zu erinnern. „7 auf einen Streich“ hatte es sich in seinen Gürtel gestickt. Spielt Ihr Gedächtnis nun mit und Sie können die Einzelheiten des Märchens abrufen, oder spielt es Ihnen einen Streich?

Ich musste nachlesen, da mir nur Bruchstücke erinnerlich waren. Die Fliegen, das Einhorn und die Listigkeit des Schneiders. Jedoch weiß ich, dass mein Gedächtnis sehr streichfreudig ist. Nicht nur, dass es mit diebischer Freude das Abrufen des Einmaleins verweigert, schreibt es auch Filmdrehbücher um. Es begnügt sich jedoch nur mit dem Ändern des Filmendes, dieses gestaltet es so, wie es ihm beliebt.

Wenn sich das Gedächtnis bei seiner Umgestaltung von Tatsachen nur auf Filme beschränkt, ist es harmlos, verändert es diese jedoch auch in der Realität, dann kann das gefährlich sein. So wurde 1984 ein Mann in den USA, obwohl er unschuldig war, zu lebenslanger Haft verurteilt, weil ihn das Opfer einer Vergewaltigung in voller Überzeugung als den Täter identifizierte. Diese Frau, Jennifer Thompson, hatte versucht, sich während der Vergewaltigung alle Einzelheiten im Gesicht des Täters einzuprägen, damit sie im Falle, dass sie überlebt, dazu beitragen kann, den Täter zu identifizieren und hinter Gitter zu bringen.

Bei der Polizei bekam sie einen Katalog mit Hunderten von Fotos zur Durchsicht vorgelegt. Sie identifizierte, wie sie sagte, ohne jedes Zögern und mit 100-prozentiger Sicherheit einen Mann namens Ronald Cotton. Erst viele Jahre später wurde durch DNS-Analysen seine Unschuld festgestellt.

In der Aussagenpsychologie wurden Quellen solch verzerrter Gedächtnisurteile erforscht und werden nun auch in der Befragung von Opfern und ZeugInnen berücksichtigt: Informationen, die nach dem Ereignis vom Umfeld gegeben werden, verfälschen die Erinnerung (das wären in diesem Fall auch die zahlreichen Fotos, die Frau Thompson vorgelegt wurden). Suggestive Frageformulierungen können in der Abrufphase von Gedächtnisinhalten zur Verzerrung beitragen. Quantitative Zeitschätzungen sind besonders fehleranfällig. Reduzierte Aufmerksamkeit in der Einprägungsphase von Gedächtnisinhalten kann dazu führen, dass beim Abrufen keine Reproduktion, sondern eine Rekonstruktion erfolgt. Zum Füllen von Lücken wird auf Schemata und Stereotype zurückgegriffen. Und die Fantasietätigkeit unseres Gehirns kann zu Scheinerinnerungen von Ereignissen führen. So können lange zurückliegende verdrängte traumatische Erinnerungen wiederbelebt und mit dem aktuellen Ereignis verknüpft werden.

Solche Streiche, die uns unser Gedächtnis spielt, stehen in puncto Grausamkeit denen von Max und Moritz um nichts nach. Der Unterschied ist jedoch: Es geschieht nicht mutwillig. Jedoch kann der Mensch das Weiterfließen einer dieser Quellen mit einem Staudamm aus Fakten wenigstens ein klein wenig unterbinden. Das sind Suggestivfragen, für die es selten einen plausiblen Grund geben kann!

Suggestive Fragen verleiten ZeugInnen zu Falschaussagen, in der Psychotherapie rufen sie bei KlientInnen falsche Erinnerungen hervor und bei Kindern führen sie zu einem Desaster der Verwirrung und Verunsicherung. Unser Gedächtnis schlägt von sich aus schon genug Kapriolen, da braucht es dazu nicht auch noch Anregung von außen. Intelligente Menschen trainieren daher täglich ihr Gedächtnis. Sie wollen doch sicher auch Ihr Gedächtnis regelmäßig trainieren? Das war jetzt ein Beispiel für eine Suggestivfrage.

Unser Gedächtnis trickst nicht nur, sondern hat auch Humor und ist der Ansicht, dass es wie das tapfere Schneiderlein am besten Sieben auf einen Streich erledigen kann. Natürlich nicht Sieben Fliegen, sondern sieben „Chunks". Der Begriff „Chunk" bezeichnet eine Informationseinheit, in der mehrere Elemente zu einer einzelnen Bedeutung zusammengefasst werden. Unsere Gedächtnisspanne hat einen Umfang von sieben plus/minus zwei „Chunks". Das können nun einzelne Zahlen, Konsonanten, sinnlose Silben (sogenannte KVK-Trigramme wie z.B. xad, sux, zon) sein oder unser Gehirn macht aus vielen unzusammenhängenden Einzelinformationen (z.B. aus Buchstaben) eine einzelne Information „höherer Ordnung" (z.B. ein Wort).

Stellen Sie sich vor, Sie bekommen nun Buchstabenreihen in unterschiedlicher Länge einmal vorgelesen und müssen diese dann wiedergeben. Bei V D S schafft man das noch problemlos, schwieriger wird es bei Q V I Z T S. Eine Buchstabensequenz von acht Buchstaben ist nicht mehr so leicht zu merken und kann schon zu Unsicherheiten beim Reproduzieren führen, wie z.B. K N E N G D E A.

Spielen wir nun mit diesen Buchstaben Scrabble, meiner Generation vielleicht noch aus ihren Kindheitstagen als *Typ Dom* bekannt (Sie erinnnern sich?). Flugs wird daraus das Wort G E D A N K E N und schon hätten wir kein Problem mehr, diese acht Buchstaben korrekt wiederzugeben. Das ist möglich, wenn wir aus unzusammenhängenden Einzelinformationen, wie Buchstaben, eine Information „höherer Ordnung", also ein Wort, machen. Diesen Vorgang nennt man „Chunking".

Auf eine ähnliche Weise funktioniert auch die sogenannte „Eselsbrücke", eine Merkhilfe, die zu den Mnemotechniken zählt. Es soll angeblich auch Merkhilfen geben, mit deren Hilfe man sich an ganze Bücher, Listen mit Tausenden von Wörtern oder tausendstellige Zahlen sicher erinnern kann.

Jedoch auch trotz Merkhilfen kann das Gedächtnis Streiche spielen. Was nützt mir beispielsweise zum Merken der Reihenfolge der Planeten von der Sonne aus, der Satz „**M**ein **V**ater **e**rklärt **m**ir **j**eden **S**onntag **u**nseren **N**achthimmel", wenn ich mir die Namen der Planeten nicht gemerkt habe?

Anders verhält es sich zum Beispiel mit der Eselsbrücke für konkav und konvex, um sich die Wölbungsrichtung zu merken. Diese Brücke führt uns zu einem eindeutigen und klaren Ergebnis und macht Gedächtnis samt BesitzerIn zufrieden.

Der Teller:
Konkav, da bleibt die Suppe brav,
konvex, da macht die Suppe klecks.

Wie übermütig ist jedoch unser Gedächtnis, wenn es uns in einer völlig neuen Situation plötzlich vermittelt, dies alles schon genau zu kennen oder schon einmal erlebt zu haben. Oft reicht ein flüchtiger Input, wie ein Ausspruch oder Anblick, um das Empfinden auszulösen, etwas Vertrautes zu erleben oder wiederzuerkennen – ein „Déjà-vu" zu erleben. Der Unterschied zu normalen Erinnerungen ist, dass wir spüren, dass die Vertrautheit mit der Situation, die wir gerade erleben, nicht wirklich echt ist. Auch können wir trotz intensiver Nachforschungen in unseren „grauen Zellen“ nie genau zuordnen, wann und wo wir diese Situation schon erlebt haben. Oft während des Déjà-vus meint man, für die nächsten Sekundenbruchteile den weiteren Verlauf der Situation vorhersagen zu können. Das alles gibt dem Déjà-vus eine sehr geheimnisvolle und mystische Aura. Jedoch nach wenigen, höchstens sechzig, Sekunden verfliegt die Magie dieses Augenblicks und das eigenartige Gefühl, etwas Vertrautes und Bekanntes zu erleben, verflüchtigt sich wieder.

Wie genau Déjà-vu-Erlebnisse zustande kommen, ist bis heute noch ungeklärt, obwohl in der Forschung fleißig daran gearbeitet wird. Was man weiß, ist, dass Déjà-vus oft dann auftreten, wenn man übermüdet ist oder Stress ausgesetzt ist, und dass sie kein Zeichen einer seelischen Erkrankung sind. Interessant ist, dass Neurowissenschaftler feststellten, dass der Hippocampus, das ist jene Hirnregion, die für das Erinnern zuständig ist, bei Déjà-vus völlig inaktiv bleibt. Bei echten Erinnerungen hingegen findet dort ein wahres Neuronenfeuerwerk statt.

Warum dann trotzdem das Gefühl der Vertrautheit entsteht, dafür haben die Forscher nur eine recht schwammige Erklärung: Hirnmax und Denkmoritz spielen einen ihrer Streiche und leiten Hirnströme in falsche Kanäle. Der Hirnstrom, der altbekanntes Treibgut transportiert, und der Hirnstrom, in dem Neues strömt, können dann nicht mehr voneinander unterschieden werden und so kommt es zum Gefühl „illusionärer Vertrautheit“ und Hirnmax und Denkmoritz „lachen sich ins Neuronchen“.

Über die Wirksamkeit eines weiteren Streichs zerkugeln sich die beiden vor lauter Lachen immer wieder aufs Neue: Unser Gedächtnis lässt sich mit gefälschten Fotos manipulieren. Dieses Phänomen ist ein Geschwister der verzerrten Gedächtnisurteile bei Zeugenaussagen, die zu Beginn dieses Kapitels beschrieben wurden.

An der University of Washington in Seattle schufen Forscher für ein Experiment eine Fotomontage mit einem Kindheitsporträt der jeweiligen ProbandInnen mit deren Vätern und fügten dieses in das Bild eines Heißluftballons ein. Es erinnerte sich daraufhin jede zweite Versuchsperson an diese Ballonfahrt, die nie stattgefunden hatte. Anderen VersuchsteilnehmerInnen wurde mit ähnlich manipuliertem Material vorgetäuscht, dass sie als Kinder beim Ballspiel ein Fenster eingeschlagen oder bei einer Hochzeit den Punsch über die Festtagskleidung der Gäste gegossen hätten. Auch diese Täuschung funktionierte so gut wie die andere.

Durch die neuen Erkenntnisse der Wissenschaft weiß man mittlerweile, dass unser Gehirn nicht mit einer Festplatte verglichen werden kann, die „dumpfdigital" die Daten unseres Lebens speichert. Das menschliche Hirn ist ein höchst aktives Organ, das Erinnerungen filtert, berichtigt, überarbeitet, aktualisiert und verbessert, zwar manchmal auch erfindet und sich eben auch leicht manipulieren lässt.

Unser Gedächtnis gleicht einem Haus, in dem mäßig beaufsichtigte Bauarbeiter ständig Wände einreißen und Erker anbauen, Tapeten wechseln und neue Bilder aufhängen – und gelegentlich etwas unter den Teppich kehren. Deshalb werden Urlaubstage mit jedem Diaabend schöner, erscheinen selbst fragwürdige Lebensentscheidungen im Rückblick sinnvoll und ist Zeugen vor Gericht nur bedingt zu trauen. (Andrea Schuhmacher)

Sollten Sie sich nur an bruchstückhafte Sequenzen aus ihren frühen Kindertagen erinnern, so ist das kein Grund zur Sorge. Das spricht weder für eine schlimme Kindheit, an die man sich nicht erinnern will, noch für ein schlecht funktionierendes Gedächtnis. Es ist ein normaler Vorgang, denn erst im dritten Lebensjahr beginnen sich langsam das Ich und sein Gedächtnis zu entwickeln, welches anfangs auch noch recht unzuverlässig funktioniert.

Das könnte der Grund dafür sein, dass wir im Erwachsenenalter oft nicht unterscheiden können, ob Erinnerungen aus Kleinkindtagen selbst von uns erlebt wurden oder ob sie auf Erzählungen anderer beruhen.

Hingegen soll die Zeit der Jugend und des jungen Erwachsenenalters in einem regelrechten Erinnerungsbunker gespeichert sein, dessen Quelle bis ins hohe Alter nicht versiegt. Erlebtes, das zwischen dem fünfzehnten und fünfundzwanzigsten Lebensjahr als sogenanntes Erstereignis stattfinden ist oft mit sehr intensiven Emotionen gekoppelt. Gefühle gelten als hervorragende Gedächtnisverstärker, da sie filtern, bewerten und herausheben, was erinnert und mit den bestehenden Erinnerungen verknüpft werden soll. So aktivieren sie verschiedene Hirnsysteme und tun das ihre dazu, damit wir passende Gedankenketten bilden.

Ereignisse wie beispielsweise die erste Liebe, der Schulabschluss, der Arbeitsbeginn, die Lehre, das erste Auto, die Studentenzeit, der Auszug aus dem Elternhaus, Heirat oder das erste Kind haben intensive Auswirkungen auf das weitere Leben und sind daher sehr emotional gefärbt.

Auch wenn diese Zeit gut erinnert wird, heißt das jedoch nicht, dass sie korrekt erinnert wird. So ergaben Umfragen, dass so mancher Mensch dazu neigt, die eigenen Geschichten manchmal ein bisschen zu stylen, um sie interessanter zu machen, und den Rest der Flunkerei erledigt unser Gedächtnis. Oder sollten wir unser Gedächtnis als Meister der Schönheitschirurgie betrachten? Dem ist leider nicht so, denn es gibt genug Menschen, die unter traumatischen Erinnerungen leiden und diese nicht schön färben können, sondern von grauenhaften Flashbacks heimgesucht werden. Egal ob diese nun verzerrte Erinnerungen in sich bergen oder nicht – das Grauen bleibt grauenvoll.

Es gilt als gesichertes Ergebnis der Gedächtnisforschung, dass sich die Erinnerung mit der Zeit immer weiter von den Tatsachen entfernt und bei jedem Abruf eine Veränderung erfährt. Das ist eine Tatsache, ich flunkere nicht und mein Gedächtnis auch nicht, denn ich habe es eben nachgelesen. Das soll jetzt auch keine Umformulierung des Begriffs Lügen werden. Auch wenn Menschen, die notorisch lügen, ihre Lügen oft selbst glauben, können sie sich nicht auf Streiche des Gedächtnisses ausreden. Lügen geschieht meist bewusst, um einen Vorteil zu erlangen, einen Fehler zu kaschieren und so einer negativen Konsequenz zu entgehen. Zwar wird auch oft aus Höflichkeit, Scham, Angst oder zum Schutz der eigenen oder anderer Personen gelogen – aber wir wissen dabei sehr wohl um die Wahrheit.

Flunkert ein Mensch, der behauptet, er könne mehrere Dinge gleichzeitig tun? Diese Frage ist mit keinem Ja oder Nein zu beantworten. Es soll Menschen geben, die in der Lage sind, mehrere Dinge gleichzeitig zu tun, ohne dass ihnen dabei das Gedächtnis Streiche spielt. Auch sollen Frauen angeblich bessere MultitaskerInnen sein als Männer. Ich bezweifle, dass Frauen grundsätzlich besser dazu in der Lage sind, sonder vermute eher, dass Frauen infolge ihrer Rolle in unserer Gesellschaft häufiger dazu gezwungen sind, diese Fertigkeit zu trainieren. Oder denken Sie, dass eine Frau, die arbeiten geht, den Haushalt versorgt,

Kinder großzieht, eine Familie beglückt und alles erledigt, was sonst noch so anfällt, oft in den Genuss kommt, eine Sache nach der anderen durchzuführen?

So zeigen die Ergebnisse der Wissenschaft, dass übertriebenes Multitasking zu negativen Veränderungen der kognitiven Fähigkeiten beiträgt und so zu einer künstlich herbeigeführten Aufmerksamkeitsschwäche führt, die ähnliche Symptome wie die klassische Aufmerksamkeitsdefizit- und Hyperaktivitätsstörung hervorruft. Die Qualität der Arbeit verringert sich, die Reaktionsfähigkeit reduziert sich und der Körper produziert vermehrt Stresshormone. Es kann auch gefährlich werden, denn wenn zum Beispiel AutofahrerInnen telefonieren und das Auto vor ihnen plötzlich bremst, reagiert das Gehirn träge. Das Gehirn dessen, der telefoniert, nicht das des Bremsenden oder des Autos! Je ähnlicher die Gehirnregionen sind, die für die unterschiedlichen Tätigkeiten zuständig sind, desto mehr Streiche spielt das Gehirn. So ist es beispielsweise aussichtslos, zu telefonieren und dabei gleichzeitig einen Text über ein anderes Thema zu schreiben, oder in einem Restaurant mit ihrem Gegenüber ein angeregtes Gespräch zu führen und gleichzeitig das Gespräch am Nachbarstisch zu belauschen. Abgesehen davon, dass es unhöflich ist, wird man beim Reden ins Stocken geraten und das nicht nur deshalb, weil bekanntlich „kleine Sünden sofort bestraft werden".

Motorische Tätigkeiten und Sprache vertragen sich da schon besser, wenn erstere nicht über Routinehandlungen oder Automatismen hinausgehen. Entferne ich im Gespräch ein Katzenhaar von meiner Kleidung oder rücke meine Brille zurecht, so werde ich nicht ins Stottern kommen. Versuche ich jedoch in unwegsamem Gelände flott zu laufen und dabei Rätselfragen von LaufkollegInnen zu beantworten, werde ich vermutlich nicht sehr erfolgreich sein – weder beim Laufen noch beim Denken.

So scheint es, als sei der Mensch für das Multitasking nicht geschaffen, auch wenn es WissenschafterInnen gibt, die das bezweifeln und meinen, es sei durchaus trainierbar. Ich denke, es kann in keinem Fall schaden, Achtsamkeit zu trainieren, zumal diese auch eine Grundvoraussetzung für das echte Genießen ist, wie in meinem Buch „Mit allen Sinnen leben. Tägliches Genusstraining“ ausführlich beschrieben ist. Achtsamkeit hilft auch dabei, einige Streiche, die unser Gedächtnis spielt, zu verhindern. Hierzu zitiere ich einige meiner Lieblingsstellen aus dem Buch „Menschliches Versagen“ von James Reason: „Ich fing gerade an, Tee zuzubereiten, da hörte ich die Katze an der Küchentüre nach etwas zu fressen schreien. Ich öffnete eine Dose Katzenfutter und fing an, den Inhalt in die Teekanne zu löffeln statt in die Katzenschale.“

„Bei der eiligen Bemühung, die Hausarbeit abzuschließen und ein Bad zu nehmen, stellte ich die Pflanzen, die ins Wohnzimmer sollten, ins Schlafzimmer und legte meine Unterwäsche ins Wohnzimmerfenster.“

„Ich hatte gerade ein Telefongespräch beendet, als meine Sekretärin einige Besucher hereinführte. Ich stand hinter dem Schreibtisch auf, ging mit ausgestreckter Hand auf sie zu, um sie zu begrüßen, und sagte ‚Schmidt am Apparat‘.“

Erahnen Sie, warum es meine Lieblingsstellen sind? Nun ja, ich bin selbst nicht gerade multitaskingfähig und wenn es die Situation doch einmal erfordert, dann passieren mir ähnliche Patzer. Wenn es mir in diesen Momenten auch an Achtsamkeit mangelt, so finde ich danach trotzdem Genuss daran – dann, wenn ich über meine eigenen Fehlleistungen herzhaft lachen kann.

Auch die sogenannten Freud'schen Versprecher zählen zu den Gedächtnisstreichen und sind ebenfalls oft sehr heiter. Zwar bin ich nicht der Ansicht, dass sie unterdrückte Impulse des Unbewussten verraten, aber das Ergebnis des Streichs kann hin und wieder durchaus peinlich sein. So sagte ich einmal am Telefon zu einer Mutter, deren Kind sehr häufig in die Hose pinkelte und die sich deswegen schämte und sich Gedanken darüber machte, was die anderen wohl über ihr Kind denken könnten: „Aber Frau Mustermann, wer soll denn wissen, dass Ihr Kind dieses Problem hat? Sie pinkeln sich das ja nicht auf die Stirn." Kaum war der Satz meinen Lippen entfleucht, nahm ich den Versprecher wahr, korrigierte den Satz auf „Sie schreiben sich das ja nicht auf die Stirn". Ich entschuldigte mich auch für diesen Patzer, da ich Sorge hatte, die Frau damit gekränkt zu haben. Aber trotzdem konnte ich vor unterdrücktem Lachen kaum mehr sprechen. Wollte mir da mein Unbewusstes etwas mitteilen, oder war ich nur unachtsam? Auf jeden Fall ist meinem Gedächtnis der Streich gut gelungen!

13. Denkverbote und Denkblockaden

Denken Sie jetzt keinesfalls an einen rosa Elefanten. Sie dürfen weder an einen rosa Elefanten denken, noch dürfen Sie sich einen rosa Elefanten bildlich vorstellen. Werden Sie das schaffen, mindestens zwei Minuten an keinen rosa Elefanten zu denken? Kann doch nicht schwer sein, zumal es ja keinen rosa Elefanten in der Natur gibt. Wo gibt es denn überhaupt rosa Elefanten? Der Elefant in der „Sendung mit der Maus" ist blau, nicht rosa. Benjamin Blümchen hat eine normale Elefantenfarbe. Es gibt somit keinen rosa Elefanten, der in Ihrer Erinnerung auftauchen könnte – oder doch? Aber nicht jetzt, denn Sie dürfen noch nicht an einen rosa Elefanten denken.

Es gibt Menschen, die diese Denkverbote mit bestimmten Techniken der Ablenkung wirklich einhalten können. Den meisten jedoch gelingt das nicht, denn unser Gehirn lässt sich nicht gerne etwas verbieten. Es reagiert darauf wie kleine Kinder im Trotzalter: Jetzt erst recht! Und so kann es sein, dass Sie nun ein großer pinkfärbiger (denn rosa kann viele Töne haben) Elefant, der vielleicht dem Ottifanten oder sonstigen in ihrem Gedächtnis gespeicherten Elefanten ähnelt, für eine Zeit imaginär begleitet. Aber dieser große Elefant mit seinem langen rosa Rüssel ist ein harmloser Geselle. Er ist nicht anstößig und somit unterliegt er nicht den durch Kultur und Erziehung auferlegten Denkverboten. Es sei denn, der Satz mit dem „langen rosa Rüssel" hat bei Ihnen Assoziationen mit einem Penis hervorgerufen. Das wäre aber auch nur dann anstößig, wenn wir es uns verbieten, sexuelle Fantasien haben zu dürfen. Wobei der Penis an und für sich noch nichts Sexuelles ist, sondern schlicht und einfach das männliche Geschlechtsorgan. Alles, was ihn zum Sexualobjekt macht, sind unsere Gedanken und Vorstellungen. Und diese sind je nach Kultur mehr oder weniger mit einem Tabu belegt und haben in der Öffentlichkeit nichts zu suchen. Man spricht nicht darüber, es ist etwas Intimes. Gegen die Intimität der Sexualität ist nichts einzuwenden, jedoch gegen die „Verschmutzung" der Sexualität sehr wohl, denn das engt ein und gebiert Schuldgefühle. Wenn jemand nach moralischen Standpunkten „schmutzige" Gedanken denkt, so denkt er an etwas Verbotenes und schon ist es da, das Denkverbot. Unsere Gesellschaft ist in sexuellen Fragen zwar schon etwas liberaler geworden und die persönliche sexuelle Erfüllung gilt als hoher Wert. Jedoch sind die Grenzen zwischen erlaubt und verboten oft fließend und jeder Einzelne muss sich alleine damit herumschlagen und diese für sich selbst immer wieder neu definieren. Manche Menschen sind mit dieser Aufgabe infolge ihrer Lebensgeschichte auch überfordert und tendieren dann dazu, sich sexuelle Gedanken völlig zu verbieten, ohne die Folgen von Denkverboten zu bedenken. Heftig und unzensiert überschwemmen diese dann das Denken! Warum dann also nicht gleich, nach dem Motto „Gedanken sind frei", den sexuellen Fantasien freien Lauf lassen und Genuss haben? Auch ist niemand sexuell fixiert oder abartig, wenn er beispielsweise Pinien, Leuchttürmen, Obelisken oder sonstige ähnliche Gebilde als phallusartig wahrnimmt. Oder Blütenformen in Zusammenhang mit einer Vagina bringt oder bei dem Ausspruch „... mit Möpsen drauf" an weibliche Brüste denkt. Die prominente Person, die in der Adventzeit 2009 im österreichischen Rundfunk die Aussage „weiß, mit Möpsen drauf" getätigt hat, hat damit nur die Farbe und den tierischen Schmuck ihres Adventskranzes beschrieben, an Brüste gedacht haben alle anderen, die bei dieser Aussage kicherten. Jene, die daraus einen Song kreierten, und die Abertausende, die hellauf begeistert diesen Song immer wieder anhörten. Sind nun alle sexuell abartig?

Freud sprach seinerzeit von den drei Instanzen des psychischen Apparats. Auch wenn man nicht seiner Schule angehört oder sogar seine Theorien ablehnt, diese drei Instanzen sind etwas sehr Handfestes und Brauchbares. Es handelt sich dabei um das Überich, das Ich und das Es. Ich beschreibe Ihnen diese drei Instanzen jetzt kurz mit eigenen hochpsychologischen statt tief(en)psychologischen Worten:

Das Überich ist unser Gewissen, unser Moralverständnis oder unsere TÜV-Plakette. Dieses ist je nach Erziehung, Lebensgeschichte und Persönlichkeit eines Menschen mehr oder weniger stark ausgeprägt. Wenn es bei einer Person nahezu abwesend ist, ist das sehr schlecht für die anderen Menschen, denn dieser Mensch ist gefährlich für andere. Weist das Überich eines Menschen stahlhart trainierte BodybuilderInnenmuskeln auf, so ist das wiederum sehr schlecht für diesen Menschen, denn dieser Mensch ist auch stahlhart zu sich selbst und somit gefährlich für sich selbst.

Das Ich können Sie sich als viel denkende lebenserfahrene bodenständige MediatorIn oder DiplomatIn mit Hausverstand vorstellen. Es vermittelt zwischen den Forderungen des Es, den Ansprüchen der Realität sowie den belehrenden und vor Vernunft strotzenden Aussagen des Überich.

Das Es sind die Bedürfnisse, Gefühle und Wünsche des Menschen. Das Es ist etwas ungeschliffen, spontan bis impulsiv und hin und wieder etwas rücksichtslos. Es mag nicht gerne lange warten, sondern sofort in Erscheinung treten.

Sie können sich sicher gut vorstellen, dass diese drei Instanzen, infolge ihrer unterschiedlichen bis gegensätzlichen Anforderungen oft in Konflikt geraten. Wenn diese Konflikte nicht mehr zu bewältigen sind, schaltet der psychische Apparat auf Notstrom um. Notstrom bedeutet, dass die Abwehrmechanismen einsetzen. Einer davon nennt sich Verdrängung: Die Sache, die der Auslöser für den Konflikt war, wird in die hinterste Ecke der Abstellkammer gestopft und ein großer Kasten wird davor geschoben – es wird ins Unterbewusste befördert.

Manchmal ist Verdrängung recht hilfreich, jedoch nicht immer bringt dieser Vorgang den gewünschten Erfolg, denn es kostet unserer Psyche sehr viel Energie, diese Sache dort langfristig zu lagern. Sie schlummert auch keineswegs wie in einem Winterschlaf still vor sich hin, sondern nimmt das Verhalten eines Hefeteigs an, der unter optimalen Wärmebedingungen mehr und mehr und mehr wird. So macht sich diese Sache auf jeden Fall bemerkbar, zum Beispiel in Träumen und Fehlhandlungen. Ist die verdrängte Sache eine sehr große und tiefgreifende, so kann das Verdrängen auch zu psychischen Störungen führen. Unser Gehirn und unsere Psyche möchten sich Denkverbote nicht mal von den HausherrInnen auferlegen lassen.

In der Kunst werden „verpönte Gedanken" dazu genutzt, etwas aufzuzeigen, aufzurütteln oder über kulturelle Grenzen zu schreiten. Nicht alle Menschen sehen jedoch Kunst als Kunst: Das Schaffen von Hermann Nitsch lässt so manche Seele vor Entrüstung beben. Henry Millers Wendekreis des Krebses oder Werke von Charles Bukovski werden als pornografisch bezeichnet. Filme von R. W. Fassbinder oder David Lynch werden als abstoßend empfunden. Fotos von Robert Mapplethorpe oder Helmut Newton werden als höchst anstößig gesehen. Aber alles ist im Grunde nur der künstlerische Ausdruck von sogenannten „verbotenen Gedanken". Es entstammt der Fantasie von Menschen, die es wagen, öffentlich „Undenkbares" zu Ende zu denken.

Verbotenes und Undenkbares zu Ende gedacht, das wird auch in der Forschung und Wissenschaft. Oft weniger plakativ, aber deshalb nicht weniger revolutionär.

Es gibt auch zahlreiche „gefährliche" Alltagsgedanken, die wir alle kennen. So versuchen wir, wenn wir zum Beispiel dringlich auf die Toilette müssen, möglichst nicht daran zu denken. Wenn wir gerade dabei sind, unsere tägliche Kalorienmenge zu reduzieren, verdrängen wir den Gedanken an ein leckeres Essen. Wenn wir in einer ernsten Situation eine heitere Parodie entdecken, werden wir versuchen, nicht daran zu denken. Können Sie sich an

Situationen erinnern, in denen Sie versucht haben, nur ja nicht an DAS Lustige zu denken, damit Sie nicht zu lachen beginnen? Hat das Denkverbot gut geklappt?

Die iranische Regierung hat mittels groß angelegter Kampagnen versucht, das „westliche Denken“ aus dem öffentlichen Raum und aus den Köpfen der IranerInnen zu verbannen. Sie hätten stattdessen gleich eine „Göttlich ist der Westen“-Kampagne starten können, denn das Denkverbot westliche Gedanken betreffend, führte dazu, dass westliche Ideen wesentlich häufiger und intensiver in der Öffentlichkeit diskutiert wurden als vor dem Verbot.

Je mehr wir versuchen, Gedanken zu unterdrücken, umso aufdringlicher und aufsässiger werden sie. Was kann man gegen diese aufsässigen Gesellen nun tun?

Man lässt sie zu und spricht darüber. Studien belegen, dass Menschen, wenn sie über ihre beunruhigenden, unterdrückten Gedanken sprechen, sich danach emotional und körperlich besser fühlen. Nicht unbedingt mit dem Vorgesetzen, den KollegInnen oder der Postbotin, sondern mit Menschen, denen wir vertrauen können. Auch können Freunde, Partner oder Familienangehörige mit unseren Fantasien, Wünschen oder Obsessionen nicht unbedingt so umgehen, wie wir es uns wünschen würden. Denn wenn jemand intime sexuelle Szenarien, geheime Begierden und Wünsche oder aufs Fieseste ausgefeilte Rachefantasien kundtut, möchte er kein verstörtes, verständnisloses oder entsetztes Gegenüber, sondern Verständnis. Somit sind oft professionelle ZuhörerInnen, wie zum Beispiel PsychologInnen und PsychotherapeutInnen, eine hilfreiche Anlaufstelle, wenn jemand seine Denkverbote übertreten will.

Starke Emotionen können dazu beitragen, dass das Denken blockiert wird. Je nach Emotion und Situation ist das wohltuend oder unangenehm. Angst verhindert, dass wir auf logische Gedanken und auf unser Wissen zurückgreifen können – allgemein bekannt beispielsweise durch das Phänomen der Prüfungsangst, die zu einem Blackout führen kann. Starker Ärger und Wut haben die unangenehme Nebenwirkung, „coole“ Gedanken zu blockieren. Wenn Ärger und Wut dann verraucht sind, fallen einem plötzlich die besten Entgegnungen oder Handlungsmöglichkeiten ein. Freude hingegen hat die wonnige Eigenschaft, negative Gedanken zu verbannen. Und im Taumel der Lust ist das Gehirn fast lahmgelegt, da haben die Gefühle das Sagen. Und etwas ganz Herrliches ist es, wenn wir herzhaft lachen, so können wir dabei gleichzeitig an gar nichts denken. Unser Gehirn ist nämlich nur damit beschäftigt, ganz viele Glückshormone auszuschütten und dafür zu sorgen, dass wir uns gut fühlen und weiterlachen, bis wir kaum mehr Luft kriegen. Diese meditative und somit „hirnsäubernde“ Eigenschaft des Lachens, die zu Entspannung und Wohlbefinden beiträgt, nutzen auch das Lachyoga und die Lachmeditation.

Heitere Auswirkung haben auch manche Denkfallen, welche sich den Spaß machen, unsere Gedanken so zu verwirren, dass wir nicht mehr die richtigen Worte finden. Wenn man die Klassiker unter diesen Fallen gut kennt, verfängt man sich nicht so leicht darin. Jedoch werden Sie sicher das eine oder andere unbedarfte Opfer finden, um Denkfallen aufzustellen. Wichtig ist es, die Fragen rasch hintereinander zu stellen, damit keine Zeit zum Überlegen bleibt. Hier einige Beispiele:

1. Frage: *Was fließt in deinen Adern?*
Antwort: *Blut.*
2. Frage: *Was trinkt ein Vampir?*
Antwort: *Blut.*
3. Frage: *Was pumpt Dein Herz?*
Antwort: *Blut!*

Fangfrage: *Bei was gehst du über die Ampel?*

Die sehr häufig gegebene, jedoch falsche Antwort lautet dann: *Rot!*

Oder lassen Sie jemanden mehrmals schnell hintereinander Kabel sagen und fragen ihn sofort danach, womit man die Suppe isst.

Solche Denkfallen sind meist heiter – weniger heiter, sondern unangenehm können die kleinen Blackouts des Alltags sein. Den Namen einer Person vergessen, den wir sehr wohl wissen und auch nicht selten verwenden. Den Bankomatcode just in dem Augenblick nicht mehr korrekt eingeben zu können, wenn wir eine lange Menschenschlange an der Kasse hinter uns haben und wir den sorgenvollen Blick der Kassierin auch noch als „Wer weiß, ob die Karte nicht geklaut ist" interpretieren. Oder ein Wort „auf der Zunge liegen zu haben", jedoch springen nur lauter ähnliche Wörter von der Zunge, nur nicht das bestimmte. Diese ähnlichen Begriffe hemmen das Abrufen des korrekten Worts umso mehr, je mehr wir uns durch Zuhilfenahme von Ähnlichkeiten anstrengen, es doch zu erinnern. Solche Blackouts sind nicht unweigerlich die ersten Anzeichen einer Demenzerkrankung, sondern passieren auch völlig gesunden Menschen, wenn diese unter Zeitdruck stehen oder Probleme „wälzen" – also unter Anspannung und Stress stehen.

Blockiert sind Gedanken auch beim Gedächtnisverlust, der sogenannten Amnesie. Eine Form, die vielen bekannt ist, ist die retrograde (rückwirkende) Amnesie, ein Gedächtnisverlust für einen (meist kurzen) Zeitraum vor einem bestimmten Ereignis. Die im Gedächtnis gespeicherten Bilder oder Zusammenhänge können nicht in das Bewusstsein geholt werden. Beispielsweise kann sich eine Person nicht mehr an einen Unfallhergang erinnern. Diese

Ungewissheit, ein Stückchen des eigenen Lebens nicht miterlebt zu haben, ist für Betroffene oft unangenehm oder sogar quälend. Eine Bekannte von mir hatte vor längerer Zeit beim Auffahren auf eine Stadtautobahn einen Unfall. Sie erzählte, dass sie noch genau weiß, wie sie die Kurve hinauffuhr, und dann erinnerte sie sich erst wieder, dass sie im stehenden Auto saß und ein Mann sie ansprach, um sich nach ihrem Befinden zu erkundigen. Alles, was dazwischen geschehen war, war weg. Da der Unfall am späten Abend passierte, war nur sehr wenig Verkehr und so gab es auch keine Augenzeugen. Diese Frau versuchte immer wieder, die Erinnerungslücke zu füllen, was ihr aber nie gelang. Fakt war, sie hatte eine Beule auf der Stirn und eine Schramme auf der Nase. Das Auto hatte einen Totalschaden, da sie laut Polizeibericht ungebremst in die Leitschiene gekracht sein soll. Sie war völlig nüchtern und auch munter, da sie kurz davor noch mit ihrer Mutter (natürlich mittels Headset) telefoniert hatte. Ob ein anderer Verkehrsteilnehmer den Unfall mitverursacht hatte oder ob es alleine ihr Missgeschick war, wurde nie geklärt. Obwohl der Frau nicht viel passiert ist, geistert die unangenehme Ungewissheit immer noch in ihren Gedanken herum.

Die in Spielfilmen aufbereiteten Gedächtnisblockaden und Gedächtnisverluste haben nach Meinung von Fachleuten nichts mit der Realität zu tun. Das beginne schon bei den Auslösern, die im realen Leben vorwiegend hirnchirurgische Eingriffe, Infektionen oder Schlaganfälle sind. FilmregisseurInnen hingegen bevorzugen Unfälle mittels abstürzender Ziegel und Blumentöpfe, Knüppelattacken und Attentate. Auch die Art des Nicht-Erinnerns habe bei der überwiegenden Mehrzahl der amnestischen Charaktere in den Filmen keinen Bezug zur psychiatrischen oder neurologischen Realität. Am überzeugendsten wurde ein

Fall von nichtmenschlichem Gedächtnisverlust befunden. Der kleine blaue Fisch Dory im Animationsfilm „Findet Nemo“ hat ausgeprägte Gedächtnisprobleme unbekannter Ursache. Dory vergisst Namen, neue Informationen und verliert die Orientierung und nervt die FischkollegInnen mit ihren ständigen Wiederholungen. Das sei ein Porträt von Menschen, die mit schweren Gedächtnisstörungen ihren Alltag meistern müssen.

Eine leichte Form einer temporären Gedächtnisstörung, die viele Menschen kennen, ist das Phänomen „Was wollte ich hier eigentlich?“ Sie gehen motiviert und zielgerichtet zu einer Stelle in ihrer unmittelbaren Umgebung und plötzlich ist er weg, der Gedanke! Da hilft meist nur eines: Wieder zurückzugehen zum Ausgangsort, – denn dort – oh Wunder Gehirn – löst sich plötzlich die Denkblockade!

Und es begleitet Sie in Ihren Gedanken jetzt auch hoffentlich kein rosa Elefant gegen Ihren Willen ins nächste Kapitel?!

14. Woher kommt das „Ich will …“?

Spontan würde ich sagen, es kommt von Schizo und Bandit. Schizo ist meine Katze, Bandit mein Kater. Seit die beiden GesellInnen bei mir eingezogen sind, fällt mir auch das sehr frühe morgendliche Aufstehen viel leichter. Beginnt der Wecker nervtötend hochfrequent um 5:45 zu rebellieren, bin ich manchmal sogar schon davor munter. Und das nicht nur von dem Song „Hungry Eyes“ aus Dirty Dancing, den die beiden katzenmusisch anstimmen und dabei tänzerische Bodycheck- und Kratz-Attacken gegen die Schlafzimmertüre vollführen, sondern weil ich aufstehen will, um meine beide knuddeligen RackerInnen zu füttern und zu herzen. Ich will das! Nicht ich muss das, sondern ich bin hochmotiviert, aufzustehen!

Psychologisch gesehen, kommt der Wille somit doch nicht von Katzen, sondern von der Motivation. Motivation steht für den Drang zur Aktivität; es ist die Antriebskraft, Dinge zu bewegen; es ist die aktuelle Bereitschaft zum Handeln oder zu einem bestimmten Verhalten.

Motivation ist ein neutraler Begriff. Es geht dabei nicht darum, ob die Aktivität sinnvoll ist oder nicht. So kann ich zum Beispiel genau so hochmotiviert Steinchen ins Wasser werfen, wie eine Geburtstagstorte backen. Warum ich nun die jeweiligen Tätigkeiten durchführe, daran sind die Motive schuld.

Motive sind die Beweggründe, die unser Verhalten lenken und unsere Handlungen in Gang setzen.

Die 16 Lebensmotive nach Steven Reiss, die angeboren sind, das menschliche Verhalten bestimmen und um ihrer selbst willen ausgeführt werden, lauten:

Macht: Streben nach Erfolg, Leistung, Führung und Einfluss
Unabhängigkeit: Streben nach Freiheit, Selbstgenügsamkeit und Autarkie
Neugier: Streben nach Wissen und Wahrheit
Anerkennung: Streben nach sozialer Anerkennung, Zugehörigkeit und positivem Selbstwert
Ordnung: Streben nach Stabilität, Klarheit, guter Organisation
Sammeln/Sparen: Streben nach Anhäufung materieller Güter und Eigentum
Ehre: Streben nach Loyalität und traditionell orientierter, moralischer Integrität

Idealismus: Streben nach sozialer Gerechtigkeit und Fairness
Beziehungen: Streben nach Freundschaft und Nähe mit anderen, Freude und Humor
Familie: Streben nach Familienleben und danach, eigene Kinder zu erziehen
Status: Streben nach „social standing", Reichtum, Titel, öffentlicher Aufmerksamkeit
Rache/Wettkampf: Streben nach Konkurrenz, Kampf, Aggressivität und Vergeltung
Eros: Streben nach einem erotischen Leben, Sexualität und Schönheit
Essen: Streben nach Nahrung und genussvollem „Speisen"
Körperliche Aktivität: Streben nach Fitness und Bewegung, den eigenen Körper spüren wollen
Emotionale Ruhe: Streben nach Entspannung und emotionaler Sicherheit

Jeder Mensch entwickelt beruhend auf seiner Persönlichkeit und seiner Lebensgeschichte ein individuelles Motivationsprofil. Die jeweiligen Motive liegen auf einem Kontinuum von schwach ausgeprägt über ausgewogen, hin zu stark ausgeprägt, wie Sie in der Tabelle auf Seite 293 ff, die der Selbsteinschätzung dienen kann, erkennen können.

Damit es jedoch nun auch tatsächlich zur Handlung kommt – was im Falle meiner hungrigen Katzen bedeutet, dass sie endlich auch in der Realität ihr Futterschüsselchen vollgefüllt bekommen –, braucht man zuerst einmal die Handlungsabsicht, die sogenannte Intention. Aber auch, wenn ich die Absicht habe, etwas zu tun, ist es noch lange nicht getan, denn noch spielt sich alles nur in den Gedanken ab, noch sind es Visionen. So scheinen auch die bekannten „gute Vorsätze“, welche zu Jahresbeginn gefasst werden, kein Ablaufdatum zu haben, da sie oft bis zum nächsten Jahreswechsel (oder länger) auf Eis gelegt werden. Die Misserfolgsquote bei der Umsetzung liegt angeblich bei sagenhaften 90%!

„Der Geist ist willig, aber das Fleisch ist schwach!“ Was fehlt nun, um die „guten Vorsätze“ aufzutauen und umzusetzen? Das „Ich will …!“ – und das nennt man in der Psychologie Volition. Das ist die Fähigkeit einer Person, Ziele und Motive in konkrete Ergebnisse umzusetzen: die Umsetzungskompetenz, die Selbststeuerung, der Willensprozess. Dieser Willensprozess gliedert sich noch in einzelne Phasen, mit denen ich Sie nicht (und eigentlich voranging ich mich nicht) beschäftigen will. Wichtig jedoch ist anzuführen, dass dieser Willensprozess oder unsere Selbststeuerung von zahlreichen Faktoren gespeist wird. PsychologInnen, PhilosophInnen und NeurowissenschaftlerInnen können mit dem Thema „Willen“ Bücher füllen. Ich bleibe jetzt jedoch bodenständig und führe hier nun den Begriff „innerer Schweinehund“ an. Der leitet sich übrigens vom „Sauhund“ ab, der bei der Wildschweinjagd die Aufgabe hatte, die Wildschweine zu hetzen, ermüden und festzuhalten. Diese Verhaltensweisen wurden auf die Charaktereigenschaften bissiger Menschen übertragen. Die Redensart war dann im Zweiten Weltkrieg im Soldatenjargon geläufig und wurde später von TrainerInnenn und TurnlehrerInnenn gerne gebraucht. Weder die Herkunft noch der ursprüngliche Gebrauch dieses Begriffs würden mich nun motivieren, diesen Sauhund zu überwinden. Da die Redewendung jedoch neuerdings einen Bedeutungswandel vollzogen hat und in den Bereich von Wellness und Gesundheitsprävention Einzug gehalten hat, gebe ich dem Sauhund doch eine Chance, mich hier näher mit ihm auseinanderzusetzen. Wie kann man ihn nun überwinden, den inneren Schweinhund?

Je stärker meine Motive sind, je höher motiviert ich bin und je besser ich in der Lage bin, auch „Unangenehmes“ auszuhalten, also auch über Frustrationstoleranz verfüge, desto leichter werde ich auch Vorhaben umsetzen. Auch solche Vorhaben die beispielsweise Energie, Konzentration, Anstrengung, Ausdauer, Geduld erfordern. Das „Ich will ...!“ nimmt so die Größe eines Riesen an.

Aber auch ein „Ich will ...!“ in Zwergengröße kann wachsen. Wenn ich mich selbst nicht so richtig motivieren kann, so können mich dabei auch andere unterstützen und das gilt nicht nur für Menschen. Wie in einem „Glossar der Reitkunst“ zu lesen ist, ist beispielsweise der Reiter dafür verantwortlich, sein Pferd zur freudigen (Mit-) Arbeit zu motivieren, wobei das Pferd weder unter- noch überfordert werden darf.

Diese Regel ist 1:1 auf Menschen übertragbar, egal ob es sich um Eigenmotivation oder Fremdmotivation handelt. Es muss immer unser „freier Wille“ bleiben, denn unter Zwang und Druck funktioniert der gesamte Mensch wie seine Gedanken – er blockt, er streikt, er verweigert oder lässt nach. Der Mensch muss somit auch vor der Durchführung einer Handlung die Entscheidung treffen, ob er sie tatsächlich durchführen will. Darüber haben Sie ja bereits im Kapitel „Entscheidungen treffen“ gelesen.

Bei den klassischen Neujahrsvorsätzen ist es oft so, dass diese diffus sind und keine konkreten Schritte enthalten. Oder sie haben mit der Person, die sie sich vornimmt, nicht das Geringste zu tun, sondern wurden aus einer Laune heraus „in den Wind gereimt“.

Der Wille hat nämlich sehr viel mit dem ICH zu tun. Ich kann – ich will. Sobald wir in noch sehr jungen Jahren diese Tatsache mit Erstaunen erkennen, möchten wir die neugewonnene Erkenntnis natürlich auch in der Praxis testen. Wir wollen unsere Wirksamkeit selbst spüren. Wir wollen erleben, was wir alles in Lage sind, zu können. Ab diesem Zeitpunkt, also ungefähr ab dem dritten Lebensjahr, ist das „Ich-Bewusstsein“ entwickelt und so beginnen Kinder ihren eigenen Willen mit allen Mitteln durchzusetzen. Und was machen wir Erwachsene? Wir haben nichts Besseres zu tun, als diese Phase „Trotzphase“ zu nennen, und merken nicht mal, dass sich diese sogenannte Trotzphase bei manchen Menschen auch auf das Erwachsenenalter ausdehnt. Dort spricht man dann jedoch plötzlich ehrfürchtig von Menschen mit starkem Willen, „die erfolgreich, zielstrebig, durchsetzungsfähig“ sind. Wirft sich ein Kind jedoch kreischend auf den Boden der Sandkiste, weil es noch nicht nach Hause gehen will, sondern seine Burg fertigbauen WILL, dann trotzt es! Wo liegt hier der Unterschied zu einem Erwachsenen, der ungehalten seine MitarbeiterInnen anfährt, weil diese ihn in seinem Tun unterbrechen? Der Unterschied ist zum Einen, dass die Eltern nicht die MitarbeiterInnen der Kinder sind – das wäre auch aus pädagogischen Gründen nicht sinnvoll. Zum Anderen dient natürlich ein Unterbinden des kindlichen Willens auch dem Grenzensetzen. Kinder brauchen sinnvolle Grenzen, um eine gesunde Persönlichkeitsentwicklung durchlaufen zu können. Ein „Nein“ schützt Kinder auch oft vor Gefahren, die sie noch nicht erkennen können. Mehr zum Thema Persönlichkeitsentwicklung finden Sie in meinem Buch „Meine magische Persönlichkeit. Persönlichkeitsanalyse mit der Erdgeistchenmethode“.

Unterbindet man den Willen eines anderen Individuums, so ist das jedoch ein Vorgang, der viel Einfühlungsvermögen, Selbstreflexion und Konsequenzendenken benötigt. Leider wird der Wille von anderen oft durch „hirnlosen“ Machtmissbrauch unterbunden.

Der Wille eines Kindes ist ein zartes aufkeimendes Pflänzchen, das auch leicht verdörrt und brechen kann. Wird der Wille eines Kindes gebrochen, so gleicht dieser Vorgang einem Seelenmord. Denn ein „Ich will ...!“ sich selbst zugestehen und kommunizieren zu können, bedeutet auch Selbstwert, Selbstbewusstsein, Selbstreflexion, Selbstwirksamkeit, Selbstfürsorge und Selbstschutz. Fehlen einem Wesen diese Funktionen, so ruft das psychische Probleme hervor.

Es ist sicher eine erzieherische Gratwanderung, das „Ich will ...!“ so zu handhaben, dass man weder rücksichtlosen Egoismus fördert, ebenso wenig aber auch ein „DuckmäuserInnentum“.

Egoismus an sich ist, wie Schopenhauer ihn beschrieb, etwas Gutes: „Egoismus ist der Drang zum Dasein und Wohlsein“. Seiner Herkunft nach bedeutet das Wort „Eigennützigkeit“. In seiner Bedeutung wird es jedoch nicht neutral, sondern meist als negativ gesehen, als „Ich-Sucht“, „Selbstsucht“. Aus meiner Sicht ist Egoismus ebenso neutral zu betrachten wie das Wort Motivation und die Definition Schopenhauers ist somit eine hervorragende.

Wie so oft kommt es einfach auf die Dosis an und ob durch meine Eigennützigkeit, also durch mein „Ich will ... !“, anderen gezielt Schaden angetan wird. Es ist ein breites Spektrum zwischen einem Menschen, der selbstfürsorglich auf seine Bedürfnisse achtet und diesen nachkommt, und einem asozialen Wesen, das rücksichtslos das tut, was immer es will, und damit auch die Grenze von anderen übertritt.

Es ist ja auch wohl ein Unterschied, ob ich sage „Ich will Zeit für mich haben!“ oder „Ich will Ihr gesamtes Geld haben!“. Abgesehen vom Recht oder Unrecht, solche Forderungen zu stellen, gibt es für jene Person, von der etwas gewollt oder gefordert wird, die Möglichkeit, abzulehnen. Ein klares und deutliches „Nein, das will ich aber nicht!" auszusprechen.

In der Verhaltenstherapie gibt es das Soziale Kompetenztraining, auch als Selbstbehauptungstraining oder Social-Skills-Training bekannt. Es geht dabei unter anderem darum, ein Repertoire an Verhaltensweisen zu erarbeiten, die dabei helfen, sich besser durchsetzen zu können. Also sich zuzugestehen, ein „Ich will ...!" häufiger zu denken, zu kommunizieren und schlussendlich auch umzusetzen. Ebenso aber auch, sich gegen ein „Ich will ...!" von anderen besser abgrenzen zu lernen.

Man unterscheidet zwischen selbstunsicherem Verhalten, aggressivem Verhalten und sozial kompetentem Verhalten. Hier drei Beispiele zwischenmenschlicher Kommunikation in einem U-Bahn-Zug:

„Könnten Sie unter Umständen, vielleicht und natürlich nur, wenn es Ihnen keine zu großen Umstände macht, ein kleines bisschen zur Seite gehen, damit ich aussteigen kann?"

„Na, aber flott jetzt, verschwinden Sie gefälligst von der Türe, ich muss da raus!"

„Ich will aussteigen, gehen Sie bitte zur Seite."

Es bedeutet natürlich nicht, dass man nur mit der letzten Variante an sein Ziel gelangt, aber es ist jene, die ein klares, aber höfliches „Ich will ...!" signalisiert. Grundsätzlich hat die Möglichkeitsform in einem Satz, mit dem ich ein bestimmtes Ziel erreichen möchte, nichts verloren. Man wirkt selbstsicherer mit einer klaren, höflichen Formulierung. Wenn ich wirklich WILL, dann „möchte" oder „will" ich, aber „würde, könnte, sollte" ich nicht. Die Möglichkeitsform darf ich mir für Vorschläge oder

Anregungen aufheben, deren Umsetzung nicht meinem Willen unterliegen.

Die Entscheidung, ob ein „Ich will …!“ angebracht ist, setzt in vielen Fällen auch ein Wissen über meine Rechte voraus. Keine Sorge, dazu müssen Sie jetzt nicht Jus studieren, denn als Grundlage dienen vorerst die Menschenrechte. Eine Tabelle mit den Grundrechten finden Sie im Buch auf Seite 296 f.

Das „Ja, ich will meine Frau/meinen Mann lieben und achten und ihr/ihm die Treue halten an allen Tagen meines Lebens!“ vor dem Standesbeamten oder Traualtar hat so seine Tücken. Ich bin mir sicher, dass alle Paare es zu diesem Zeitpunkt wirklich gerne möchten, jedoch viele Faktoren dieses Wollens die Tendenz haben, im Laufe der Zeit immer mehr zur Möglichkeitsform mutieren: „Ich sollte doch eigentlich …“

Auch wenn man den Trauungsspruch in eine psychologisch konkreter formulierte Form ändern würde, wie: „Ja, ich will meinen Partner immer wertschätzend und respektvoll behandeln und an unserer Beziehung arbeiten an allen Tagen meines Lebens“, wird sich nichts ändern, denn denkt und sagt der Mensch „Ich will …!“, so ist bis zum „Tun“ noch eine Schlucht zu überwinden.

Und für alle Menschen, die von ihren Mitmenschen ständig mit deren „Ich will, dass du/Sie …!“ bombadiert werden – es steht Ihnen immer frei zu sagen: „Danke für den Vorschlag. Ich bin aber nicht auf der Welt, um so zu sein, wie IHR mich haben WOLLT!“

Wie der Mensch fühlt

15. Warum fühlen wir, was wir fühlen?

Kürzlich wanderte ich durch eine tief verschneite Landschaft: Der Schnee funkelte, flirrte und vibrierte im gleißenden Sonnenlicht – Abertausende Diamanten bringen kein so euphorisches Glitzern zustande. Der Himmel leuchtete in einem Blau, das in keinem Malkasten zu finden ist oder zu mischen möglich wäre. Die Luft klirrte. Die Stille war hörbar. Hin und wieder wurde von ganz oben beschlossen, einen pastellgrauen Tüllvorhang vor die Sonne zu ziehen und Schneekristalle zur Erde zu schicken. Dann wandelte sich der „Sonnenstrahlenwald" in einen weiß schillernden Märchenwald. Schneeflocken fielen weich und dicht auf kristallweiß verzierte Bäume und blieben dort haften, um das Kunstwerk aus Eis und Schnee zu beleben. Leises Schneerieseln war wie Musik in der tiefen Waldesstille. Die flauschigen Flocken kitzelten im Gesicht. Hin und wieder flutschte eine ins Nasenloch und brachte den Winterduft ganz nahe, ...

Und ich habe mich dabei einfach gut gefühlt! Warum?

Führe ich mir dieses Bild nun vor Augen, so kann ich die Empfindungen von damals wiederbeleben. Warum kann ich „nachfühlen"?

Wie Sie bereits im Kapitel „Gedanken und Emotionen" gelesen haben, sind unsere Gedanken die Schuldigen! Diese Gedanken werden jedoch nicht willentlich und bewusst von uns gefasst, sondern schwirren, sausen oder schleichen im Untergrund unseres Gehirns herum. Sie sind Untergrundkämpferinnen und wie solche können sie für eine „gute Sache" eintreten, leider aber auch für eine abscheuliche.

Jene Gedanken, die dazu beitrugen, dass ich mich in der Winterlandschaft gut fühlte, hängen mit wunderschönen winterlichen Kindheitserinnerungen zusammen. Aber auch noch im Erwachsenenalter liebe ich Schnee, Winter und die klirrende, trockene Kälte. Das alles führt natürlich dazu, dass meine Stimmung in dieser Umgebung eine gute ist und ich mich gut fühle. Würde ich denken, Schnee, Winter und Kälte sind widerlich, hätte ich natürlich ein anderes Urlaubsziel gewählt. Vorausgesetzt ich kenne meine Gefühle und weiß so auch um meine Bedürfnisse.

Etwas zu fühlen, kann aber auch gefährlich sein. Dann nämlich, wenn sich ein Mensch von seinen Gefühlen überflutet fühlt und nicht weiß, wie er sie bändigen kann. Einerseits gibt es natürlich Situationen, die sehr intensive Gefühle auslösen können, andererseits gibt es aber viele Menschen, die damit trotzdem umgehen können. Woran liegt das? Was hat daran Anteil? Ein Teil steht im Zusammenhang mit den Temperaments- & Persönlichkeitsanteilen, die uns in die Wiege gelegt wurden. Zu einem anderen Teil liegt es am „Lernen von Modellpersonen“, also an dem, was wir durch Beobachtung der Verhaltensweisen und Einstellungen von Eltern und Bezugspersonen in uns aufnehmen. Auch das soziale Umfeld, in dem wir aufwachsen, nimmt Einfluss darauf, wie wir mit Gefühlen umgehen. Einen weiteren Anteil hat natürlich, wie schon so häufig, die Erziehung. Besonders die geschlechtsspezifische Erziehung. „Ein Indianer kennt keinen Schmerz!“ Abgesehen davon, ob das den Tatsachen entspricht, kenne ich keine weibliche Variante dieser Aussage, wie „Eine Squaw kennt keinen Schmerz“.

Sieht man sich indianische Weisheiten an, so würde es mich erstaunen, dass dieses Sprichwort tatsächlich aus dieser Quelle stammt. Es würde beispielsweise im Widerspruch mit einer Aussage von Keokuk, Häuptling der Sauk, stehen, zumal sich das Indianische Volk auch als Teil seiner Umwelt sieht: „Reißt nicht das Eingeweide unserer Erde auf. Sonst werden die Flüsse und Bäume weinen.“

So scheint „der schmerzresistente Indianer“ doch eher unseren Breiten entsprungen und aus europäischen Vorurteilen à la „Winnetou“ zurechtgezimmert zu sein. Vermutlich mit dem Ziel, sich kleine Buben so hinzubiegen, dass sie tapfer ihr Gesicht wahren, obwohl ihnen zum Heulen zumute ist. So lernen diese Kinder, dass es schlecht ist, Gefühle zu haben. Es sei ein Zeichen von Schwäche. Schwachsein ist gefährlich, denn dann metzeln einen die Starken nieder. Also was tut nun ein kleiner Junge, der nicht fühlen und weinen darf?

Sie könnten nun natürlich empört einwenden, dass dem Jungen niemand das Fühlen verboten hat, sondern man nur die Heulerei unterbinden will, und dass es da doch nur darum geht, keinen Schmerz zu empfinden oder sich traurig zu fühlen. Auf solche Gefühle könne man doch gerne verzichten.

Wäre es möglich, dass man nur gute Gefühle fühlen kann und sich die schlechten Gefühle gleich gar nicht antrainiert, dann würden wir alle auf Wolke Sieben schweben! Die Wolke Sieben wäre dann jedoch überlastet und würde schwer und träge werden und auf die Erde herabplumpsen. Wenn wir dann alle wieder festen Boden unter den Füßen hätten, würde uns klar werden, dass wir den menschlichen Grundemotionen nicht entkommen können, und dazu zählen neben Freude auch Trauer, Wut und Angst.

Mir fällt immer wieder auf, dass das Verhältnis eine angenehme zu drei unangenehmen Emotionen nicht eben für ein glückliches Dasein der Menschheit spricht. Zum Glück gibt es noch viele Facetten und weitere Begriffe für Gefühle. Das sind dann meist Mischformen oder ein Ausdruck der Gefühlsstärke. In der Emotionsforschung wurden weitere Basisgefühle herausgefiltert, die in der Intensität verschieden stark ausgeprägt sein können:

Furcht, Panik
Zorn, Wut
Freude, Ekstase
Traurigkeit, Kummer
Vertrauen, Akzeptanz
Ekel, Abscheu
Überraschung, Erstaunen
Neugierde, Erwartung

Ob Scham auch eine Grundemotion ist oder sich im kulturellen Kontext entwickelt, darüber lässt sich diskutieren. Die Basisemotionen sollen auch bei höher entwickelten Tieren zu finden sein. Gibt es Scham bei Tieren? Meine Laienmeinung ist Ja, denn ich kannte einen Rassehund mit langem, wallendem Fell, der sich, als es ihm aus gesundheitlichen Gründen einmal geschoren wurde, sehr schamhaft verhalten hat, indem er die Öffentlichkeit mied, die er sonst liebte. Auch meine Perserkatze mit Prinzessinnenallüren, deren liebevolle Kammerzofe ich vor vielen Jahren war, zeigte ein schamhaftes Verhalten, wenn sie ihren jährlichen Tierarzt-Friseurbesuch hinter sich hatte. Dieser war infolge des verfilzten Fells nötig und sie verließ die Tierarztpraxis meist völlig nackt und rosig. Zuhause versteckte sie sich dann unter einer Decke. Von dort lugte sie mit leidendem und grenzenlos vorwurfsvollem Blick hervor. Ob ihr ohne Fellkleid einfach nur kalt war oder ob sie sich schämte, kann ich natürlich nicht genau sagen. Aufgrund meiner Verhaltensbeobachtung tendiere ich jedoch dazu, es als Scham infolge des Verlusts ihres prächtigen Fells zu interpretieren. Zwar zerriss sie beim Abwehren des Schervorgangs dem Tierarzt des Öfteren sein Hemd, aber deswegen hat sich Prinzessin Jeanny sicher nicht geschämt!

Die Basisemotionen haben in unserer Evolutionsgeschichte und auch heute noch sehr wichtige Funktionen. So dient Furcht dazu, unser Überleben zu sichern, denn durch diese werden wir beispielsweise davon abgehalten, auf einen schlafenden Löwen zuzugehen und ihn zu kraulen. Nachdem es in der Zivilisation nur Löwen hinter Gitter gibt – das soll keine Anspielung auf Wirtschaftskriminelle sein –, ein anderes Beispiel: Furcht hindert uns (zumindest den Großteil der Menschen) daran, auf einer Autobahn spazieren zu gehen.

Ärger und Wut kann auch Ausdruck von Wehrhaftigkeit sein, wenn ich mich in meiner Freiheit bedroht oder ungerecht behandelt fühle. So schützt diese Emotion davor, mich hilflos zu fühlen, und aktiviert zu Handlungen.

Eine Ekelreaktion kann uns davon abhalten, etwas zu essen, das schlecht für uns sein könnte.

Ohne Neugierde säßen wir noch im Fellkittel am Feuer in Höhlen. Ohne Vertrauen und Zuneigung wären wir unfähig, Beziehungen aufzubauen.

Trauer hilft, Verluste und Seelenschmerz zu verarbeiten.

Freude und Glücksgefühle rufen ein Feuerwerk an Endorphinen hervor und stärken so auch das Immunsystem.

(Er-)Staunen aktiviert Seele und Körper und regt zum Denken an.

So hat jedes Gefühl wichtige Funktionen, also auch die Schmerztränen eines kleinen Jungen. Eine wichtige Funktion davon ist unter anderem, dass einmal eine mögliche spätere Partnerin nicht über ihn sagen kann „Typisch Mann, er kann keine Gefühle zeigen!“ Bedenkt man übrigens, dass sehr häufig Frauen einen großen Teil der „emotionalen Kindererziehung“ übernehmen, haben sich Frauen die „gefühlsungeschickten“ Männer wohl auf die eigenen Fahnen zu schreiben!

Gefühle an sich selbst wahrzunehmen, intensive Gefühle aushalten zu können, zu ihnen zu stehen und damit umgehen zu lernen, dient unter anderem der Selbstreflexion, Selbsterfahrung, Selbsterkenntnis und befähigt den Menschen auch zum Mitgefühl.

Wenn ich lerne, dass Gefühle nicht erwünscht sind und ich sie besser nicht haben und zeigen sollte, so werde ich im Laufe der Zeit einen einbruchssicheren Gefühlstresor in meiner Seele aufgebaut haben. Kaum verspüre ich einen Hauch einer Emotion, schon sperre ich sie in den Tresor. Was passiert aber dann, wenn entweder jemand den Tresor knackt, oder wenn er so proppenvoll ist, dass er nicht mehr versperrt werden kann? Dann wird die betroffene Person von einer Gefühlsflut überschwemmt und weiß nicht, was mit ihr passiert. Aus meiner beruflichen Erfahrung weiß ich, dass solche „Tresorknacker“ sehr oft Verlusterlebnisse sein können. Und vor Verlusten, wie es auch der Tod oder eine Trennung ist, ist kein Mensch gefeit. Hat man im Laufe seines Lebens nicht gelernt, mit Gefühlen umzugehen, dann kann ein solches Ereignis zu einer seelischen Destabilisierung führen.

Hat jemand gelernt, dass Freude zu zeigen nicht angebracht ist, wird dieser Mensch zum Beispiel damit zu kämpfen haben, dass er sein Tun und auch seine Erfolge als etwas Selbstverständliches sieht und dadurch entweder einen Mangel an Selbstwert und Lebensfreude entwickelt oder mit verbissenem Eifer nach den am hellsten funkelnden Sternen zu greifen versucht und alle wunderschönen Sternschnuppen achtlos vorbeirauschen lässt.

Es gibt somit viele gewichtige Gründe, warum wir fühlen, wie wir fühlen. Kein Mensch hat das Recht, uns unsere Gefühle abzusprechen. Das ist auch mit ein Grund, warum man in Diskussionen „Ich-Botschaften“ senden soll, wie beispielsweise „Ich ärgere mich jetzt!“. GesprächspartnerInnen können wohl schlecht drauf sagen „Nein, Sie ärgern sich nicht!“ Denn das, was und wie ich fühle, weiß ich wohl selbst am besten! So ist es eben auch für Diskussionen gut, seine Gefühle zu kennen und sprachlich ausdrücken zu können.

„Was Hänschen nicht lernt, lernt Hans nimmermehr“, stimmt im Falle des Fühlens nur ansatzweise. Man kann auch als erwachsener Mensch lernen, sein Fühlen zu erforschen und in Worte zu kleiden. Es ist sicher schwieriger, als wenn man damit groß geworden ist, aber es ist auf keinen Fall unmöglich. Mut, Motivation und die Bereitschaft zur Selbsterkenntnis sind Voraussetzung. Hilfsmittel sind natürlich erlaubt, wie das Gefühlsrad nach Stavemann oder eine Liste mit Gefühlsbezeichnungen und gefühlsanregender Input. Das alles finden Sie auch in meinem Buch „Mit allen Sinnen leben. Tägliches Genusstraining“.

Ich kann nur dann über alle meine Sinne Genuss- und Freudvolles erfahren und auch von mir geben, wenn ich mir Gefühle zugestehe. Das gilt nicht nur im privaten Bereich, das gilt auch für den Arbeitsplatz. „Fühlen verboten“ oder härter ausgedrückt „Kill Emotion“ zählt laut dem Magazin Focus zu Führungsfehlern: „Nutzlose Führungskräfte gehen rein pragmatisch an die Aufgaben des täglichen Lebens heran und verstecken ihre Emotionen hinter Logik und Rationalität. Dasselbe fordern sie von ihren Mitarbeitern: Sie sollen emotionale und soziale Probleme beim Pförtner abgeben. In der Realität ist das jedoch gar nicht möglich, da unser Leben unaufhörlich von Gefühlen beeinflusst wird. Wenn wir ein gutes Gefühl bei den uns übertragenen Aufgaben haben, produzieren wir großartige Ergebnisse. Wenn wir uns schlecht fühlen, liefern wir nur die besagten 51 Prozent Mindestleistung. Das ist gerade mal genug, um nicht gefeuert zu werden. Wie kommt ein Boss an die restlichen 49 Prozent der Performance heran? Wie bekommt man einen Mitarbeiter dazu, für seinen Chef über zerbrochenes Glas zu laufen? Dieses Plus kann sich der Boss nur **verdienen**, aber nicht verlangen."

Als Lösungsstrategie für Gefühlsbanausen in Führungspositionen wird Folgendes vorgeschlagen: „Emotionen sind wichtig, daher sollten Vorgesetzte diese auch bewusst wahrnehmen und in ihren Führungsstil integrieren. Versetzen Sie sich in die Position Ihres Gegenübers. Loben Sie ein gelungenes Projekt, fassen Sie Ihre Anerkennung in Worte: ‚Ich sehe, dass du viele Stunden wirklich hart gearbeitet hast.' Chefs müssen ihre Mitarbeiter nicht lieben, aber sie müssen sich kümmern."

Voraussetzung für diese Strategie ist, dass die Führungsperson mit Gefühlen umgehen kann und über Einfühlungsvermögen verfügt. Falls nicht, gilt, „Was Hänschen nicht lernte, kann Hans aber immer noch trainieren".

Die Sorge, dass jemand, wenn er Gefühle zeigt, angreifbarer, verletzbarer und leichter zu manipulieren ist, ist grundlegend nicht unbegründet. Wenn ich jedoch meine Gefühle nicht nur auslebe, sondern auch reflektiere und meine Stärken und Schwächen kenne, dann weiß ich, wo und wann ich welche Gefühle zeigen kann und wo nicht. Dann ist diese Sorge unnötig. Für alle jene, die sich hier etwas unsicher sind, ein kleiner Hinweis: In einem hierarchischen Verhältnis, wie es zum Beispiel eines zu Vorgesetzten darstellen kann, sollte ich Gefühle zuerst einem kurzen Scann auf Passgenauigkeit und Dosierung unterziehen, bevor ich sie zeige. Nicht nur, um meinen Arbeitsplatz zu erhalten, sondern auch um nicht das Schicksal von Achilles zu erleiden.

Es gibt jedoch auch Situationen, in denen Menschen, die durchaus gefühlvolle Wesen sind, plötzlich wie erstarrt sind. Sie vereisen gefühlsmäßig. Das ist dann der

Fall, wenn der Seelenschmerz sehr plötzlich und unerwartet eintritt und die Gefühlswelle so zu einer Flut ausarten würde, wenn man sie nicht eindämmt. Diese Flut würde das „Ich“ wegspülen, den Boden unter den Füßen wegreißen, die Seele zerfetzen und man würde sich selbst verlieren. Zerfallen in Einzelteile oder sich im Nichts auflösen. Das eben verhindert für eine gewisse Zeit das Eis, welches dann langsam und bedächtig aufgetaut wird.

So konnte Stefan Horvath, der Vater des damals 22 Jahre alten Peter – eines der Bombenopfer von Franz Fuchs, dem vierfachen Mörder mit rassistischem Motiv in Oberwart – nicht um sein Kind weinen, als er seinen toten Sohn sah. Jedoch arbeitete er später seine Wut, seinen Schmerz und seine Trauer in Texten auf. Zum Anlass des 15. Jahrestages dieses Verbrechens berichtete die Tageszeitung „Der Standard“ am 4. Februar 2010 mit der Überschrift „Der Hund, der neben dem Toten saß und weinte“ darüber. Stefan Horvath verarbeitet seine Gefühle, indem er in der Öffentlichkeit erzählt und schreibt. Er erzählt von sich, seinem Sohn und den Seinen – den Romas; er „erzählt davon, wie es war und wie es ist. Und davon, wie einer so lebt und wie einer so stirbt – als ‚Zigeuner‘.“

Sein Sohn Peter hatte einen Hund, einen Dackel namens Murli. Diesen nahm Stefan Horvath zum Tatort mit. Später schrieb er dann: „Zum ersten Mal habe ich einen Hund gesehen, der neben einem Toten saß und weinte.“

Weinen konnte der Vater damals nicht, es hätte ihn sonst zerrissen. Zerrissen, wie die Bombe es mit seinem Sohn getan hat, nur unsichtbar und im tiefsten Inneren. Gefühle ausgedrückt in Worten, Bildern oder Taten können dabei helfen, diese schrittweise und zu einem Teil zu verarbeiten, und uns so beim Besserfühlen helfen. Bei einem solchen Prozess handelt es sich um das Externalisieren, dessen entlastende Funktion schon in vorigen Kapiteln beleuchtet wurde.

Zu wissen, warum wir fühlen, wie wir fühlen, ist hilfreich. Noch wichtiger ist jedoch, überhaupt zu fühlen und zu seinen Gefühlen zu stehen.

Deshalb an alle kleinen und großen Jungen: Wer es wagt, zu fühlen und Gefühle zu zeigen sowie die Gefühle anderer Wesen zu achten, ist ein starker und glücklicher Indianer, Cowboy, Superman oder schlicht und einfach Mensch!

An alle kleinen und großen Mädchen: Wer es wagt, zu fühlen und Gefühle zu zeigen sowie die Gefühle anderer Wesen zu achten, ist eine starke und glückliche Squaw, ein Cowgirl, eine Prinzessin, Catwoman oder schlicht und einfach Mensch!

16. Emotionen – Das Salz des Lebens

Was wäre das Leben ohne Gefühle? Wohl etwas, das noch viel ungenießbarer ist als eine ungesalzene Suppe! Hätten wir Menschen uns ohne Zuneigung überhaupt so zahlreich fortgepflanzt? Gäbe es Freundschaften ohne das Gefühl des Vertrauens und der Zuneigung?

Gefühle sind unsere ständigen Wegbegleiter. In jeder neuen Situation beginnen wir Gefühle „auszuschütten“ wie ein einarmiger Bandit, der bei einer Gewinnkombination Münzen rausrattern lässt.

In unwahrscheinlicher Geschwindigkeit scannen wir neue Gegebenheiten und produzieren einen Cocktail aus Gedanken und Gefühlen. Die Geschmacksqualität, die dabei herauskommt, ist unser „Urteil“ die neue Situation betreffend.

Ob uns jemand sympathisch ist oder nicht, stellt sich angeblich in den ersten zwei Sekunden heraus – basierend also vorrangig auf Gefühlen. Ob dieses spontane Fühlen unser Leben versalzt oder gut würzt, kann man hinterfragen – aber es ist in jedem Fall eine unabänderliche Tatsache.

So wie sich der rosarote Elefant in unsere Gedanken drängt, obwohl wir es ihm verbieten, so drängen sich auch Emotionen auf. Wie oft hören Teenager „In diesen Jungen/dieses Mädchen darfst du dich auf keinen Fall verlieben. Der/Die tut dir sicher nicht gut!“. Auch wenn diese Warnung hin und wieder berechtigt sein mag, ist sie Schall und Rauch, denn Verlieben kann man nicht verbieten. Außerdem ist Liebe das beste Antidepressivum. Zu diesem Ergebnis kamen NeurowissenschafterInnen bei ihren Forschungen. Die Liebe schaltet Hirnregionen ab, die mit negativen Emotionen einhergehen, wie Angst, Trauer oder destruktive Aggression.

Ein Gefühl wie „Schmettlinge im Bauch“, ein Kribbeln, Ziehen, Summen und Vibrieren und ein fast schmerzhaftes Sehnen nach der Nähe der geliebten Person – so wird Verliebtheit oft beschrieben.

Liebe ist, verglichen mit einer exzellenten Gewürzmischung, nicht zu scharf, exotisch, aber mit bekannten Nuancen, herrlich im Nachgeschmack, ein Feuerwerk, wenn es direkt die Seele berührt, ein unvergessliches Erlebnis. Ein Gewürz des Lebens!

Abertausende Bücher, Filme, Theaterstücke und Kunstwerke haben die Liebe zum Inhalt. Was wir nicht vergessen sollten, sie kann auch tödlich sein! Nicht nur bei Romeo und Julia, sondern auch in der harten und eisigen Realität: Suizid ist nach Verkehrsunfällen die zweithäufigste Todesursache bei Menschen bis 20 Jahren. Die Weltgesundheitsorganisation WHO weiß von jährlich rund 30.000 Suiziden von jungen Menschen zwischen 15 und 24 Jahre in Europäischen Ländern. Es wird geschätzt, dass 700.000 Jugendliche den Versuch einer Selbsttötung unternehmen. Alle 47 Minuten bringt sich in Deutschland ein Mensch um, alle drei Minuten versucht es einer, so die Daten der WHO.

Natürlich ist der Grund dafür nicht bei allen Liebeskummer, aber in jedem Fall Gefühle, die es nicht mehr gelingt auszuhalten und zu verarbeiten.

Wenn ein Mensch verliebt ist, befindet sich sein Körper in einem Ausnahmezustand. Im Gehirn herrscht Überschwemmungsgefahr, da in jenen Regionen, in denen das Motivations- und Belohnungszentrum liegt, der Spiegel des Botenstoffs Dopamin stark ansteigt. Die Dämme der Vernunft drohen zu brechen, erkennbar dadurch, dass typische Verliebtheitssymptome auftreten. Verliebte Menschen schwelgen in Euphorie, platzen schier vor Energie und vergessen zu essen, da sie kaum Hunger verspüren. Verliebtheit ist ein Art positiver Stresszustand. Das Stresshormon Noradrenalin verstärkt den Effekt des Dopamins und, so vermuten WissenschaftlerInnen, dieser „Naturdrogenmix“ verbessert die Einprägungsleistung des Gehirns. Die Folge ist, dass wir uns oft noch nach Jahrzehnten an Ereignisse als Frischverliebte erinnern. Eine weitere Zutat im Cocktail der Verliebtheit ist das Serotonin, welches im richtigen Mischungsverhältnis ausgeglichen macht.

In dieser Abhandlung verliert die Liebe zwar jede Romatik, sie erklärt aber, warum Menschen oft mit Wehmut an ihre erste Liebe oder große Jugendliebe zurückdenken. Durch diese Wehmut und Sehnsucht können auch erwachsene Menschen in einen Gefühlszustand kommen, der sie bewegt, die Gefühle von damals wiederzubeleben. Bedenkt man jedoch, dass unsere Erinnerung oft sehr verfälscht ist, weil unser Gedächtnis oft zu Streichen aufgelegt ist, so ist eine Enttäuschung naheliegend. Unter Umständen versalzt man sich ein Stückchen seines Lebens. Schwelgt man jedoch hin und wieder nur in Gedanken in alten, schönen Erinnerungen, kann das eine angenehme Gewürzprise in unserem Leben sein.

Es stellte mir einmal eine Frau die Frage, ob es Sinn mache, wenn sie mit ihrer Jugendliebe, die sie durch Zufall nach mehr als 25 Jahren wieder getroffen hat, eine Liebesbeziehung beginnen würde. Sie beschrieb, dass sie Gefühle empfinde wie damals mit siebzehn. Sie fühle sich plötzlich so glücklich und leicht. Sogar der Alltag rufe Empfindungen hervor, die sie sonst eher im Urlaub habe. Die Arbeit gehe ihr leicht von der Hand und sie trage stets ein Lächeln auf den Lippen. Wenn eine SMS von ihrer Jugendliebe eintrifft, so freue sie sich wie ein kleines Kind und könne es kaum erwarten sie zu lesen.

Nicht nur, dass es in meinem Beruf nicht für Professionalität spräche, diese Frage mit Ja oder Nein zu beantworten, könnte ich es gar nicht, denn wie Sie erkennen, gibt es keine Regel, wie man mit wieder aufgeflammter Liebe, mit Sehnsucht und Wehmut richtig umgeht. Ob es Sinn macht, muss diese Frau selbst entscheiden, dass diese wiederbelebte Liebe alle ihre Sinne belebt, ist eindeutig zu erkennen. Diese Frau sollte jedoch sorgsam darauf achten, welchen „Salzstreuer" sie dafür benutzt: Ist es einer der klassischen, mit wohlgeformten Streuöffnungen, bei denen das Salz in angenehmer Dosierung rieselt, dann wird es eine Bereicherung im Leben sein.

Ist es ein Salzstreuer, wie ich ihn oft im Speisesaal des Krankenhauses, in dem ich arbeite, zwischen die Finger kriege, dann wird es zum unberechenbaren Drama – einmal kommt gar nichts raus, ein anderes Mal ein ganzes Salzbergwerk.

Ist es ein hypermoderner teurer Design-Salzstreuer, der mehr der Zierde dient, als er seine Funktion erfüllt, ist es fraglich, ob man dieses Objekt haben muss, oder sich nur denkt „Schön zu wissen, das es so etwas gibt".

Nicht so heikel bei der Dosierung ist die Freude. Zu viel Freude kann man nie empfinden und Freude wird nie gefährliche Nebenwirkungen haben. Wobei ich eben beim Schreiben unsicher wurde, ob nicht auch die Freude kleine Gefahren in sich birgt? Nämlich dann, wenn ich mich nur über Großes und Überwältigendes freuen kann, statt alle kleinen Dinge des Lebens auch als freudvoll wahrzunehmen. Die Freude hat auch eine große Schwester, die Vorfreude. Warum es die große Schwester ist? Weil Vorfreude oft länger anhält als der freudige Moment oder das freudige Ereignis. So dauert die Adventzeit vier Wochen, der Weihnachtstag nur einen einzigen Tag! Eine Hochzeit zu organisieren kann mehrere Monate dauern, die Zeremonie und das Fest in unseren Breiten meist nicht länger als einen Tag. Ein mehrgängiges Menü zu verspeisen wird auch nie mehr als zwei bis drei Stunden beanspruchen, freuen kann ich mich jedoch darauf ab dem Zeitpunkt, an dem ich davon erfahre, dass mir ein solches kredenzt wird.

Ich freue mich zum Beispiel oft schon in der Früh auf meinen Nachmittagsnespresso auf dem Balkon oder in meinem Lieblingskuschellesesessel. Ich gustiere tagsüber dann hin und wieder in Gedanken, welche der farbenfrohen Kapseln oder zart aromatisierten Kaffeemischungen ich nehmen werde. So kommt es aber dann auch manchmal vor, dass ich am Nachmittag keinen Gusto auf einen Kaffee habe, denn der Vorgeschmack hat mich ausreichend erfüllt.

Auch Ärger kann in einer richtigen Dosierung belebend sein. Dann wenn er aktiviert, Veränderungen zu setzen und Handlungen durchzuführen und sich so zu seinem Recht zu verhelfen oder dadurch den eigenen Bedürfnissen nachzukommen. Ärger kann somit wehrhaft machen und hält Hilflosigkeitsgefühle hintan. Ärgere ich mich hingegen grün und blau, so sind diese Farbschattierungen dem Wohlbefinden abträglich – ich versalze mir so meinen Tag und womöglich auch noch die Nacht. In der Ruhe der Nacht, wo den Menschen nichts ablenkt, steigen Ärgergedanken gerne aus den Seelentiefen empor. Die Nachtruhe wird ungenießbar wie eine verdorbene Speise. Der Mensch selbst am darauffolgenden Tag übrigens des Öfteren auch!

Manche Gefühle möchten wir zwar nicht unbedingt in der Realität erleben, fordern sie jedoch heraus, indem wir beispielsweise bestimmte Spielfilme oder Theaterstücke ansehen. Auch durch Hören von Musikstücken ist es möglich, sich in verschiedene emotionale Zustände zu bringen.

Mit allen Sinnen in Literatur einzutauchen und mit ProtagonistInnen mitzufühlen und zu leben, kann sehr intensive Gefühle hervorrufen. So ist es einerseits ein Vorteil, zu wissen, das Gefühl flaut ab, sobald ich wieder mit meinen Gedanken in die reale Welt zurückkomme, andererseits ist die Rückkehr in den Alltag bei wohltuenden Gefühlen oft ernüchternd.

So weiß ich von einer jungen Frau, die ihren Alltag sehr trist sieht und gerne einen Partner hätte, dass sie Liebesfilme liebt und in solchen versinken kann. Um der Ernüchterung danach zu entfliehen, sucht sie jedoch auch oft den „Tagtraum“ auf, um sich auf ihre eigene rosa Wolke zu begeben. Der Nachteil ist, ihre Idealvorstellung des Lebens und einer Beziehung existiert nur in der Fantasie und ist vermutlich nur schwer realisierbar. Lebt jemand zu sehr in der Fantasiewelt und holt sich seine emotionalen

Streicheleinheiten vorrangig dort, so kann es sein, dass er darauf vergisst, sein echtes Leben zu leben und sich dieses zufriedenstellend zu gestalten.

In Filmen können alle emotionalen Facetten angesprochen werden, man kann so auch Gefühle „ausprobieren", etwas, das in der Realität nicht so gut und gefahrlos möglich ist. Irgendwie ist Filme gucken auch ein Art Lernen am Modell und ein virtuelles Probehandeln in der Form „So würde ich es tun wenn, ..."

Am Beispiel von Horrorfilmen und auch Krimis erkennt man sehr gut, dass man solche Ereignisse nicht unbedingt in der Wirklichkeit erleben möchte, jedoch die Emotionen, die beim Zusehen aufkommen, sehr genießt.

Ich liebe es, Gänsehaut und Grauen aufsteigen zu spüren. Wenn die Angst sogar unter der Haut spürbar wird und die Anspannung ins Unendliche steigt. Ertrage ich die Spannung gar nicht mehr, so halte ich mir die Hände vor die Augen und blinzle zwischen den Fingern durch oder ziehe mir ein Stückchen Decke vors Gesicht. Um dann aber trotzdem zu erschrecken und womöglich sogar, zum Leidwesen meines Partners, aufzukreischen. „So ein Schwachsinn, warum tut sie das?", wird sich so mancher denken. Ich tue es, weil ich genau diese Situation der Spannung und der aufkommenden Emotionen als Entspannung empfinde. Es ist eben eine Prise Salz des Lebens. In der Realität hingegen mag ich Situationen, die nur irgendwie Angst oder Spannung bringen, überhaupt nicht. Hier weiche ich sogar beim Wandern einer Kuhherde großräumig aus und wundere mich über den Mut und die Leidenschaft von ParagleiterInnen. Ich kann mir jedoch gut vorstellen, dass es für Menschen, die diese Sportart betreiben, ein herrlicher Emotionscocktail sein muss, vogelfrei über die Landschaft zu gleiten. Deren Salz im Leben ist einfach aus einer anderen Saline als meines.

Wer es einmal geschafft hat, seine Sehnsucht Vorfreude zu nennen, der kann nie wieder richtig unglücklich sein.
(PETER HOHL)

Herrliche Gefühle bescheren auch heitere Darbietungen im Theater, Kino oder Kabarett. Gluckernd, stöhnend, brüllend und gebeutelt vor Lachen dem Schalk zu folgen, bis die Tränen aus den Augen schießen und man die Notdurft kaum mehr zurückhalten kann. Ganz zu schweigen von der Sauerstoffzufuhr, die nur mehr schnappend und keuchend vollzogen wird. Ein göttlicher Zustand, wenn das Hirn frei von Gedanken ist und man ausschließlich herzhaft lacht und lacht und lacht. Der ultimative Zustand der Entspannung, auch wenn es so aussieht, als befände sich die erheiterte Person in einem lebensbedrohenden Zustand. Dass Menschen eine solche Situation bewusst herbeiführen, wird für den Großteil der Menschheit nachvollziehbar sein.

Wie steht es jedoch darum, wenn ich mir Dramen oder Tragikkomödien ansehe oder Musik höre, die mich zu Tränen rührt? Was bewegt Menschen dazu, sich freiwillig im Seelenschmerz zu winden? Den Kloß im Hals immer größer werden zu lassen, um ihn dann in einem Meer von Tränen wegzuschwemmen? Gar nicht mehr aufhören können zu weinen, welches dann in tiefstes Schluchzen übergeht und den Körper zusammenkrümmt?

Dasselbe wie bei den vorigen Beispielen: Genuss, die Emotionen zu spüren, die dabei hervorgerufen werden. Nicht umsonst ist das Remake von dem Spielfilm Titanic ein derartiger Erfolg geworden. Zum Wiederbeleben Ihrer Erinnerungen eine kurze Zusammenfassung der dramatischen Sequenz: „Als die Titanc innerhalb kurzer Zeit zu versinken beginnt, springen die beiden Protagonisten, das verliebte Paar Jack und Rose, voller Hoffnung auf

Rettung vom Schiffsdeck ins Eismeer. Nach dem Sprung, eingetaucht in die eiskalten Meeresfluten, findet Jack in den herumschwimmenden Trümmern des zerborstenen Schiffes eine Holzplanke und fleht Rose an, auf diese hinaufzuklettern, damit sie nicht im kalten Wasser erfriert. Da nur für eine Person ausreichend Platz auf dem Holzstück ist, klammert sich Jack an das rettende Stück Holz, treibt jedoch fast mit seinem ganzen Körper im Wasser und stirbt sehr bald infolge der Kälte des Eismeers. Rose gibt ihm noch einen letzten innigen Kuss auf seine Hand und lässt ihn in tiefer Verzweiflung in den Ozean sinken. Rose wird gerettet, kann den tragischen Verlust von Jack jedoch bis zu ihrem Lebensende nicht überwinden."

Diese Zeilen sind nun nicht sehr poetisch verfasst, dennoch können sie Gefühle erwecken, auch dann, wenn man den Film nicht gesehen hat. Vorausgesetzt, man verfügt über Mitgefühl, Fantasie und visuelle Vorstellungskraft.

Theater, Film, Literatur oder Musik können das alles bieten, wählt man gezielt und bewusst aus, wie und was man mitfühlen will.

An den täglichen tragischen Geschehnissen Anteil zu nehmen, die man fast unfreiwillig durch Medien direkt ins eigene Wohnzimmer „geliefert" bekommt, kann zu Emotionen führen, die auch in kleinen Dosen ein Zuviel an Salz im Leben sind. Um solche besser zu verarbeiten, greifen Menschen auch auf Bewältigungsstrategien wie Spenden, ehrenamtliche Tätigkeiten, tatkräftige Unterstützung bei Hilfsaktionen oder andere Handlungen zurück. Tue ich etwas gegen das Leid, fühle ich mich handlungsfähig und kann so das Entsetzen und die Hilflosigkeit ein klein wenig in wohltuende Emotionen umwandeln. So betrachtet ist Hilfestellung auch eigennützig, da es mir damit, meine Gefühle betreffend, auch selbst besser geht. So hat sogar anonymes Helfen einen gewissen eigennützigen Aspekt, da ich mir damit ja selbst emotional Gutes tue. Das würde den Begriff Altruismus, welcher allgemein auch mit selbstlosem Handeln gleichgesetzt wird, ad absurdum führen. Wenn Menschen beim Unterstützen gute Gefühle haben, ist das aus meiner Sicht aber gesünder für die Psyche. Eine reine Selbstaufopferung ist sehr ungesund und es resultiert aus einer solchen auch keine bessere Hilfeleistung. Es führt höchstens dazu, dass beim Hilfeempfänger Gefühle von Schuld und Abhängigkeit entstehen – gemeinsam mit dem Leid, das jemandem eben widerfahren ist, doch wohl zu viel Salz im Leben.

So gibt es aber im Leid auch oft Augenblicke, die angenehme und entlastende Emotionen entstehen lassen, zum Beispiel dann, wenn Rettungsversuche geglückt sind. Ob das nun an Wunder gleichende nach Katastrophen sind, wie beispielsweise, als Tage nach dem grauenhaften Erdbeben in Haiti noch Menschen lebend geborgen werden konnten, oder ob es sich um die erfolgreiche Rettung von entlaufenen Hunden oder Pferden auf einer Autobahn handelt, es tut einfach gut – nicht nur dem, der „mitlebt", auch denen, die überleben!

Zufriedenheit ist ein Gefühl, das die wohlschmeckendste Salzmenge im Leben darstellt!

17. Gefühle, Stimmungen, Affekte

Ein Synonym für Gefühl ist Stimmung, ein Synonym für Affekt ist Gefühl. Somit bedeutet eigentlich alles das Gleiche, und doch werden diese drei Begriffe unterschiedlich eingesetzt.

Im Gedicht von Christian Morgenstern wird die aufkommende Frühlingsstimmung beschrieben:

Rosa Wölkchen überm Wald
wissen noch vom Abendrot dahinter –
überwunden ist der Winter,
Frühling kommt nun bald.

Unterm Monde silberweiß,
zwischen Wipfeln schwarz und kraus
flügelt eine Fledermaus
ihren ersten Kreis …

Rosa Wölkchen überm Wald
wissen noch vom Abendrot dahinter
überwunden ist der Winter,
Frühling kommt nun bald.

Es wäre zum Beispiel unpassend, hier vom Frühlingsaffekt zu sprechen.

Gefühl und Stimmungen liegen nahe beisammen, trotzdem würde kaum jemand von Partygefühl sprechen, sondern von Partystimmung. Stimmung ist somit etwas, das „in der Luft liegt", etwas, das mehrere Menschen (gleichzeitig) spüren können. Auch wenn jemand in schlechter Stimmung ist, bekommt das sein Umfeld oft zu spüren. Gute Stimmung ist ansteckend, sagt man. Schlechte Stimmung hin und wieder auch, aber das sagt man so direkt nicht, denn sonst dürften vielleicht gewisse Berufsgruppen, die Autoritäten verkörpern, wie z.B. Eltern, LehrerInnen, medizinisches Personal oder PolizistInnen ihre schlechte Stimmung nicht ausleben. Also, alle Berufsgruppen, die mit Wesen zu tun haben, die in gewisser Weise von ihnen abhängig sind. Hält eine „abhängige" Person eine ständig destruktive Stimmung nicht mehr aus, dann kann es zu Affektdurchbrüchen kommen, wie man in der Psychologie sagt. Denn hier ist der Begriff Affekt ein Fachausdruck.

> *In der Freude über*
> *die kleinen Dinge des Lebens*
> *liegt der Schlüssel*
> *zur Zufriedenheit.*
> (Annette Andersen)

In den klinisch-diagnostischen Leitlinien der WHO, dem ICD-10, einer internationalen Klassifikation psychischer Störungen, gibt es das Kapitel „F3 Affektive Störungen": „Bei diesen Störungen bestehen die Hauptsymptome in einer Veränderung der Stimmung oder der Affektivität, meist zur Depression hin, mit oder ohne begleitende Angst, oder zur gehobenen Stimmung."

Manie und schwere Depression werden zur Kennzeichnung der entgegengesetzten Pole des affektiven Spektrums verwendet. Die Schweregrade einer depressiven Verstimmung, werden mit „leicht", „mittelgradig" und „schwer" eingestuft, wobei diese Zuordnung nicht immer leicht ist und Depression eine Erkrankung mit einer hohen Wiedererkrankungsquote ist. Jedoch weiß man, dass jede zehnte Person in Österreich von einer Depression betroffen und die Tendenz in Zukunft steigend ist. Depression ist eine Krankheit, die den gesamten Körper betrifft, und es verändern sich dabei Gedanken, Gefühle und auch das Verhalten. Wenn ein Mensch einen Verlust erlitten hat, also wenn zum Beispiel jemand gestorben ist, ist er traurig. Die Zeit der Trauer ist individuell und findet oft auch nicht unmittelbar nach dem Verlust statt. Trauer darf keinesfalls als Affektive Störung gesehen werden. Wenn Trauer jedoch nicht verarbeitet werden kann, dann spricht man von einer chronifizierten Trauerreaktion und aus einer solchen kann sich eine Depression entwickeln. Eine Depression ist jedoch anders als anhaltende Traurigkeit. Auf die Symptome einer Depression gehe ich im Kapitel „Wenn Gefühle überhand nehmen …" noch näher ein.

Aber vorab können Sie dieses Screening für sich selbst ausfüllen, um zu überprüfen, ob Sie Anzeichen einer depressiven Verstimmung aufweisen. Den Fragebogen dazu finden Sie im Buch auf Seite 298.

Bevor ich wieder eine angenehmere Stimmung hier verbreite, betrete ich kurz noch den Schauplatz von Verbrechen und Unterlassungen. Was ist Mord im Affekt?

Laut § 211 des Strafgesetzbuchs ist sind MörderInnen Menschen, die aus Mordlust, zur Befriedigung des Geschlechtstriebs, aus Habgier oder sonst aus niedrigen Beweggründen, heimtückisch oder grausam oder mit gemeingefährlichen Mitteln oder um eine andere Straftat zu ermöglichen oder zu verdecken, einen Menschen töten.

§ 213 beschreibt hingegen den „Minder schweren Fall des Totschlags“: „War der Totschläger ohne eigene Schuld durch eine ihm oder einem Angehörigen zugefügte Misshandlung oder schwere Beleidigung von dem getöteten Menschen zum Zorn gereizt und hierdurch auf der Stelle zur Tat hingerissen worden, ...“

Diese Beschreibung kommt an das heran, das ich laienhaft als „Mord im Affekt“ bezeichnen würde. Der Gesetzestext beschreibt es auch als „Affektdurchbruch“ infolge einer seelischen oder körperlichen Verletzung, also wenn Gefühle überhand nehmen – und eben in diesem Kapitel werde ich sie mit diesem Thema nachdenklich machen. Nachdenklich deshalb, weil ich mich (und Sie) frage: „Wer ist zu einem Mord im Affekt fähig? Jeder Mensch? Unter welchen Bedingungen ist eine solche Tat möglich?“

Müssten Sie jetzt, während Sie diese Zeilen gelesen haben, ein Stimmungsbarometer für Ihre Stimmung im aktuellen Moment ausfüllen, wie würde das aussehen?

Ich brauche kein „Kind der Traurigkeit“ zu sein, wenn meine Stimmung in Augenblicken, in denen ich von einem Ereignis sehr betroffen bin, für eine Zeitspanne in ein Tief absackt. Das kommt auch vor, wenn mich das Ereignis nicht selbst betrifft. Wie tief mich ein negatives Gefühl hinunterzieht und wie lange diese gefühlsmäßige Turbulenz anhält, hängt von der „Durchlässigkeit“ meiner „Seelenkarosserie“ ab. Es gibt Menschen, denen die Karosserie völlig fehlt, sie sind ähnlich einem Motoradfahrer im Gefühlsverkehr unterwegs. Haben sie Erfahrung mit den Tücken dieses Fahrzeugs und haben sie gelernt, sich den Umständen entsprechend zu schützen, dann sind auch sie sicher und zufrieden im Verkehr des Gefühlsalltags unterwegs. Gefährlich ist es dann, wenn sie ihre Seele bei Wind und Wetter frei im Fahrtwind flattern lassen, da bekommt diese bereits nur von den Insekten, die darauf prallen, Schrammen ab.

Menschen, die über eine solch hohe Sensibilität verfügen, müssen sich jedoch nicht ständig die toten Insekten abkratzen, nein, sie haben auch Vorteile! So erleben sie zum Beispiel schöne Stimmungen intensiver, können sich oft über die kleinsten Glücksmomente erfreuen und zahlreiche Genussfeuerwerke in ihrem Alltag erleben.

Das soll jetzt aber ebenso wenig bedeuten, dass Menschen, deren Seelenkarosserie beim Sicherheitstest gesamt mit der höchsten Wertung von fünf Sternen abgeschnitten hat, Gefühle und Stimmungen nicht wahrnehmen können. Es bedeutet nur, dass sie über einen guten Schutz verfügen – ob dieser angeboren oder durch Lebenserfahrung erworben wurde, ist unterschiedlich. Auch kann man einen Schutz gezielt setzen oder aufheben, wie zum Beispiel viele ComputernutzerInnen wissen. Ich kann somit auch bei meinen Gefühlen „einstellen", ob jemand anderer „Zugriff" darauf haben darf, oder welche Vorgänge ich bei einem „Zugriff" zulasse – vergleichbar mit dem Schutz eines Dokuments vor Veränderung, welches ich mit einem Textverarbeitungsprogramm erstellt habe.

Die Vorgänge die menschliche Seele betreffend sind zwar nicht so eine trockene Angelegenheit, wie Dokumente am PC zu bearbeiten, aber sie sind um keinen Deut weniger störungsanfällig!

Als seelische Beeinträchtigung wird auch die Alexithymie bezeichnet, aber sie ist keine Diagnose, die man in der internationalen Klassifikation psychischer Störungen, dem ICD-10 findet, sondern ein mehrdimensionales Konstrukt. Dabei handelt es sich um eine Art „Gefühlsblindheit". Geschätzte 10% der Bevölkerung sind davon betroffen, das bedeutet, dass mehr als 10 Millionen Menschen im deutschsprachigen Raum „gefühlsblind" sind.

Alexithymie beschreibt die Schwierigkeit oder auch Unfähigkeit von Personen, die eigenen Gefühle und die der anderen hinreichend wahrnehmen und beschreiben zu können. Vielen gefühlsblinden Menschen ist ihr Defizit kaum bewusst und es wird meistens nur im Kontakt mit

Menschen ein Problem, mit denen man in enger oder täglicher Verbindung steht.

Nicht immer muss es sich um totale Gefühlsblindheit handeln, denn in leichter Form ist es eher eine „Sehschwäche“ und die Person kann dann einfach schlecht mit den eigenen und den Gefühlen von anderen umgehen.

Von einem mittleren Ausmaß ist eine Person betroffen, die weder ihre eigenen Gefühle erkennt, noch die der anderen in den Gesichtern ablesen kann. Es bestehen auch große Probleme dabei, das Verhalten der Mitmenschen zu verstehen. Stimmung und Affekt sind nicht vorhanden und werden auch bei anderen Wesen nicht wahrgenommen. Jedoch nehmen diese Menschen Gefühle als körperliche Empfindungen in Form von Schmerzen oder Unwohlsein wahr, was dazu führt, dass es sehr häufig zum Auftreten von psychosomatischen Erkrankungen kommt. „Meine Kehle ist trocken, der Kopf tut weh, mein Magen drückt“, so könnten beispielsweise die Empfindungen beschrieben werden, die ein von Gefühlsblindheit betroffener Mensch bei einem Konflikt spürt.

Durch ihre Strukturiertheit können Menschen mit Alexithymie beruflich erfolgreich sein. Die Tendenz, Anweisungen ohne Betroffenheit durch Gefühle ausführen zu können, bringt ihnen hohe Beliebtheit in einem Betriebsmanagement, welches sich Skrupellosigkeit zur Firmenkultur gemacht hat – sie werden so jedoch auch missbraucht.

Wenn es jetzt so erscheinen mag, dass Menschen, die von einer Gefühlsblindheit betroffen sind, mit Ellbogentechnik ihre Bedürfnisse erfüllen und dann stolz ihre Ziele erreichen, kann ich nur sagen: Dem ist nicht so! Wie soll ein Mensch, der massive Defizite im Fühlen hat, sich stolz oder glücklich fühlen? Großen Leidensdruck können die durch die Gefühlsarmut getrübten Beziehungen zu anderen Menschen auslösen. Freundschaften ohne Zuneigung oder Liebe aufzubauen, ist fast unmöglich. Ereignisse, wie Partys, Feiern, Veranstaltungen oder Treffen, bei denen man mit vielen Menschen aus rein gesellschaftlichen Gründen zusammenkommt, werden zur körperlichen Qual. An emotionalen Gesprächen teilzunehmen, die sich um Liebe, Eifersucht, Ärger, Freude oder andere Emotionen drehen, ist, als wäre man von einem anderen Stern und verstehe die Sprache nicht.

So kommt es, dass alexithyme Menschen im Leben wenig Sinn sehen und dieses Gefühlsdefizit, ähnlich einer gähnenden Leere, an sich wahrnehmen. Diese wird auch zu füllen versucht, oft mit Unternehmungen, die risikoreich sind und an die Grenzen gehen, um vielleicht doch, wenn auch nur ein kleines bisschen, etwas zu fühlen und sich zu spüren.

Um mittels Psychotherapie gefühlsblinde Menschen wirkungsvoll zu unterstützen, empfiehlt sich eine Gruppentherapie, weil hier ein Lernen am Modell und Rollenspiele und somit ein Trainieren möglich sind. So sind „gemischte" Gruppen von Vorteil, in denen gesunde Personen ihre Gefühle in typischen Situationen beschreiben und auch mit Mimik, Gestik und Körperhaltung darstellen. Dadurch können alexithyme Menschen lernen, welche Emotionen sich hinter bestimmten Kombinationen von Körperempfindungen verbergen. Zum Beispiel können GruppenteilnehmerInnen dann üben, eine Emotion mit Gesten theatralisch darzustellen. Ankerpunkte sind zu Beginn die augenfälligen Merkmale: Ärgert sich jemand, so ziehen sich die Gesichtsmuskeln zusammen, der gesamte Körper spannt sich an und die Hände ballen sich zu Fäusten. Auf diese Art lernen Betroffene mit der Zeit, immer mehr Empfindungen an entsprechende Gesten zu koppeln und schließlich auch zu verinnerlichen.

Hilfreich ist auch das Verknüpfen von Gefühlszuständen mit Farben oder Landschaften, um zu lernen, Gefühlen Ausdruck zu verleihen.

Die Ursachen von Alexithymie werden in der frühen Kindheit vermutet. So ist der Austausch von Gefühlen zwischen Mutter und Kind bereits zu einem sehr frühen Zeitpunkt im Leben eines Kindes ausschlaggebend dafür, dass es eine Art „Gefühlsdatenbank“ erstellen kann. In dieser Datenbank wird jede Empfindung mit einer entsprechenden Gefühlsbeschreibung abgelegt. Sie wird laufend bis ins Erwachsenenalter durch die entsprechenden Lebenserfahrungen „upgedatet“ und so auf dem neusten Stand gehalten.

Wenn Bezugspersonen selbst an Alexithymie, Depressionen und anderen schweren psychischen Erkrankungen leiden oder eine sehr labile Persönlichkeitsstruktur aufweisen, kann dies ein Hemmschuh sein, ihrem Kind gegenüber Gefühle zu zeigen oder auf die vom Kind entgegengebrachten Gefühle und Bedürfnisse einzugehen. Gefühle werden kaum in Worte gefasst und somit nicht benannt. Später mangelt es dem Kind an den notwendigen Worten, um Gefühle für sich und andere zu benennen. Es stehen später nur Körperempfindungen zur Verfügung, die sie als Kleinkind verspürten – aber sie haben kein Werkzeug in die Hand bekommen, um diesen Körperempfindungen Begriffe zu zuordnen, sie mit Gedanken zu vernetzen, zu Handlungen zu verarbeiten oder mittels Sprache auszudrücken.

Mir ist in meiner psychotherapeutischen Arbeit, aber ebenso im kollegialen Umgang aufgefallen, dass man nicht unbedingt an Alexithymie leiden muss, um Defizite beim Ausdrücken von Gefühlen aufzuweisen.

Da gibt es Menschen, die durchaus über ein gutes sprachliches Repertoire von Gefühlsausdrücken verfügen, jedoch kaum in der Lage sind, es einzusetzen. Besonders der Ausdruck von positiven Gefühlen scheint diesen Personen Schmerzen zu bereiten, wenn ein solches Wort über ihre Zunge gleitet, denn anders ist es ja nicht zu erklären – oder? Begriffe, die Lob und Anerkennung betreffen, scheinen ganz besonders „scharf“ zu sein. Worte des Mitgefühls nur leicht kantig bis kratzig.

Ob das daran liegt, dass solche ZeitgenossInnen sich einfach nur verpflichtet fühlen, die Tradition der „mieselsüchtigen WienerInnen“ aufrechtzuerhalten, oder ob es sich um eine Persönlichkeitstendenz handelt oder gar um eine Sucht nach Missmut, sei dahingestellt. Aber sie sind sicher nicht gefühlsblind, denn sie können ja beispielsweise Ärger, Frust, Langeweile, Genervtheit oder Missmut hervorragend ausdrücken. Sie sind MeisterInnen der Affekte!

Nie würde ich solche Menschen auffordern, „positiv zu denken“, wozu denn, wenn sie keinen Grund dazu finden? Hingegen zu empfehlen, mehrmals täglich die Mundwinkel einfach nur „mechanisch“ nach oben zu ziehen – man kann auch lächeln dazu sagen –, macht Sinn, denn das hilft, die Stimmung zu heben. Bereits nach kurzer Zeit des Mundwinkel-nach-oben-Ziehens kommt die Botschaft „Erheiterung“ im Gehirn an. Es wird angenommen, dass dies durch Haut- und Muskelempfindungen in Form von Nervenimpulsen weitergeleitet wird. Als Hilfsmittel kann man sich einen Bleistift zwischen die Zähne klemmen und darauf achten, dass die Oberlippe nicht wie die Lefzen eines sabbernden Hundes über dem Stift herunterhängen, sondern frech und fröhlich in Richtung Nase gezogen werden. Sollte diese bildliche Vorstellung bereits zu einem Lächeln führen, kann man sich die Herumbeißerei auf dem Bleistift natürlich ersparen.

Zufällig entdeckte ich bei Internetrecherchen noch eine

weitere Möglichkeit, um hängende Mundwinkel anzuheben und so ein Lächeln ins Gesicht zu bringen. Bekommt man mit diesen Injektionen auch gute Stimmung verabreicht oder vergeht einem dabei eher das Lachen gänzlich?

> ***Mona Lisa Technik***
> *Marionettenfalten (Merkel-Falten) haben Ihren Ursprung im* ***hängenden Mundwinkel.*** *Durch eine Kräftigung der Mundwinkel mit stabilisierter (quervernetzter) Hyaluronsäure (z.B. Restylane Perlane®) lassen sich Mundwinkel anheben. Durch den unmittelbar entstehenden* fröhlicheren Gesichtsausdruck *wird das Verfahren* ***Mona Lisa Technik*** *genannt. Zum Anheben der hängenden Mundwinkel ist kein großes Materialvolumen des Hyaluronsäure-Gels nötig. Im Gegensatz dazu verschlingt das Verbessern der Marionettenfalten zum Aufpolstern selten weniger als zwei Milliliter des edlen Hautfüllstoffs. Durch eine zusätzliche geringe Anwendung von Botulinumtoxin im Bereich des Unterkiefers kann der Effekt der Unterspritzung verstärkt und verlängert werden.*

Möchte man nun weder auf einem Bleistift herumnagen, noch sich die Mundwinkel durch „edlen Hautfüllstoff" nach oben ziehen lassen, so gibt es verstreut über den Erdball auch Humortherapie, Lachclubs und Lachyoga.

Lachclubs und Lachyoga wurden vom Arzt Dr. Madan Kataria aus Bombay ins Leben gerufen. Er interessierte sich für die wissenschaftlichen Aspekte des Lachens und hatte hierzu viel Literatur gelesen. 1995 war es für ihn dann an der Zeit, sein theoretisches Wissen in Form eines Lachclubs in die Tat umzusetzen. Er motivierte vier Bekannte, mit ihm eine knapp halbstündige Lachrunde in einem Park abzuhalten. Dazu stellten sich die Lachbegeisterten im Kreis auf und erzählten sich Witze. Der jeweilige Erzähler nahm den Platz in der Kreismitte ein. Als ihnen bald die guten Witze ausgingen, griff Dr. Kataria die Idee auf, dass man auch ohne Grund lachen kann. Er entwickelte spezielle Übungen hierzu, teilweise angelehnt an erprobten Yoga-Techniken – so ward das Lachyoga geboren. Wie gut Lachen tut, erkennt man an der rasanten Ausbreitung der Lachclubs. Mittlerweile gibt es in Bombay 75 Lachclubs, in Indien über 900 und weltweit mehr als 1200 – und das ist beileibe keine lächerliche Anzahl!

Der amerikanische Humorforscher Paul McGhee hat eine gesunde Wunderwaffe gegen die oben angeführten „Merkel-Falten" entwickelt – das Acht-Schritte Programm zum Lachen, das jeder Mensch ohne großen Aufwand durchführen kann.

Eine von mir leicht modifizierte und ergänzte Form des Programms zum Lachen:

1. Umgeben Sie sich mit Humor, den Sie lieben. Haben Sie Augen für Heiteres im Alltag. Erkunden und definieren Sie Ihren Sinn für Humor.
2. Werden Sie verspielter. Überwinden Sie Ernsthaftigkeit. Geben Sie der Erheiterung eine Chance.
3. Lachen Sie öfters und lachen Sie gründlich. Fassen Sie das, was Sie erheitert, in Worte und teilen Sie es anderen mit. Gemeinsam lacht es sich besser!
4. Spielen Sie mit der Sprache. Kreieren Sie Ihren persönlichen Wortwitz. Erfinden Sie Fantasieworte für trostlose Dinge des Alltags.
5. Entdecken Sie, dass Heiteres und Humor im Alltag hinter jeder Ecke lauern. Lassen Sie sich anspringen!
6. Nehmen Sie sich selbst nicht zu ernst. Lachen Sie über sich selbst und über eigene Missgeschicke oder Fehler.

7. Halten Sie an Ihrem Humor auch in Stresssituationen fest. Joachim Ringelnatz soll gesagt haben: „Humor ist der Knopf, der verhindert, dass uns der Kragen platzt."
8. Fassen Sie die Punkte 1 bis 7 zusammen und setzen Sie so Humor als Bewältigungsstrategie für eine Vielzahl von Problemen ein.
9. Zusatzpunkt: Höchste Infektionsgefahr! Lachen ist ansteckend! Einfach ausgiebig auskurieren. Häufige Infektionen erhöhen die Widerstandsfähigkeit gegen Ärger!

Und falls Sie wissen wollen, warum ein Erdgeistchen namens Uglumuglu zukünftig oft KUGELN gehen will und warum auch für uns Menschen das ZER-KUGELN sehr anzuraten ist, empfehle ich Ihnen, das heitere und doch ernsthafte Buch „Meine magische Persönlichkeit. Persönlichkeitsanalyse mit der Erdgeistchenmethode" zu lesen. Hier erfahren Sie, wie Gefühle, Stimmungen und Affekte sowie die Art zu Denken mit den verschiedenen Persönlichkeitsstilen des Menschen und anderer Wesen in Zusammenhang stehen.

18. Wenn Gefühle überhandnehmen ...

Wenn Gefühle überhandnehmen, spricht man in der Psychologie auch von Affektiver Störung, wie Sie im vorigen Kapitel lesen konnten.

Der Begriff „Affekt" wird jedoch nicht nur als Fachausdruck und auch nicht immer im Zusammenhang mit einer Störung verwendet. In unserer Alltagssprache wird mit Affekt ein Gefühlszustand bezeichnet, der eine besonders hohe Intensität aufweist, also wenn ein Mensch emotional sehr erregt ist.

Führt jemand eine Handlung im Affekt durch, so verliert er dabei die Kontrolle über sein rationales Denken und Tun. Im Kapitel „Denkverbote und Denkblockaden“ stellte ich Ihnen die „drei Instanzen des psychischen Apparats vor“. Wenn nun jemand im Affekt handelt, so setzt in diesem Moment das Über-Ich (Gewissen und Moralverständnis) aus und so wird unsere TÜV-Plakette plötzlich ungültig. Das Ich, der Seelendiplomat, wird vom Es im Botschaftsgebäude eingesperrt, damit das Es völlig ungestört seinen Sprengstoff zünden kann.

Der Sprengstoff setzt sich aus den verschiedenen Emotionen zusammen. Es gibt jedoch nicht nur verwüstendes Dynamit, es gibt auch Wunderkerzen, strahlende Feuerwerkskörper, laute Knallfrösche und was die Pyrotechnik so alles zu bieten hat, da es ja auch Affekte der Freude und Begeisterung gibt. Denken Sie zum Beispiel an Fußballspiele, Konzerte oder Hochzeiten. Wie sensibel jedoch die emotionale Pyrotechnik ist, erkennt man daran, wie rasch sich Jubel in Fanatismus oder Radikalismus verwandeln kann. Auch Lachen und Weinen liegen eng beisammen und haben als Gemeinsamkeit die Tränen.

Um die Affektdurchbrüche unangenehmen Ursprungs zu beschreiben, gibt es sehr plakative Mundartausdrücke:

„Da krieg ich doch solche Kabeln!“ Und dabei wird so auf den eigenen Hals gedeutet, als wäre dieser dreimal so dick, um anzudeuten, dass die Halsschlagader infolge der Wut anschwillt. „An Hois kriagn“ („Einen Hals bekommen“) bedeutet dasselbe. Weitere Affekt-Exponate aus der Mundart-Sammlung:

„Es ist zum Aus-der-Haut-Fahren.“
„Da geht ma das Gimpfte auf.“

„An Gachn kriegen."
„Da kommt's ma hoch."
„Da geht einem der Hut hoch."
„Auszucken."

Die Vielzahl der Ausdrücke lässt die Vermutung zu, dass es nicht so selten ist, dass beim Menschen Gefühle überhandnehmen. Es muss sich dabei ja nicht sofort um Mord und Totschlag handeln, sondern es kann auch nur Ausdruck einer starken Gefühlsbewegung sein. Der verbale Ausdruck, untermauert von Mimik und Gestik, kann bereits zu einer Entlastung führen, wie im Kapitel „Gute und böse Gedanken" beschrieben. Wenn Gefühle am Brodeln sind, kann Schimpfen und Fluchen durchaus eine entlastende Wirkung haben – auch wenn ich dabei kein Gegenüber beschimpfe, sondern die Verbalexkremente nur in die Luft schleudere.

Nicht jeder Mensch hat mit durchbrechenden Gefühlen zu kämpfen, aber jene, die von solchen emotionalen Turbulenzen betroffen sind, berichten auch, dass ihnen eben in diesem Moment kluge Worte fehlen. Entweder es kommen Schimpfworte flugs aus der Kehle geschlüpft, oder alles bleibt drinnen und wühlt sich dort schmerzhaft in die Eingeweide. Winston Curchill soll gesagt haben: „Mit bösen Worten, die man ungesagt hinunterschluckt, hat sich noch niemand den Magen verdorben."

In der Psychosomatik wird diese Aussage jedoch teilweise widerlegt. Denn schlucke ich alle in mir brodelnden Gefühle hinunter, statt sie in angemessener Form zum Ausdruck zu bringen, so kann dieser „Gefühlsstau" implodieren und körperliche Probleme zur Folge haben.

Was heißt „angemessen zum Ausdruck bringen", können Sie jetzt fragen. Angemessen bedeutet, wie im Kapitel „Woher kommt das ‚Ich will …'" beschrieben, jene Ausdrucksweise, die als sozial kompetent bezeichnet wird. Im Zusammenhang mit Ärger ist das zum Beispiel: „Ich ärgere mich jetzt und möchte nicht, dass ..."

Leider ist es in Situationen, in denen Gefühle am Überlaufen sind, alles andere als leicht, sich so kontrolliert auszudrücken. Oft bleibt einem sozusagen die Luft weg. Ärger und Wut haben außerdem die unangenehme Eigenschaft, klare Gedanken oder Wortwitz wie ein überdimensionaler Radiergummi wegzuradieren. Da steht man nun mit „seinem dicken Hals" oder nackter als nackt neben der Haut, aus der man eben gefahren ist. Da setzen sie ein, die Gedankenblockaden. Besonders schlimm verhält es sich jedoch mit angestauten Gefühlen, je eher man seinem „Ärger Luft macht", desto besser kann man diesen verbal angemessen formulieren.

Oft ist es auch so, dass einem brilliante Worte mit Witz und Spitze erst Stunden später einfallen und man sich dann nochmals ärgert, weil das Hirn so „lahmarschig" hinterhergehinkt ist.

Was passiert aber nun, wenn Gefühle, die in der Seele zu beben beginnen, sich in rasender Geschwindigkeit in einen Tsunami verwandeln? Dann kann es zu Handlungen im Affekt kommen. Die wohl vernichtendste Folge eines Gefühlstsunami ist Tötung: der Suizid und der Mord im Affekt. Beides muss jedoch nicht unbedingt in einer exzessiven spektakulären Form durchgeführt werden, es kann in aller Stille stattfinden, obwohl die Gefühle die Explosivität einer Atombombe haben. Es hängt von der Lebensgeschichte und der Persönlichkeit des Menschen ab, wie die Handlung im Affekt aussieht. Ist jeder Mensch zu einem Mord im Affekt in der Lage?

Das Gesetz lässt als „Affekte" nur solche Gemütsbewegungen gelten, die im Verhältnis zu ihrem Anlass für einen Durchschnittsmenschen nachvollziehbar sind und bei denen er sich vorstellen kann, dass auch er unter den gegebenen besonderen Umständen in eine solche Gemütsverfassung geriete.

Dazu zählt nach dem Gesetz, wenn die Person, die eine solche Tat begangen hat, durch eine ihr oder Angehörigen zugefügte Misshandlung oder schwere Beleidigung zu der Tat provoziert wurde, ohne dass sie selbst zur Verschärfung der Situation beigetragen hat.

Der § 76 des österreichischen Strafgesetzbuchs (StGB) bezeichnet eine solche Handlung dann als Totschlag und schreibt vor: „Wer sich in einer allgemein begreiflichen heftigen Gemütsbewegung dazu hinreißen lässt, einen anderen zu töten, ist mit Freiheitsstrafe von fünf bis zu zehn Jahren zu bestrafen." Hingegen sollen MörderInnen eine lebenslange Freiheitsstrafe verbüßen.

Welche Kriterien der „Durchschnittsmensch" laut StGB aufweist, liegt zwar außerhalb meines Wissensbereichs, aber ich zweifle daran, dass es den „Durchschnittsmenschen" gibt, der sich vorstellen kann, infolge einer schweren Beleidigung jemanden zu töten. Aus meiner Sicht muss dieser schweren Beleidigung entweder eine Zeit der Demütigung vorausgehen, oder man muss durch diese schwere Beleidung so diskriminiert worden sein, dass infolge die eigene Existenz zugrunde geht. Ansonsten könnte ich doch, so zumindest meine Vorstellung, zu rechtlichen Mitteln greifen?!

Totschlag infolge einer Misshandlung der eigenen Person oder nahstehender Menschen zu begehen, ist hingegen für mich nachvollziehbar. Nachvollziehbar ist jedoch nicht gleichzusetzen damit, dass man auch selbst genauso handeln würde. Ich behaupte, dass kein Mensch in der Lage ist, sich freiwillig in eine solch schreckliche Situation mit allen seinen Sinnen hineinzuversetzen, denn da beginnen davor gesunde seelische Abwehrmechanismen einen

Schutzwall hochzufahren. Somit ist die Bewertung einer solchen Tat ebenso wenig zulässig, wie es möglich ist, das eigene potenzielle Handeln vorherzusehen.

Der Fall „Bachmeier“, ein dramatisches Ereignis, welches in meiner jungen Erwachsenenzeit passierte, ist mir noch heute im Gedächtnis, da ich damals sehr viel darüber nachdachte: Am 6. März 1981 erschoss die 31-jährige Marianne Bachmeier in einem Lübecker Gerichtssaal Klaus Grabowski, den Mörder ihrer siebenjährigen Tochter Anna. Sie wurde wegen Totschlags zu sechs Jahren Haft verurteilt und nach drei Jahren wegen Suizidgefahr vorzeitig entlassen. Danach soll sie in einer Talkshow gesagt haben, dass sie den Mörder ihrer Tochter nach reiflicher Überlegung erschossen habe. Sie wollte so selbst Recht sprechen und verhindern, dass er weiter beschmutzende Lügen über ihre Tochter verbreiten könne.

Die Gefühle, die bei dieser Frau und Mutter nicht mehr zu bändigen waren, explodierten nicht plötzlich, sondern kamen gebündelt und gezielt zum Einsatz – trotzdem war es eine Tat im Affekt. Wenn man in ein Behältnis zu viel hineinpacken muss, so muss dieses Gefäß nicht immer plötzlich zerspringen oder explodieren – es kann auch schlicht und einfach zerbröseln oder zerfallen. So „geht auch der Krug solange zum Brunnen, bis er bricht“.

Diese Frau war vermutlich in ihrer Trauer und ihrem Schmerz derart gefangen, dass ihr die Selbstjustiz als einziger Ausweg schien. Jedoch ein Ausweg, der ihr langfristig keine wirkliche Entlastung brachte. Sie hatte zwar den Mord an ihrem Kind gerächt, aber das machte ihr Kind nicht lebendig und der Schmerz und die Trauer blieben weiter bestehen. Eine Haftanstalt ist auch nicht ein Ort, um seiner Trauer adäquat Ausdruck verleihen zu können. Das zeigte sich auch daran, dass eine vorzeitige Entlassung infolge Suizidgefahr stattfand.

Es sterben laut Angaben der WHO jedes Jahr mehr Menschen durch Selbsttötung als durch Krieg und Mord. Im Schnitt unternehmen 20 bis 60 Millionen Menschen jährlich einen Suizidversuch. Rund eine Million Menschen stirbt daran. Wie viele als Folge davon mit Behinderungen überleben, dazu habe ich keine Angaben gefunden.

In Österreich, dessen Einwohnerzahl rund 8.334.300 beträgt, begingen im Jahr 2008 1265 Menschen Suizid. Das sind knapp doppelt so viele, wie infolge von Verkehrsunfällen sterben. Auch wenn die Zahl seit 1987 rückläufig ist, macht es nachdenklich. Was muss passieren, dass ein Mensch sich sein Leben nimmt?

Ein Risikofaktor soll es sein, wenn Menschen ihren Beruf und infolge ihre Existenz plötzlich verlieren. Sie tragen ein höheres Suizidrisiko als Menschen, die über längere Zeit in Armut leben.

In 90% der Suizidfälle liegt bei Betroffenen eine psychische Störung vor, sehr häufig ist es eine Depression. Mögliche Motive, einen Suizid zu begehen, sind Situationen oder Emotionen, die als so unerträglich und nicht aushaltbar empfunden werden, dass Betroffene keinen anderen Ausweg als die Flucht daraus sehen. Ein hilfloser Problemlöseversuch, ein Apell oder Hilfeschrei kann dem ebenso zugrunde liegen wie ein sehnlicher Wunsch nach Ruhe oder Auszeit von den erdrückenden Gefühlen und Empfindungen. Selten nur ist der Wunsch nach dem Tod vorhanden – sondern eher das unstillbare Bedürfnis, dem Leid ein Ende zu setzen.

Negative Gefühle, die zu einem extrem hohen Leidensdruck führen können, nehmen bei einer depressiven Erkrankung überhand. Von Depression betroffene Menschen leiden unter ihrer gedrückten Stimmung, verlieren das Interesse an ihrem sozialen Umfeld (Freunden, Familie, ...) und der Welt, die Fähigkeit, auf eine freundliche

Umgebung oder freudige Ereignisse angemessen emotional zu reagieren, geht verloren – somit auch die Fähigkeit, Freude zu empfinden. Die Unfähigkeit, etwas zu genießen, stellt sich ein, Gefühle der Hilflosigkeit und Hoffnungslosigkeit werden wach, angenehme Zukunftsperspektiven verschwinden, sie fühlen sich schlapp, müde, ausgelaugt und antriebslos, mögen sich selbst nicht mehr und haben ein negatives Selbstbild, reagieren oft sehr ungehalten und gereizt, neigen sehr leicht zum Weinen, plagen sich mit Selbstvorwürfen, fühlen sich selbst wertlos, werden von Schuldgefühlen gepeinigt, leiden an Ein- und Durchschlafstörungen.

Der Gesamtzustand einer Depression wird von Menschen, die davon betroffen sind, auch als Seelenschmerz beschrieben. Diese Art des emotionalen Schmerzes kennen auch Menschen, die einen nahestehenden Menschen verloren haben, Verlust und Trauer fühlen sich auch so an. Viele Menschen kennen ihn vielleicht auch noch aus ihrer Jugendzeit, als die erste große Liebe zu Ende ging. Im Zustand einer schweren Depression fühlen sich Menschen 24 Stunden am Tag so, über Wochen, Monate oder gar Jahre hinweg. Für alle, die sich nicht vorstellen können, wie sich das anfühlt, wenn Gefühle einer depressiven Verstimmung überhandnehmen, ein Imaginationsbeispiel:

Stellen Sie sich vor, Sie haben eine schwere Grippe ohne Fieber, jedoch mit Gliederschmerzen, die so stark sind, dass jede Bewegung ein enorm schmerzvoller und anstrengender Kraftakt ist. Die Glieder fühlen sich schwer und unbeweglich an. Sie fühlen große Traurigkeit, ohne jedoch eine Ursache dafür zu haben. In Ihrem Inneren, in der Höhe des Magens, nach hinten zum Rücken, fühlt es sich an, als würde mit einem glühenden Schwert wieder und wieder in Sie hineingestochen und in Ihrem Inneren herumgewühlt, ohne Ende, ohne Unterlass.

Es ist ein schrecklicher Zustand. Dieses Leid einer Depression ohne Linderung auszuhalten, muss jedoch nicht sein, denn es besteht die Möglichkeit, psychologische, psychotherapeutische und fachärztliche Unterstützung in Anspruch zu nehmen und so die Gefühle selbst wieder besser regulieren zu lernen. In einer Psychotherapie kann man lernen, den reißenden Gefühlsstrom in einen sicheren Staudamm umzuleiten und diesen regelmäßig zu warten, damit man vor einer Gefühlsüberschwemmung weitgehend geschützt ist.

Schutzlos gegenüber unseren Emotionen sind wir hingegen im Schlaf. Der Schlaf ist, so könnte man sagen, der Arbeitsplatz des Es. Hier darf es schalten und walten, ohne, dass ihm Seelendiplomat oder TÜV-Plakette in die Quere kommen. Das Es hat einen sehr hohen Aktienanteil an unseren Träumen und schaltet so auch das rationale Denken aus. Einzig und alleine die Erinnerung an den Tag oder die Tage davor und an die Vergangenheit im Allgemeinen lässt das Es durch das Tor der Traumwelt schreiten. Gedanken und Gefühle dürfen dann unter der Regie des Es unsere Träume spielen.

Auch wenn Träume seit ewigen Zeiten gedeutet werden, kann ich mich damit nicht so recht anfreunden. Eben habe ich auf einer Online-Traumdeutungsseite nachgesehen, was es bedeutet, verfolgt zu werden. Es heißt hier, dass der Versuch, zu fliehen oder verfolgt zu werden, zu den häufigsten Traumgeschehen zählt. Gedeutet wird es als Versuch Verantwortung, Versagensgefühlen, Schuldgefühlen oder anderen unangenehmen Emotionen zu entkommen.

Wenn man nun verfolgt wird, rennt man meistens. Rennen wird interpretiert als Zeichen dafür, dass man gut vorankommt und alle Aktionen von Erfolg gekrönt sind. Für mich passen diese beiden Deutungen nicht ganz zusammen?!

Ich verfüge jedoch auch nicht über das entsprechende Wissen zur Traumdeutung. Wobei diese Art der Instant-Traumdeutung natürlich nicht mit der gelernten und gewissenhaft durchgeführten Traumdeutung von TiefenpsychologInnen und AnalytikerInnen gleichzusetzen ist. Für mich ist jeder Mensch und dessen Gefühlsleben und Lebensgeschichte einzigartig und somit darf das, was sich davon in seinen Träumen offenbart, nicht mit einheitlichen Symbolen versehen werden.

Aus meiner Sicht haben Träume sehr viel mit Tagesverarbeitung, der Verarbeitung aktueller Emotionen und mit Ereignissen der Lebensgeschichte zu tun. Träumen dient somit auch schlicht und einfach dazu, das Erlebte nachzuverarbeiten, auch wenn es sich um Alltag und Unspektakuläres handelt. Ebenso können in Träumen auch langwierige Problemstellungen ans „Nachtlicht" treten. Wenn mir KlientInnen Träume erzählen, so haben sie meist selbst schon eine Interpretation bereit. Meine Aufgabe sehe ich darin, Fragen zu stellen, um den jeweiligen Traum so in einen rationalen und hilfreichen Kontext zu bringen.

Träume können sehr intensive Gefühle auslösen, eben weil unsere Ratio im Schlaf außer Kraft gesetzt ist. Es kann sich dabei um herrliche Gefühle, wie Lust, Begehren, Freude, Erregung, Zärtlichkeit, Gelassenheit oder angenehme Spannung handeln, ebenso aber auch um bedrohliche Emotionen, wie Furcht, Angst, Wut, Zorn, Trauer oder unbändigen Hass.

Wir können zwar sehr intensive Gefühle im Traum durchleben, davon ist jedoch das Empfinden körperlicher Schmerzen ausgenommen. Wenn wir meinen, Schmerz im Traum zu spüren, dann ist es tatsächlicher Schmerz und wir wachen auf. Unser Gehirn trickst hier, da ein Traum, der als lange wahrgenommen wird, tatsächlich nur Sekunden dauert und somit ein Schmerzgeschehen auch nach Sekunden zum Aufwachen führt. Schmerzen haben eine Warnfunktion und müssen daher immer real bleiben, darum sind sie von Traumempfindungen ausgeschlossen. Ich kann mich noch gut an einen Traum erinnern, in dem ich in die Brust geschossen wurde, absolut nichts spürte und danach noch munter durch die Gegend gelaufen bin. Beim Aufwachen erheiterte mich dann diese Unempfindlichkeit und Situationskomik. Es war übrigens kein Albtraum, sondern einer spannender „Krimitraum“. Bevor Sie nun zu mutmaßen beginnen, was sich so in meinem Innersten abspielen könnte, weise ich darauf hin, dass ich Kriminalfilme aller Genres liebe und mir solche auch oft abends zur Entspannung ansehe, wodurch sich dann Filmsequenzen auch in meine Träume einschleichen.

Aber Sie können natürlich auch Freudensprünge machen, weil Sie nun eine Psychologin dabei erwischt haben, wie sie versucht, ihr turbulentes Seelenleben zu beschönigen. Lassen Sie Ihrer Freude nur freien Lauf, denn so verschaffen Sie mir einen fließenden Übergang zu den angenehmen, überschäumenden Gefühlen.

Auch hier verfügt die österreichische Mundart über sehr bildliche Redewendungen:

- Man strahlt wie ein frisch lackiertes Hutschpferd, wenn man sich sehr freut.
- Jemand meint „a Laberl zu werd’n“, wenn ihn eine freudige Überraschung völlig unvorbereitet trifft.
- Man kann „sich einen Haxn ausfreuen“ oder sich „gfrein wia a Schnitzel“.
- Auch ist es möglich, in eine andere Person oder ein Wesen „verbrunzt“ zu sein, wenn man sie oder es abgöttisch liebt.
- Wenn jemand vor freudiger Erregung „völlig aus dem Häuschen“ ist, so kann es sein, dass ihm die Frage ge-

stellt wird, ob er „narrische Schwammerln gegessen" hat.

Ereignisse und Situationen, in denen wohltuende Gefühle überhandnehmen, gibt es ausreichend – große wie kleine! Zu großen und allgemein anerkannten Freudensituationen zählen zum Beispiel Hochzeit, Geburt eines Kindes und ein Ausbildungsabschluss. Auf die Suche nach den kleinen Freudenfeuerwerken des Alltags begeben Sie sich besser selbst. Als Reiseführer kann ich Ihnen jedoch das Buch „Mit allen Sinnen leben. Tägliches Genusstraining" empfehlen.

19. Die vielgerühmte emotionale Intelligenz

Gefühlvoll oder sehr emotional zu sein, ist nicht gleichbedeutend mit einer hohen emotionalen Intelligenz (EI). Es bedeutet auch nicht, nur ein netter Mitmensch zu sein.

Der amerikanische Psychologe und Autor Daniel Goleman ist jener Mann, der den Begriff Emotionale Intelligenz 1995 mit einem Bestseller populär gemacht hat. Er beschreibt die EI als die Fähigkeit, die eigenen Gefühle und die Gefühle von anderen Wesen zu erkennen. Weiters zählt er die Fähigkeit zur Selbstmotivation dazu und das Geschick, mit den Emotionen in uns selbst und in unseren Beziehungen sorgsam umzugehen.

Über EI zu verfügen kann sowohl bedeuten, warmherzig und verständnisvoll zu sein, aber wenn die Notwendigkeit besteht, eine Entscheidung zu treffen und durchzuziehen, auch dafür die nötige Durchsetzungskraft aufzubringen.

Da wir in einer vermessenen Welt leben, muss auch die EI messbar gemacht werden, obwohl es eigentlich vermessen ist, zu denken, dass die EI messbar ist. So wurde der EQ geschaffen als Geschwister des IQ.

Goleman hat das „Rad nicht neu erfunden“, denn unter den Begriffen soziale und emotionale Kompetenzen hat sich die Geisteswissenschaft schon lange mit dieser Thematik auseinandergesetzt. Salovey und Mayer haben im Jahr 1989, also noch vor Goleman, das Konzept der emotionalen Intelligenz an die Öffentlichkeit gebracht. Sie sahen die EI als überlappend mit der intra- und interpersonalen Intelligenz, also dem Konzept der Multiplen Intelligenzen von Gardner, welches ich Ihnen im Kapitel „Was macht uns intelligent?“ bereits vorgestellt habe.

Auch Goleman betrachtet die emotionale und rationale Intelligenz (IQ) als Teamplayerin. Ein Team, das seiner Ansicht nach nicht voneinander getrennt werden darf und sich auch ständig gegenseitig beeinflusst.

Der Einfluss des IQ auf den beruflichen Erfolg soll angeblich zwischen mageren 20% bis 30% liegen, hingegen werden stolze 80% des beruflichen Erfolgs großteils der emotionalen Intelligenz zugeschrieben.

In der Verhaltenstherapie ist das Training sozialer Kompetenzen seit Jahrzehnten ein fester Bestandteil der Therapieverfahren und es existieren zahlreiche standardisierte Trainingsmethoden. Die rational-emotive Therapie von Albert Ellis wurde bereits 1955 entwickelt und hat um 1980 Einzug in den deutschsprachigen Raum gehalten. Emotionale Kompetenzen sind, wie man sieht, lernbar und trainierbar. Training ist immer förderlich, auch wenn man über einen guten EQ verfügt, kann man dieses wertvolle Gut immer wieder aufpolieren und ihm so neuen Glanz verleihen.

Goleman seinerseits hat es auf jeden Fall geschafft (vermutlich weil er über eine hervorragende Kombination von EQ und IQ verfügt), die EI populärwissenschaftlich so ansprechend aufzuarbeiten, dass er die Auseinandersetzung damit einer breiten Masse schmackhaft machte. Und das ist sehr gut! Denn so zog das Wissen um EI und die Förderung der EI auch in den Alltag der Menschen ein. Aus Wirtschaft, Arbeitswelt, Kindererziehung und Ausbildungsstätten ist dieses Zauberwort EI oder EQ nicht mehr wegzudenken. Was ist eine Welt voller kognitiver Genies, die auf der zwischenmenschlichen Ebene „emotionale Nackerpatzerln“ *(österreichische Mundart für nacktes Kind)* bleiben?!

KritikerInnen beanstanden, dass das Konzept der EI und die Erhebung des EQ im Stile Golemans für eine strategische Planung in der Wirtschaft und der Arbeitswelt mit dem Ziel, den Unternehmenserfolg zu optimieren, benutzt wird. Auf den Punkt gebracht, heißt das für mich, es besteht Sorge, dass es zu Manipulationszwecken missbraucht wird. Hat Manipulation von Menschen denn nicht auch schon vor Golemans EI-Publikationen stattgefunden? Um zu manipulieren, braucht die Gattung Mensch kein Konzept!

An dem psychologischen Konstrukt der EI und an der Messbarkeit des EQ wird jedenfalls fleißig kritis-iert, modifiz-iert, analys-iert, verifiz-iert, standardis-iert, publiziert und wer weiß was noch alles getan, das mit „-iert“ endet. Dem schließe ich mich jetzt an und gehe über zu den einzelnen Zutaten der EI und freue mich, wenn Sie dies interess-iert.

EI ist ein Zusammenspiel aus verschiedenen Fähigkeiten und Eigenschaften, ähnlich den Zutaten eines komplizierten Rezepts für eine süße Köstlichkeit. Da ich keine begnadete Köchin bin und auch nur einfache Sachen backen kann, habe ich die Backweisheit eines Konditors immer im Hinterkopf: „Bei Kuchen und Co nie etwas an den vorgegebenen Zutaten verändern!" Das gilt auch für das hochsensible Konstrukt der EI: Es müssen alle Zutaten im richtigen Verhältnis vorhanden sein, sonst ist die EI „speckig", „geht nicht auf", zerfällt oder schmeckt schal.

Was sind nun die Zutaten der Emotionalen Intelligenz? Man weiß, dass Personen mit einem hohem EQ spezielle Fähigkeiten aufweisen und ein facettenreiches Selbstbild ihr Eigen nennen: Sie verfügen über eine gute Anpassungsfähigkeit, nehmen sich dabei selbst als flexibel wahr und sind bereit, sich neuen Verhältnissen anzupassen. Sie verfügen über gutes Durchsetzungsvermögen und wissen auch, dass sie authentisch, offen und dazu bereit sind, sich für ihre Rechte einzusetzen. Ihre Emotionswahrnehmung (Selbst- und Fremdwahrnehmung) ist gut ausgeprägt und so sind sie sich der eigenen Gefühle und der von anderen Menschen bewusst und nehmen diese auch sehr genau wahr. Auch können sie die eigenen Gefühle und die von anderen Menschen erkennen und benennen, wodurch die Fähigkeit zum Emotionsausdruck gegeben ist. Es handelt sich hier um Menschen mit einer hohen Einfühlsamkeit und damit sind sie auch fähig, die Perspektive anderer Menschen einzunehmen. Sie sind MeisterInnen des Emotionsmanagements, denn sie können auch auf die Gefühle anderer Menschen Einfluss nehmen. Dem nicht genug, verfügen sie auch über eine gute Emotionsregulation, da sie die eigenen Gefühle steuern und bei Bedarf kontrollieren können. Sie sind gut dazu in der Lage, die eigenen Bedürfnisse zu reflektieren und Impulse unterdrücken, was sie zu Menschen mit einer geringen Impulsivität macht. Sie sind fähig, erfüllende persönliche Beziehungen zu führen, und verfügen daher über eine gute Beziehungsfähigkeit. Damit einhergehend ist auch ein starkes soziales

Bewusstsein vorhanden und so können sie infolge ihrer hohen sozialen Kompetenz hervorragend soziale Kontakte und Netzwerke knüpfen. Menschen mit hoher emotionaler Intelligenz weisen eine gesunde Selbstachtung auf und nehmen sich so als erfolgreich und selbstsicher wahr. Sie können sich selbst in fast allen Lebenslagen sehr gut motivieren und empfinden es als unwahrscheinlich, angesichts eines Problems oder Unglücks aufzugeben. So weisen sie auch eine optimistische Lebenseinstellung auf, da sie davon überzeugt und dazu bereit sind, „die helle Seite des Lebens" zu sehen. Von Stress lassen sie sich nicht vereinnahmen, da Stressmanagement etwas ist, das sie gut beherrschen, denn sie sind fähig, Druck zu widerstehen und diesen zu managen. Wenn Sie das Glück haben, einem Menschen zu begegnen, der die Fähigkeit aufweist, Glück zu empfinden, und fröhlich und mit seinem Leben zufrieden ist, sind Sie auf eine Person mit hohem EQ getroffen – oder Sie blicken gerade in Ihr eigenes Spiegelbild.

Im Kapitel „Was macht uns intelligent?" beschrieb ich das „strohdumme Statement" einer rational hochintelligenten Person. Zu dieser Person ist zu sagen, dass eine Vielzahl der Zutaten für EI bei ihr gut ausgeprägt sind, jedoch weist sie in den Bereichen Emotionswahrnehmung, Emotionsausdruck und Selbstachtung aus meiner Sicht Defizite auf. Und schon ist es Kuchen leicht speckig! Der Vorteil der rationalen Intelligenz ist jener, dass ich in einem Teilbereich durchaus Defizite haben darf, aber noch immer intelligent bin. Ich habe dann unter Umständen sogar eine sogenannte TLS, eine Teilleistungsstörung. Das ist bei der EI nicht möglich, fehlt etwas, zerbricht der gesamte speckige Kuchen. Aber ich denke, es wäre im Sinne der EI, wenn man auch hier Teilleistungsstörungen anerkennen würde. Ich verkünde hiermit, es gibt ab sofort auch EITLS. So wie es ein TLS-Training gibt, so gibt es ja auch ein EITLS-Training. Wie eingangs erwähnt, sind emotionale Kompetenzen lernbar und trainierbar. Nur dürfen die Menschen nicht zu EIT(E)L sein, sich einzugestehen, dass sie eine EITLS aufweisen.

Meine Erfahrung in der zwischenmenschlichen Interaktion und dem Beobachten und Wahrnehmen von Verhaltensweisen und Gefühlen anderer Menschen hat mir jedoch gezeigt, dass Menschen sehr wohl über eine gut ausgeprägte EI verfügen können, jedoch infolge „seelischer Gründe“ manche EI-Zutaten unterbewusst abspalten. Mittels Abspaltung schützt sich die Psyche vor unangenehmen Gefühlen, also handelt es sich dann um eine Pseudo-EITLS.

So kann es beispielsweise in manchen Berufen nicht förderlich für das Wohlbefinden sein, sich die Gefühle von anderen Menschen zu sehr bewusst zu machen und sich damit intensiv auseinanderzusetzen. Ich kann mir vorstellen, dass es wenig sinnvoll ist, dass ein Chirurg sich in die Ängste und Schmerzen von PatientInnen intensiv einfühlt, denn das würde ja eine Hemmung hervorrufen, dem Menschen „wehzutun“. Oder auch kann es eine Ärztin hemmen oder lähmen, einem Patienten eine lebensbedrohende Diagnose mitzuteilen, wenn sie sich in dessen Gefühlssituation zu tief hineinlässt. Menschen, die im Flüchtlingsbereich arbeiten, laufen ebenfalls Gefahr, durch übertragene Emotionen stark belastet zu sein. Das gilt auch für Justizbereiche, Rettung, Polizei, Feuerwehr und zahlreiche andere soziale Berufe. Um die Wirtschaft nicht als Brutstätte für kalte Roboterwesen hinzustellen: Auch hier gibt es natürlich Arbeitsbereiche, die Handlungen erfordern, in denen Emotionswahrnehmung, Emotionsausdruck und Einfühlsamkeit starke Betroffenheit auslösen können.

Um einem Missverständnis vorzubeugen: Es bedeutet nicht, dass alle Menschen, die in diesen Berufsfeldern arbeiten, Pseudo-EITLS aufweisen. Dafür sorgen eine gute Ausbildung, regelmäßige Supervision, Intervision, Coaching, Selbsterfahrung und ein harmonisches Gleichgewicht zwischen Arbeit und Freizeit, bekannt als Work- and Life-Balance. Wie man lernt, diese EI-Zutaten in der entsprechenden Dosierung einzusetzen, um selbst keinen Schaden davon zu tragen, oder wie ein Training der EI aussieht, kann ich Ihnen hier auch nicht in Skizzenform darstellen. Es ist ein sehr individuelles Vorgehen und ein langfristiges Unterfangen, es bedarf berufsspezifischen Wissens und das Basiswissen ist bereits so komplex, dass es den Rahmen des Buches sprengen würde.

Was ich jedoch sehr kurz und prägnant zu Papier (oder PC) bringen kann, ist die Tatsache, dass im Berufsfeld von ÄrztInnen viel zu wenig Supervision, Selbsterfahrung und Coaching in Anspruch genommen wird. Ich vermute, dass andere Berufsgruppen diesem Defizit um nichts nachstehen. In vielen Sozialberufen, wie zum Beispiel bei PsychologInnen und PsychotherapeutInnen, zählen Selbsterfahrung und Supervision zur Ausbildung und verpflichtenden Fortbildung. Würde das auch bei anderen „emotionsgefährdeten" Berufen verpflichtend sein, normalisiert man damit die Inanspruchnahme dieser Leistungen und nimmt ihnen den Beigeschmack, „es nicht selbst zu schaffen". Diesen Rückschluss ziehe ich aus zahlreichen Gesprächen mit Ärztinnen, PolizistInnen, Feuerwehrmännern und PädagogInnen. Hier hat der Wirtschaftsbereich seine Nase vorne, denn hier sind Coachingsitzungen oder Selbsterfahrungsseminare etwas, das man selbstbewusst und voller Motivation in Anspruch nimmt.

Die Auseinandersetzung mit einem Teilbereich der EI kann jedoch eine spannende, kurzweilige und auch heitere Abwechslung im Alltag sein, das ist die Fremdwahrnehmung von Emotionen mit Perspektivenwechsel.

Wenn Sie als achtsame BeobachterIn durch Ihren Alltag schreiten, so lenken Sie Ihre Aufmerksamkeit auf andere Personen, die Ihren Weg kreuzen. Stellen Sie sich dann folgende Fragen: Was drückt das Gesicht der Person aus? Was drückt deren Körperhaltung aus? Wie könnte sich dieser Mensch zurzeit fühlen?

Auch wenn Sie kein Fan von Talkshows oder Dokusoaps sind, dieses mediale „Schmutzwäsche waschen" eignet sich hervorragend für Beobachtungen von Emotionen und für Interpretationen. Gleichzeitig können Sie sich auch noch zusätzliche Fragen stellen, die bei Alltagsbeobachtungen schwierig sind. Oder Sie können es zumindest ungefährdeter tun, als wenn Sie auf der Straße oder in Verkehrsmitteln beispielsweise extra stehen oder sitzen bleiben. Denn hier wäre offensichtlich erkennbar, dass Sie zum Beispiel ein Liebes- oder Konfliktszenarium beobachten, und das könnte unter Umständen in Folge ihrer physischen Gesundheit schaden. Ein distanzloses Hinstarren würde auch nicht für eine ausgeprägte EI sprechen. Nicht jedoch die Neugier, die ist zutiefst menschlich und auch in Ordnung. Jedoch ist eine EI-Zutat „geringe Impulsivität", was in diesem Fall heißt, zu erkennen und für sich zu benennen, dass man neugierig ist, und diesen Impuls dann regulieren zu können.

So eignen sich eben Film und Fernsehen zu Fragen wie: Wirkt diese Person authentisch und ihre Emotionen echt? Wie reagiert eine Person nonverbal auf Kritik oder Beleidigungen? Welches Gefühl könnte dieser Angriff bei der Person auslösen? Wie agiert diese Person dann verbal? Wie könnte man sich vorstellen, selbst auf solche Kritik nonverbal und verbal zu reagieren? (Auch wenn man nie und nimmer an einer solchen Talkshow oder Dokusoap teilnehmen würde!) Welche Gefühle würde diese Kritik oder Beleidigung bei einem selbst auslösen?

Sollten Sie nun ob meines Vorschlags, sich solchen Schund zu Gemüte zu führen, angewidert die Nase rümpfen, sei gesagt, dass sich auch hochwertige Spielfilme hervorragend dazu eignen, um sich mit den ProtagonistInnen zu identifizieren und dabei „fremdzufühlen".

Ist Ihnen auch dieser Vorschlag noch immer zu trivial, so schlage ich Ihnen einen Selbstreflexionsausflug vor, indem Sie sich mit den folgenden Fragen auseinandersetzen: Wie gut kann ich meine Gefühle und Stimmungen selbst beeinflussen? Bin ich ihnen öfters ausgeliefert oder kann ich sie regulieren? Wie gehe ich mit den folgenden Gefühlen bei mir selbst um und wie, wenn ich sie bei anderen Menschen erkenne: Ärger, Aggression, Wut, Freude, Zuneigung, Zufriedenheit, Unsicherheit, Trauer, Hilflosigkeit? Wie gut kann ich Gefühle benennen und kommunizieren? Wie ist es um meinen Kommunikationsstil bestellt? Drücke ich mich klar und verständlich aus? Spreche ich (selbst)sicher? Kann ich Informationen transparent und bestimmt an die entsprechenden Personen bringen? Wie gut kann ich anderen Menschen zuhören? Lasse ich andere Menschen ausreden? Kann ich mich in Gespräche einbringen? Kann ich andere Menschen motivieren? Kann ich anderen Menschen Perspektiven aufzeigen? Wie ist es um meine Führungsqualitäten bestellt? Ist/Wäre es mir ein Bedürfnis, eine Führungsposition innezuhaben? Bin ich eher Einzel- oder TeamplayerIn? Kann ich andere Menschen für mich gewinnen? Schätzen oder mögen andere Menschen meine Anwesenheit? Bin ich oft Anlaufstelle, um anderen mein „Ohr zu leihen" und meinen „Senf" dazuzugeben?

Und um ein bisschen Eigenwerbung für psychotherapeutische Interventionen zu machen: Solche und noch viel mehr an spannenden und (erfahrungs)gewinnbringenden Fragen kann man in einer Selbsterfahrung, Supervision oder einem Coaching bearbeiten und man kann dabei sogar manchmal herzlich lachen und Freude haben.

Und so komme ich noch zu einer Zutat von EI, die mir persönlich enorm wichtig erscheint – dem Humor! Damit meine ich nicht, dass man über jeden guten, schlechten oder dreckigen Witz lachen kann, sondern den sogenannten „Humor der kosmischen Perspektive“. Raymond A. Moody beschreibt eine solche Form des Humors in seinem Buch „Lachen! Über die heilende Kraft des Humors“: „In diesem Sinn hat jemand einen ‚Sinn für Humor‘, wenn er sich und die anderen auf etwas distanzierte Weise sehen kann. Er betrachtet das Leben aus einer veränderten Perspektive, in der er über Menschen und Begebenheiten lachen kann und trotzdem mit ihnen in emotionalem Kontakt bleibt. Ein solcher Mensch kann das Leben komisch finden, ohne dadurch die Liebe und Achtung für sich selbst und die Menschheit im Allgemeinen zu verlieren.“

Und wenn Sie über diesen „kosmisch-perspektivischen-Humor“ verfügen, werden Sie auch den EQ-Test im Anhang durchführen, jedoch das Ergebnis nicht zu ernst nehmen und vielleicht herzhaft über sich selbst lachen, falls sie ihn nochmals durchführen, damit das Ergebnis im zweiten Durchgang für sie zufriedenstellender ausfällt.

20. Das „Bauchgefühl“

Ganz gleichgültig, ob jemand einen leeren, vollen, keinen, stattlichen, normalen, muskulösen, flachen oder gar einen kunstvollen „Six-Pack-Bauch“ hat, das Bauchgefühl hat in jedem Bauch ausreichend Platz. Voraussetzung dafür ist jedoch, dass es von seinen Bauch-BesitzerInnen gehört wird.

Heute zu Mittag hat mein Nichthören auf mein Bauchgefühl dazu geführt, dass mein Bauch fast leer geblieben ist. So stand am Speiseplan der Kantine eine allseits beliebte Köstlichkeit. In meinem „tiefsten Inneren" wusste ich, dass diese „Versuchung zur Völlerei" bald aus sein könnte. Und was machte ich? Ich ging, diese Ahnung ignorierend, erst spät essen. Da saß ich dann, mit einer kargen Schüssel voll Tomatensuppe, statt mit Inbrunst der Völlerei frönen zu können. Die Lehre aus dieser Geschichte: Überhörtes Bauchgefühl rächt sich mit Bauchleere!

Intuition ist der Fachterminus für das Bauchgefühl. Kurz und prägnant lautet die Definition dieses Begriffs: Intuition ist spontanes, nicht auf reflektierendes Denken gegründetes, ganzheitliches Erkennen des eigenen Wissens.

Es gibt auch „Intuition Plus" – das jedoch ist ein Nassrasierer von Wilkinson, der mit beworbener Leichtigkeit störende Köperbehaarung entfernt.

Im Gegensatz zum logischen Denken läuft Intuition schnell und mühelos ab. Sie ist jedoch allen mystischen Ansätzen zum Trotz nichts Übersinnliches, sondern eine Form des Denkens. Da sie blitzschnell und luftigleicht vonstattengeht und nicht jene Anstrengung erfordert, wie das aufwändige und dadurch natürlich langsamere logische Denken, kann es „Eingebungscharakter" annehmen.

Die Kognitionswissenschaft hat hier die Rolle der strengen Gouvernante übernommen und der Mystik des Bauchgefühls und der Intuition ein rationales Ende bereitet. So weiß man mittlerweile, dass in den Tiefen unseres Unterbewussten Unmengen von Daten in Form von Sinneseindrücken und Empfindungen abgelegt sind. Wir nehmen das Eintreffen und Abspeichern dieser Botschaften jedoch nicht wahr. Während wir achtsam auf eine Sache konzentriert sind, sind unsere Wahrnehmungskanäle trotzdem empfangsbereit für unzählige Informationen, die rund um uns gesendet werden. Diese Informationen schleichen sich sozusagen durch eine Hintertüre in unser Gedächtnis und verstecken sich dort im hintersten Winkel des Kellers. Daher wissen wir auch nichts von unseren illegalen Gedächtnisuntermietern. Wir wissen somit nicht, was wir eigentlich alles wissen. Wenn dieses Wissen dann plötzlich aus seinem Versteck die Kellertreppe hinaufstürmt und nun willkommen geheißen werden will, ruft es ein Gefühl hervor, das wir dann nicht so richtig in unser rationales Denken einordnen können: das Bauchgefühl.

Die KognitionswissenschaftlerInnen legen großen Wert darauf, dass dieses UNTERbewusste mit anderen Mechanismen arbeitet als das UNbewusste, welches zu Freuds theoretischen Konstrukten zählt. Das UNbewusste ist eher mit einer Sondermülldeponie zu vergleichen, auf der verdrängte Affekte, emotional belastende Ereignisse und Erkenntnisse sowie sonstige Giftstoffe entsorgt werden, die Leib und Seele gefährlich werden könnten. Anders das hilfreich und effizient arbeitende UNTERbewusste, welches dazu beiträgt, Menschen zu unwissenden Wissenden zu machen: „Das, was ich weiß, von dem ich aber nicht weiß, dass ich es weiß, beeinflusst mich mehr, als ich weiß“ (aus der Zeitschrift Psychologie Heute).

Je mehr Erfahrungen wir auf einem Gebiet gesammelt haben, desto eher kommen wir zu guten intuitiven Lösungen. Die Summe unserer Erfahrungen sind die Rohstoffe, aus denen die Intuition ein hochwertiges Produkt herstellt. So können Ärzte, wie zum Beispiel auch der fiktive Dr. House, oder auch AutomechanikerInnen oder InformatikerInnen, zu intuitiven Schnelldiagnosen kommen. Sie gleichen einen „Tatbestand“ blitzartig mit einer Vielzahl ihrer Fälle ab und erstellen so eine Arbeitshypothese.

Intuition hat auch zu unserem Überleben beigetragen und tut es auch heute noch. Als der Mensch noch mit diesen kessen Fellkittelchen bekleidet war und sich seine Nahrung durch Jagen verschaffte, musste er blitzartig entscheiden, ob das Wesen, das auf ihn zustürmte, ein Raubtier oder ein Nutztier ist. Entscheidungen wie Freund oder Feind, Flucht oder Angriff konnten damals nicht in einem Stammesmeeting oder durch Mediation geklärt werden, sondern mussten aus dem Bauchgefühl heraus erfolgen. Wenn ich heutzutage mit dem Auto unterwegs bin, habe ich immer wieder das Gefühl, dass mein Bauchgefühl Unfälle verhindert. Es sind Situationen, in denen ich infolge der Verkehrsordnung eigentlich zuversichtlich sein könnte, denn es dürfte ja eigentlich nichts sein und nichts deutet offensichtlich auf eine Gefahrensituation hin. Kennen Sie zum Beispiel folgende Situation? Sie fahren zügig in der Kolonne und werden plötzlich ohne ersichtlichen Grund langsamer und Ihr Fuß wandert wie von selbst aktionsbereit zum Bremspedal. Ihr Bauchgefühl hat sie nämlich eben darauf hingewiesen, dass der Wagen auf der Spur rechts neben Ihnen, ohne zu blinken, ruckartig ausschert und sich vor Sie hineinzwängt. Und genau das passiert in der nächsten Sekunde.

Dieses Beispiel ist auch für FußgängerInnen anwendbar, die über einen Zebrastreifen schreiten möchten und plötzlich intuitiv stoppen. Und gut war es, denn gleich darauf braust ein Auto knapp an den Zehenspitzen der FußgängerInnen vorbei.

Auch wenn solche Aktionen oft den Schutzengeln zugeschrieben werden, sind es meistens wir selbst, die intuitiv agieren. Ich will jetzt natürlich keinem Schutzengel seine Kompetenz absprechen, aber diese engelhafte Berufsgruppe hat sowieso so viel zu tun, dass sie sicher nicht böse darüber ist, wenn wir Menschen auch selbst auf uns achten und unserem Bauchgefühl vertrauen.

Auch ein anderer Himmelsbote wird durch das menschliche Bauchgefühl entlastet – Amor, der Gott der Liebe. Ob ich jemanden sympathisch oder anziehend finde, lässt sich rational vorerst einmal nicht erklären, sondern passiert sozusagen in Sekunden „auch aus dem Bauch heraus". Wie Sie im Kapitel „Gedanken und Vorurteile" vorgehalten bekamen, sind diese intuitiv gesteuerten Prozesse aber auch sehr störungsanfällig und das gilt auch fürs Verlieben. Amor mag zwar entlastet sein durch das menschliche Bauchgefühl, eine andere Berufsgruppe hingegen kann sich deshalb vor Arbeit kaum erwehren – das sind die ScheidungsanwältInnen.

Das Pech ist, wir können den Vorgang, wen wir sympathisch oder unsympathisch finden, auch nach zahlreichen Tiefschlägen und Irrtümern nicht rational beeinflussen. Was wir jedoch können, ist selbstreflexiv und rational aus unserem Erfahrungsschatz schöpfen, und uns nicht Hals über Kopf ins nächste Beziehungsdilemma stürzen. Denn eine Beziehung aufzubauen, egal ob Liebebeziehung oder Freundschaft, erfolgt dann durch bewusste Handlungen und nicht mehr intuitiv. Darüber, „wie der Schelm handelt, weil er so denkt", erfahren Sie dann im Buchteil „Wie der Mensch handelt ...". Jetzt kehre ich wieder zurück zu den Emotionen der Gedärme. Auch wenn es sehr oft hilfreich ist, auf unsere „innere Stimme", also unser Bauchgefühl, zu hören, sollten wir ihm nicht immer und überall unreflektiert Glauben schenken.

Besonders dann, wenn man bedenkt, auf welchen Mechanismen zum Beispiel unsere Partnerwahl, nach Ansicht des Sexualforschers John Money, beruht. Er meint dass jeder Mensch eine innere „Lovemap", eine Liebeslandkarte, besitzt, von der er sich in Sachen Sympathie und

Zuneigung leiten lässt. Diese Lovemap wird von Geburt an aufgebaut und modelliert. Alle zwischenmenschlichen und emotionalen Erfahrungen, die wir machen, werden in diese Landkarte eingezeichnet. Einen großen Teil der Karte nimmt – wie könnte es auch anders sein – unsere Ursprungsfamilie ein. So können hier beispielsweise die Fürsorge des Vaters, das Lachen der Mutter, der liebevolle, jedoch strenge Blick der Großmutter und die Rüpelhaftigkeit von Geschwistern eingezeichnet sein. Ebenso aber sind hier auch die Basisstimmungen des Elternhauses und die Regeln und Vorlieben der Familie und des sozialen Umfeldes festgehalten. Neben solchen Basisdaten sind noch viele andere signifikante Punkte eingraviert, wie beispielsweise Aussehen und Statur von Bezugspersonen. Im Laufe des Lebens kommen natürlich zahlreiche weitere Erfahrungen hinzu, wodurch unsere Liebeslandkarte immer detaillierter und genauer wird. So entsteht aus unzähligen Puzzleteilen ein unterbewusstes Idealbild von Menschen, die potenzielle PartnerInnen oder FreundInnen sein können, wie zum Beispiel: Groß und stark wie der Vater, sportlich und heiter wie die Mutter, ruhig und ausgeglichen wie die Großmutter, witzig und charmant wie der Chemielehrer in der vierten Klasse, mutig und spontan wie die beste Freundin, ...

Aus Erinnerungen und Erfahrungen entstehen spezielle Muster und schlussendlich eine präzise „Checkliste“ unserer „Idealperson“ mit Gesichtszügen, Statur, Persönlichkeitszügen, Temperament, Haarfarbe, Mimik, Gestik und Stimme. Je nachdem, welche Position die Person in unserem Leben einnehmen soll, wiegen die Punkte der Checkliste natürlich unterschiedlich schwer. Also macht es einen Unterschied, ob es sich um Bekanntschaft, Freundschaft oder um eine Liebesbeziehung handelt.

Rufen wir uns jedoch in Erinnerung, welche Streiche

uns unser Gedächtnis spielt und wie leicht es zu Blockaden neigt, können wir uns plastisch ausmalen, dass diese Lovemaps sehr fehlerbehaftet sind. Würden wir mit einer solchen Karte in der Realität wandern gehen, würden wir nie an unserem Ziel ankommen oder sogar durch Erfrieren im tiefen Wald oder einen Absturz im unwegsamen Gelände zu Tode kommen. In diesen Lovemaps arbeiten nämlich alle nur erdenklichen Abwehrmechanismen fleißig vor sich hin und retuschieren Tränensäcke mit der gleichen Leichtigkeit weg wie Kränkungen, Gewalterfahrungen, Abwertungen oder Demütigungen. Daher gilt, wie Pavel Kosoin schon sagte: „Wenn man sich von der Intuition leiten lässt, muss man systematisch vorgehen."

Und dieses Zitat gilt nicht nur in Sachen Liebe und Beziehungen. Manchmal jedoch lässt sich eine intuitiv getroffene Entscheidung auch durch rationales Denken nicht mehr korrigieren. So brachte eine wissenschaftliche Untersuchung zutage, dass die Versuchspersonen eine Lieblingsspeise nicht mehr essen konnten, wenn diese in einer unappetitlichen Form serviert wurde, wie zum Beispiel Schokolade als Hundehaufen. Sie reagierten intuitiv mit Ekel und auch das Wissen, dass es sich trotz des abstoßenden Äußeren um ein schmackhaftes Essen handelte, half nicht.

Im Übrigen ist die „weibliche Intuition" ein Mythos. Eine wissenschaftliche Erhebung des britischen Psychologen Richard Wiseman mit der sehr großen Teilnehmerzahl von 15.000 Versuchspersonen brachte das Ergebnis, dass Männer bei ihren intuitiven Entscheidungen etwas besser abschnitten als Frauen. Die Aufgabenstellung war, richtiges von falschem Lächeln zu unterscheiden.

Die männlichen Probanden jedoch schätzten vor dem Experiment die eigene Intuition, definiert als „das Vermögen zum unmittelbaren, nicht-reflexiven Erfassen von

Sachverhalten“, deutlich schlechter ein als die Teilnehmerinnen. So hielten sich 80 Prozent der Frauen für „besonders intuitiv“, hingegen sahen sich nur 58 Prozent der Männer mit dieser Gabe gesegnet. Dieses verzerrte Selbstbild der Männer wird wohl durch kulturelle Aspekte, verinnerlichte Vorurteile und Erziehungsregeln beeinflusst.

Im Übrigen versage nach Wiseman die weibliche Intuition besonders dann, wenn es um die Aufrichtigkeit des anderen Geschlechts gehe. Männer haben das falsche Lächeln einer Frau in 78 Prozent der Fälle entlarvt, Frauen hingegen ließen sich vom Charme des männlichen Geschlechts leichter in die Irre führen und erreichten nur eine Trefferquote von 67 Prozent.

Diesen spannenden Lächel-Test kann jedermann und jede Frau auch online auf der Website von BBC durchführen: www.bbc.co.uk/science/humanbody/mind/surveys/smiles/

Das Bauchgefühl, die Intuition, die innere Stimme oder welchen Namen wir diesem mystischen Prozess auch geben, war und ist Thema zahlreicher wissenschaftlicher Untersuchungen – sicher auch deshalb, weil sie zum Menschsein gehört wie das Atmen oder der Herzschlag.

Einfach so aus dem Bauch heraus agieren können wir in der Kindheit besser als im Erwachsenenleben. Da sind wir noch recht frei von rationalen Denkvorgängen, Zwängen und Regeln und können so unbeschwert den „Bauch sprechen lassen“. So erfasste mich eine Sehnsucht nach der kindlichen Gelassenheit, als ich einen jungen Mann im zarten Alter von rund drei Jahren bei Schneetreiben und Sturmböen langsam und gemächlich, völlig in sich versunken, mit zufriedenem Gesichtsausdruck des Weges gehen sah, obwohl seine Mutter versuchte, sein Tempo zu beschleunigen. Sie versuchte dabei verschiedene Varianten – keine half. Intuitiv wusste der junge Mann, dass sein Papa, der laut Aussage der Mutter schon mit dem Essen auf die beiden wartete, sicher nicht alles selbst essen würde. Also warum Tempo machen, wenn es doch so viel angenehmer war und ihm war ja nicht kalt, sondern vermutlich der Mama, die sich ja wieder nur den dünnen Flattermantel angezogen hatte statt der lustigen dicken Daunenjacke …

So intuitiv sollten wir doch auch denken und fühlen können, wenn wir wieder mal von höherer Stelle unter Zeitdruck gesetzt werden.

Um unserer Intuition wieder ein wenig auf die Sprünge zu helfen, dient vielleicht auch die „Wieder-Kind-sein-Übung“: Gehen Sie in Gedanken in Ihre Kindheit zurück und erinnern Sie sich daran, welche Spiele Sie gerne gespielt haben und welche Speisen oder Naschereien Sie gerne gegessen haben. Schaffen Sie sich Kindheits-Motto-Tage, an denen Sie diese Vorlieben wieder aufleben lassen: Was ich gerne gemacht habe. Was ich gerne gegessen habe. Was ich mir gerne im Fernsehen oder Kino angesehen habe. Was ich gerne gespielt habe. Besuchen Sie Orte aus Ihrer Kindheit, die mit angenehmen Erinnerungen verknüpft sind. Sehen Sie sich Fotos oder Filme aus Ihren Kindertagen an. Versuchen Sie, wie ein Kind zu denken.

Trainieren Sie statt der Bauchmuskeln einfach nur Ihr Bauchgefühl. In Kombination mit dem rationalen Denken hilft es auf jeden Fall mehr, als es schaden kann. So sind sich Experten einig, dass man sich auf seine Intuition bei Routinehandlungen durchaus verlassen kann. Ebenso unterstützt uns das Bauchgefühl in Extremsituationen mit starkem Zeitdruck und Risiko. So ist wissenschaftlich bewiesen, dass FlugzeugpilotInnen, Feuerwehrleute oder NotfallmedizinerInnen in Krisensituationen vorrangig intuitiv handeln. Für solche Berufsgruppen ist eine Krisensituation natürlich auch Routine.

Wenn wichtige Entscheidungen zu treffen sind, für die auch ein angemessener Zeitraum zur Verfügung steht, ist ein systematisches Vorgehen und Abwägen von Ratio und Intuition sinnvoll. Wir sollten somit immer unserem Bauch ein Ohr leihen, während wir das andere nah am Hirn lauschen lassen, denn so wissen wir an der Wegkreuzung, welchen Weg wir einschlagen sollen.

21. Verletzte Gefühle

Was wäre für Sie ein paradiesischer Ort? Stellen Sie sich diesen in Ihrer Fantasie vor und versehen Sie ihn mit köstlichen Früchten und einem angenehmen Klima und viel Entspannung. Ein solcher Ort würde Ihnen nun zur freien Verfügung gestellt. Sie dürften dort kostenfrei leben und tun, was Ihnen so Freude macht. Sie haben nur eine einzige Auflage, Sie dürfen die prallen, saftigen Früchte von diesem einen prächtigen großen Baum nicht essen. Sie können jedoch nicht widerstehen. Einerseits weil es Ihnen dabei geht wie mit dem rosaroten Elefanten, andererseits weil Reaktanz aufzulodern beginnt. Nun, was passiert?

Natürlich haben Sie jetzt sofort erkannt, worum es sich handelt – um die Vertreibung aus dem Paradies, die erste dokumentierte offizielle Gefühlsverletzung! Adam und Eva fühlten sich vermutlich durch die Tatsache, unter Schimpf und Schande aus dem Garten verjagt zu werden, sehr gedemütigt und so in ihren Gefühlen schwer verletzt. Hatten sie doch nur eine lächerliche saftige Frucht verspeist. Ja, es war ihnen untersagt, das zu tun, aber war eine Konsequenz in dieser Härte nötig? Warum agierte der Gutsherr des Garten Eden so? Nun, auch er war gekränkt. Hatte er sich doch so großzügig gezeigt zu den beiden, völlig ohne Gegenleistung solch paradiesische Zustände ermöglicht. Er fühlte sich nicht ernstgenommen, hintergangen und ausgenützt. Sein Handeln folgte dann seinen Emotionen. Da er bis dato keinen Widerspruch dulden musste und alles nach seinem Willen geschah, war er seelische Verletzungen nicht gewohnt und handelte daher wohl sehr impulsiv und doch etwas überschießend.

Ich hoffe, mit meiner Interpretation dieses Ausschnittes der Schöpfungsgeschichte keine religiöse Gefühlsverletzung begangen zu haben, auch bekannt unter dem Fachbegriff „Blasphemie", „Gotteslästerung". Jemand verletzt die Würde Gottes zum Beispiel durch „Beschmutzung des Namen Gottes". So wurde beispielsweise ein Bühnenauftritt der Sängerin Madonna, in dem sie mit Dornenkrone am Kreuz hing, als blasphemisch eingestuft. Der Karikaturist Gerhard Haderer verletzte mit seinem „Jesus-Buch" die Gefühle der Kirche, die darauf auch mit einer Klage reagierte. Monty Phytons „Leben des Brian" durfte in verschiedenen Ländern über Jahre nicht öffentlich in Kinos gezeigt werden. Auch Tolstoi und Wilhelm Busch galten durch eines ihrer Werke als Beschmutzer kirchlicher Werte. Das ist nur ein kleiner Auszug aus einer langen Liste von prominenten Personen, die der Blasphemie beschuldigt wurden. Im Volke Israel wurde früher Blasphemie mit Tod durch Steinigung bestraft. Institutionelle Gefühle zu verletzen kann also mitunter sogar tödlich sein.

Für zahlreiche andere Gefühle, die tagtäglich verletzt werden, gibt es keine Fachtermini. Der Vorgang der Gefühlsverletzung wird zusammengefasst unter Beleidigung. Darunter fallen auch üble Nachrede und Verleumdung. Die Beleidigung ist die nach außen gerichtete Kundgabe der Nichtachtung oder Nichtbeachtung eines anderen. Unabhängig davon, ob eine Beleidigung strafrechtlich re-

Intuition ist der direkte Weg zum Richtigen und Falschen.
(Andreas Tenzer)

levant ist, wird sie in der Regel von der betroffenen Person als kränkend empfunden, als seelische Ohrfeige sozusagen. Die gekränkte Person empfindet das Verhalten des Gegenübers als ungerechtfertigt, als ungerecht. Ihre Grundannahmen, auch als verinnerlichte Lebensregeln, Einstellungen und Werte bekannt, sind dadurch in den Grundfesten erschüttert worden. Ein emotionales Erdbeben kann so ausgelöst werden!

Gefühle eines anderen zu verletzen ist auch strafbar! Dazu zählen nicht nur Beschimpfungen mit Fäkalbegriffen, sondern zum Beispiel auch, wenn man jemanden abwertend mit „du“ statt „Sie“ anspricht. Auch Gesten können als Gefühlsverletzungen geltend gemacht werden. Beispielsweise jemandem den „Stinkefinger“ oder „den Vogel“ zu zeigen. Es heißt somit aufpassen im Straßenverkehr, wo diese beiden Gesten wohl am häufigsten ausgetauscht werden. Oder vielleicht am zweithäufigsten, da sie auch in unserer Jugendkultur heimisch sind und dort noch häufiger zum Einsatz kommen. Interessant finde ich, dass Stinkefinger & Co, wenn sie unter Erwachsenen ausgetauscht werden, wesentlich heftigere Gefühle auslösen als bei Jugendlichen. Bei den Kids und Teens gehört der Austausch solcher Gesten fast zum guten Ton und wird eher mit einem Grinsen quittiert als mit Empörung. Die Gefühle von Menschen sind somit nicht alle mit derselben „Waffe“ verletzbar, sondern es kommt auch immer auf die individuellen Werte der angegriffenen Person an – auf ideelle Werte ebenso wie auf den Selbstwert.

Gemeinheiten, Gleichgültigkeit, Beschimpfungen, Spott, Vertrauensbruch, Demütigungen, Bloßstellungen, Liebesentzug sind nur ein winziger Ausschnitt seelischer

Ohrfeigen. Man kann Gefühle-Verletzen als eines der schwersten Vergehen gegen die Emotionen eines Menschen bezeichnen. Es findet seit Beginn der Menschheit und über alle Kulturen hinweg statt. So macht es auch Sinn, Art und Kontext der Verletzung mit Oberbegriffen zu versehen. Neben der schon erwähnten Blasphemie gibt es:

Das „politische Verletzen von Gefühlen"

Politische Ideologie, Fanatismus oder Dogmatismus ist für solcherlei Gefühlsverletzungen die Voraussetzung und die Rache, die auf verletzte politische Gefühle folgt, kann sehr fatal sein, wie unzählige Kriege dokumentieren. Wodurch entsteht politische Ideologie? Durch verinnerlichte Lebensregeln, Einstellungen und Werte, also durch Grundannahmen. „Grundannahmen sind der einzige Grund, warum Kriege geführt werden", so drastisch formuliert es der Psychiater und Psychotherapeut Prof. Dr. Michal Linden.

„Ehrgefühlverletzungen"

In manchen Kulturen wiegt diese so schwer, dass die Konsequenz ein Ehrenmord ist, durch welchen die Ehre der gekränkten Familie wiederhergestellt wird. Auch hier ist ersichtlich, dass Grundannahmen dem Übel zugrunde liegen.

Das „Amouröse-Gefühle-Verletzen"

Einseitige Liebe und verschmähte Liebe können zu diesen Verletzungen führen. Die Folge ist meist nicht Rache, sondern tiefste Verzweiflung bei der verletzten Person.

Diese Art der Gefühlsverletzung entsteht nicht durch eine Handlung, sondern infolge der Unterlassung einer solchen. Etwas vom anderen Ersehntes unterbleibt. Verletzte Liebesgefühle zählen vermutlich zu den häufigsten Gefühlsverletzungen. Zwar nicht in Form der Verschmähung, sondern oft durch Ignoranz, mangelnde Zuwendung oder Aufmerksamkeit. Was alle diese verletzenden Verhaltensweisen gemeinsam haben, ist der Mangel, den die verletzte Person spürt. Ein fast schon standardisierter Satz des Vorwurfs ist dann: „Du hast mich nicht mehr lieb!" Der Mensch, dem dies vorgeworfen wird, zeigt sich infolge dieses Vorwurfs oft ebenfalls in seinen Gefühlen verletzt. Entweder weil der Vorwurf absolut nicht stimmt oder aber, weil sich seine „Liebesunterlassung" aus dem Gefühl heraus entwickelt hat, dass er selbst nicht mehr ausreichend Zuwendung und Liebe erhält. Sie sehen, es ist nicht nur kompliziert, sondern es „beißt sich auch die Katze in den Schwanz". Zwar habe ich dieses Verhalten nur bei meinem Kater beobachtet, aber es ist sicherlich keine rein männliche Domäne. Außerdem führen Katzen und Kater das „sich selbst in den Schwanz beißen" meist spielerisch und heiter durch und sie hören auch bald wieder damit auf – im Gegensatz zur Spezies Mensch, der diesen ziellosen Kreislauf oft nur schwer durchbrechen kann. Wenn sich in einer Partnerschaft solch „schwanzbeißende" amouröse Gefühlsverletzungen eingeschlichen haben, macht Miteinander-Reden Sinn. Schlägt dabei jedoch immer wieder ein schwanzbeißendes Katzentier aus dem Hinterhalt zu, sollte man seine Gespräche in Form einer Paarberatung auf neutralem Boden durchführen. PaartherapeutInnen haben auch die Funktion von DolmetscherInnen. Hier wird übersetzt und ausgesprochen, was hinter den verletzenden Botschaften stehen kann.

Das „sexuelle Verletzen von Gefühlen"

Diese Kategorie steht in Zusammenhang mit der amourösen Gefühlsverletzung und der Ehrgefühlverletzung. Es ist weit verbreitet auf unserem Erdball, dass in den jeweiligen Gesellschaftsformen der Anspruch besteht, Männer müssen potent sein, um als „richtige Männer" zu gelten. So kann für den Mann die Sexualität zu einer Frage der Ehre und einer Selbstdefinition werden. Aus meiner Therapiearbeit weiß ich, dass es Männer in der heutigen Zeit beziehungstechnisch nicht unbedingt leicht haben. Den diversen Anforderungen und Wünschen entsprechend gut zu „funktionieren" ist ein Verhalten, das in unserer Leistungsgesellschaft auf allen Ebenen erwartet wird. So wird das zumindest auch in der Metro- & Heterosexualität gefordert. Verletzte Gefühle sind die unweigerliche Konsequenz dessen. Keine Frage, auch Frauen können unter dem „gesellschaftlichen Diktat der Schönheit und Sexualität" leiden, wie es auch in dem Buch „Wahnsinnig schön" – die Betonung liegt hier auf dem Wahnsinn – zum Thema gemacht wird.

Männer haben auf sexuellem Gebiet einen nicht übersehbaren Nachteil, der jedoch vermutlich seit Adam und Eva besteht. Wenn Männer „sexuell versagen", dann ist das für alle Welt sichtbar. Ja, für alle Welt, auch wenn es nur die Partnerin merkt. Aber das Gefühl der Verletzung, welches sich meist als Scham offenbart, kann Ausmaße annehmen, dass Mann meint, die ganze Welt wisse jetzt davon.

Geht man davon aus, dass sich die Partnerin ob der Erektionsschwäche oder anderer Missgeschicke nicht vor Lachen im Laken wälzt, so verletzt hier eigentlich vorrangig der gesellschaftlich anerkannte Denkstil Gefühle. Ist es dabei nicht sehr obskur, dass ein Denkstil verletzen kann? Damit komme ich zu einem sehr wichtigen Punkt bezüglich des Verletzens von Gefühlen. Es ist nämlich so, dass es eine der wenigen Verletzungen ist, die man „ablehnen“ kann. Niemand kann mir das Gefühl geben, dumm, ungeliebt, unbedeutend zu sein oder versagt zu haben, ohne dass ich es selbst zulasse. Roosevelt soll es so ausgedrückt haben: „Niemand kann dir das Gefühl der Minderwertigkeit geben, ohne dass du zustimmst.“

Das bedeutet nicht, dass man sich jede Beleidigung oder Kränkung gefallen lassen muss, aber die „Speerspitze“ kann auf einen schillernden Panzer aus Platin treffen und abprallen. Die Strategien, um sich eine geschmeidige, aber widerstandfähige Rüstung mit hohem Tragekomfort zu fertigen, sind vielfältig. Kinderseelen jedoch sind davon ausgenommen, da haben wir Erwachsene die alleinige Verantwortung, diese zu schützen und nicht zu verletzen!

Wie und wo Sie eine „Seelenrüstungsschmiede“ finden können, führe ich dann später aus. Vorerst noch zu weiteren Verletzungskategorien.

Das „Mutter-Gefühle-Verletzen"

„Jede Mutter hat das schönste, beste und liebste Kind auf der Welt!“, sagt eine alte Volksweisheit. Diese Version schrieb mir mit einem Augenzwinkern kürzlich eine Mutter über ihre kleine Tochter: „Sie heißt Marlies und ist für mich, wie kann es anders sein, die süßeste, schnuckeligste, ... auf der ganzen Welt :)“

Wird diese Annahme von jemandem bezweifelt, so fühlen sich viele Mütter tief in ihren Muttergefühlen verletzt.

Es wäre auch gut für das Kind, wenn diese Liebe, jedoch in reflektierter und gesunder Form, tatsächlich bei jeder Mutter stark ausgeprägt ist und ein Leben lang auch so bliebe. Aus meiner therapeutischen Arbeit weiß ich jedoch, dass die Mutter-Kind-Beziehung leider eine sehr verletzliche und störungsanfällige ist.

Angeblich ist Mutterliebe nichts anderes als ein Trick der Natur, damit das Neugeborene seine Mutter dazu bringt, den 24-Stunden-Job ohne Widerspruch verantwortungsvoll zu übernehmen. So ist es aber auch nachvollziehbar, wenn sich eine Mutter unter diesem Aufwand dafür entscheidet, dass ihr Kind eben das Allerbeste ist. Wie könnte man es sonst ertragen, durchschnittlich 4500 Mal pro Kind Windeln zu wechseln, wenn man es nicht für das allerliebste Wesen auf der Welt tut? Und hier wird erkennbar, dass Mutterliebe (oder Vaterliebe) nicht nur Instinkt ist, sondern mit Gedanken und so auch wieder mit den Grundannahmen der Bezugsperson verbunden ist.

Eine Mutter (das gilt natürlich auch für den Vater), die hinter ihrem Kind steht, ist etwas sehr Wichtiges und trägt zur Selbstwertentwicklung des Kindes bei. Hinter meinem Kind zu stehen und zu meinem Kind zu halten, beinhaltet, sowohl die Stärken als auch die Schwächen meines Sprösslings wahrzunehmen und ihm rückzumelden. So bewahrt man sein Kind auch davor, den Gefühle verletzenden Giftpfeilen des sozialen kindlichen Umfelds hilflos ausgeliefert zu sein.

Betont man hingegen nur die Stärken, läuft man Gefahr, in eine sogenannte „Affenliebe“ zu gleiten. Eine solche hemmt die gesunde kognitiv-emotionale Weiterentwicklung des Kindes. Vielleicht mag es bei Affen nicht dazu führen, aber wir Menschen pochen doch immer darauf, uns vom Affen zu unterscheiden.

Ich möchte nun noch die häufigste Form von Gefühlsverletzungen in Erinnerung rufen und bezeichne diese Mischform als:

Ein Klassiker dieser Kategorie entsteht, wenn Morgenmuffel und FrühaufsteherIn am frühen Morgen zusammentreffen. Nicht unweigerlich sofort, aber spätestens dann, wenn beide ihren Bedürfnissen freien Lauf lassen: „Du sprichst überhaupt nicht mehr mit mir!", „Liebst du mich überhaupt noch?!", „Du nimmst keine Rücksicht auf meine Bedürfnisse", „Du meckerst ständig an mir herum!", Nichts passt dir!"

Das ist nur ein kleiner Auszug vom frühen Morgen. Weiter geht's mit dem Vormittag, wo wir beispielsweise auf KollegInnen und Vorgesetzte treffen.

Mütter oder Väter, die ausschließlich als solche arbeiten, sind hier nicht ausgeschlossen, auch wenn der Begriff KollegInnen hier vielleicht nicht üblich ist. Vater und Mutter zu sein, den Haushalt zu versorgen und alles zu tun, was dafür nötig ist, ist ein vollwertiges Arbeitsfeld, jedoch ohne Bezahlung und ohne Gewerkschaftsvertretung. Denn keine Gewerkschaft könnte einen 24-Stunden-Job tolerieren. Aber genau diese Aufgabenerfüllung ist gesellschaftlich nicht anerkannt. Hier möchte ich jedoch nicht missverstanden werden, denn ich plädiere nicht für „Frauen (Männer) hinter den Herd", sondern weise nur auf die mangelnde Wertschätzung dieses Tätigkeitsbereichs hin. Mangelnde Wertschätzung einer erbrachten Leistung zählt zur Gefühlsverletzung!

Ich nehme den Faden zum Zusammentreffen mit KollegInnen einer bezahlten Arbeitsstelle wieder auf. Hier sind verletzende Klassiker: Das Ausschließen einzelner Personen hin bis zum aktiven Mobbing oder Bossing. Arbeit abwälzen. Sich mit fremden Federn schmücken, sprich Ideen von KollegInnen als die eigenen verkaufen. Über KollegInnen hinter deren Rücken schlecht reden. Arbeitsleistungen von Personen abwerten. Ungleichbehandlung von MitarbeiterInnen. Unsachliche Kritik. Und, und, und ...

Ich überlasse es Ihnen, ob Sie diese Liste der täglichen kleinen Nadelstiche fortsetzen wollen, und möchte mich nach einem kurzen Abstecher zu einer sehr starken Emotion, die durch Verletzungen ausgelöst werden kann, dann wieder konstruktiven Bereichen zuwenden.

Die Emotionen, die durch seelische Verletzungen wachgerufen werden, sind unterschiedlich und abhängig von der Lebensgeschichte und der Persönlichkeit eines Menschen. Sie sind somit sehr individuell, aber trotzdem sehr ähnlich.

Eine der führenden Empfindungen, die eine Gefühlsverletzung auslöst, ist Scham. Kein Wunder, denn die Zurechtweisung „Schäm dich!“ hat in der Kultur, in der ich lebe, leider einen Stammplatz in der Erziehung. Ich frage mich immer wieder, wofür sich junge Menschen so alles schämen sollen, was Erwachsene, ohne getadelt zu werden, geradezu perfektioniert haben. Das beginnt schon damit, sich beim Essen zu bekleckern oder mal ein befreiendes „Ach Scheiße!“ loszulassen. Wenn kleine Jungen sich genussvoll den Penis kratzen, kann bald ein „Schäm dich!“ das kindliche Ohr durchdringen. Was ist mit den unzähligen Erwachsenen, die sich ungeniert das Gemächt zurechtrücken oder sich am Hintern kratzen? Oder wenn Kinder völlig versunken in der Nase bohren, sollen sie sich schämen. Was aber, wenn Erwachsene sich mit dieser entspannenden Tätigkeit an der roten Ampel schamlos die Zeit vertreiben?

Jemanden zu beschämen, ist nicht hilfreich und dient auch nicht dazu, das unerwünschte Verhalten zu unterbinden (wie man an roten Ampeln und zurechtgerückten Penissen erkennt), es verletzt nur sinnlos Gefühle. Scham ist immer an zwischenmenschliche Beziehung geknüpft.

Schamgefühle haben immer einen sozialen Ursprung. Anders ist das zum Beispiel bei Angst oder Ekel, diese Emotionen können auch durch Dinge oder Ereignisse ausgelöst werden. Ekel vor einer Speise oder einem Geruch. Angst vor Höhe, Gewitter oder Hunden. Beschämungen sind somit etwas, das wir Erwachsene zumindest erziehungstechnisch weitgehend verhindern könnten. Ich spreche hier von der aktiven Beschämung, die zu Selbstzweifeln führt, und nicht von dem natürlichen schützenden Schamgefühl!

Man könnte über Scham und viele weitere Emotionen, die Kränkungen zur Folge haben, Seiten über Seiten füllen. Das will ich jedoch hier nicht tun, denn ich habe Ihnen ja Erbauliches und Konstruktives versprochen. Das sind nun Strategien, wie man seine verletzten Gefühle „erstversorgen" kann, man könnte auch „Trostpflaster" dazu sagen. Dieses kennen wir wohl alle aus Kindertagen, als wir erlebten, wie durch liebevolle Zuwendung und Ablenkung der Schmerz eines aufgeschürften Knies plötzlich viel leichter zu ertragen war. So lassen auch bunte Kinderpflaster mit lustigen Tieren darauf Schmerzen manchmal erträglicher erscheinen und so ähnliche Trostpflaster stelle ich Ihnen jetzt vor. Durch die regelmäßige Verwendung solcher Seelenpflaster wird dann mit der Zeit, durch wundersame Weise diese geschmeidige und widerstandsfähige Seelenrüstung mit hohem Tragekomfort geschmiedet:

Trostpflaster und Strategien im Umgang mit verletzenden Gefühlen

1. Trostpflaster „Nachfragen": Beim ersten Anflug einer Gefühlsverletzung fragen Sie die Person, die Ihnen gerade das „Seelenskalpell" angesetzt hat, was sie mit der Aussage genau gemeint hat. Falls die Tat vorsätzlich war, erkennt Ihr gegenüber, dass Sie sie durchschaut haben und sich wehren können. Falls es einfach nur eine fahrlässige Seelenverletzung war, wird sie auf ihren Fehltritt aufmerksam und kann sich erklären, entschuldigen und unter Umständen Wiedergutmachung leisten.

Falls die Kränkung einzig und alleine die persönliche Interpretation der gekränkten Person war, weil diese aus Selbstunsicherheit dazu neigt, alle Schuld bei sich zu suchen, und somit sehr vieles auf sich bezieht, dann kann diese Rückfrage zur Klärung des Missverständnisses beitragen.

Wobei Menschen, die oft in eine Opferrolle schlüpfen und sich mit Scham und Schuld geißeln, nicht so leicht zu überzeugen sind, dass sie in keiner Weise Schuld tragen.

So hat aber auch fast jeder Mensch seinen wunden Punkt und wenn dieser unbeabsichtigt getroffen wurde, reagieren wir auch ohne böswilliges Zutun eines anderen sehr gekränkt. So ist es nun mal!

2. Trostpflaster „Rückmelden“: Es macht auch Sinn, seinem Gegenüber mitzuteilen, wie Worte oder Handlungen auf einen selbst gewirkt haben und welche Gefühle dadurch wachgerufen wurden. Daraus kann der oder die „Messerstecher/in der Seele“ zum Beispiel erkennen, dass er oder sie vor dem Reden oder Handeln denken sollte. Oder sie oder er ist bestürzt, wie falsch ihre Worte verstanden wurden, und klärt das Missverständnis auf.

3. Trostpflaster „Persönlichkeitsanalyse“: Überlegen Sie sich, was dahinter stehen könnte, dass sich diese Person, die Sie gekränkt hat, so verhalten hat.

Menschen, die zum Beispiel schlecht drauf sind und sich eigentlich am liebsten selbst in den Allerwertesten beißen möchten, wenn sie das könnten, teilen aus ihrer Hilflosigkeit heraus (die sich als Wut äußert) oft „Rundumschläge“ aus. Ist man von einem solchen getroffen, hat es absolut nichts mit einem selbst zu tun und das kann man auch dem Wüterich rückmelden.

Es ist wissenschaftlich nachgewiesen, dass Menschen, die in ihrem tiefsten Inneren selbstunsicher sind und sich wertlos fühlen, statt einen gesunden Selbstwert aufzubauen, die leichtere Variante wählen und ihre Unsicherheit ständig überspielen und so zu übercoolen „Kotzbrocken“ werden. Solche Menschen werten dann oft andere in kränkender Weise ab, um sich dabei selbst zu erhöhen. Man sagt dazu auch, dass sie ein „überhöhtes Größenselbst“ haben – auch bekannt unter „Gottheitskomplex“. Solche ZeitgenossInnen sind notorische GefühlsverletzerInnen.

Das bedeutet auch, dass eben der Persönlichkeitsstil eines Menschen mit ein Grund dafür ist, wie er sich seinen Mitmenschen gegenüber verhält. Möchten Sie ein Profi werden im Erkennen von Persönlichkeitsstilen, empfehle ich Ihnen das Buch „Meine magische Persönlichkeit. Persönlichkeitsanalyse mit der Erdgeistchenmethode“. Man kann damit auch den dämonischen Persönlichkeitsanteilen seiner Mitmenschen auf die Spur kommen.

4. Trostpflaster „ Wertigkeit“: Überlegen Sie sich, ob diese Kränkung eine schwerwiegende Bedeutung für Ihr Leben und Ihre Person hat. Lohnt es sich, deswegen lange gekränkt zu sein? Wie viel Energie kostet es, sich mit dieser Gefühlsverletzung auseinanderzusetzen? Wäre es möglich, diese Energie zu nutzen, um sich etwas Gutes zu tun und so wieder Energie zu tanken? Streicheleinheiten für die Seele, die man sich selbst gibt, sind immer makellos und stärken den Selbstwert!

5. Trostpflaster „Selbstwert“: Den Selbstwert zu stärken, ist die beste Strategie, um sich vor Gefühlsverletzungen zu schützen. Je niedriger der Selbstwert eines Menschen, umso anfälliger ist er für tiefe Gefühlsverletzungen. Ein guter und stabiler Selbstwert trägt dazu bei, ein gutes Immunsystem gegen Gefühlsverletzungen aufzubauen, da man Verhaltensweisen und Aussagen seiner Mitmenschen nicht sofort auf sich selbst bezieht. Ein guter Selbstwert setzt sich aus reflektiertem Denken, einer differenzierten Sicht der eigenen Person, seiner Eigenheiten, aller Stärken und Schwächen sowie einem gesunden Anteil an Selbstachtung und Selbstfürsorge zusammen. Ergänzt durch die Fähigkeit, konstruktive Kritik annehmen und geben zu können.

Und vergessen Sie auch nie den Ausspruch von Roosevelt, dass keine Meinung und keine Handlung eines anderen Sie als Mensch abwerten kann!

Wie der Mensch handelt

22. Schauen, denken, reden – ein gutes Konzept?

Der Begriff „Konzept“ bedeutet „formuliertes Gedankengerüst zur Realisierung von etwas“ oder ist auch kurz als Plan oder Entwurf zu übersetzen. Um ein Gedankengerüst, einen Plan oder einen Entwurf zu erstellen, muss ich denken. Um etwas zu realisieren, muss ich dann die Gedanken in Worte und/oder Taten umsetzen. Ist es daher nicht ein Pleonasmus (etwas, das mit mehreren Worten ausgedrückt wird, die das Gleiche meinen), „schauen, denken, reden“ als Konzept zu bezeichnen? So wie zum Beispiel folgender Satz: Die tote Leiche des alten Greises lag im nassen Regen, bevor der Leichenbestatter in manueller Handarbeit einen Bestattungssarg zimmerte und die potenzielle Möglichkeit in Betracht zog, den Sarg gegen einen kleinen Obulus auch noch mit verzierenden Ornamenten zu schmücken.

Um diesen obskuren Satz bewusst zu formulieren, ist aber Hirnarbeit nötig, auch wenn der Output eher nach Gedankenlosigkeit klingt.

Ebenso gedankenlos klingt es, wenn in Nachrichten oder Schlagzeilen nach einem Unglück kundgetan wird, dass nur noch „mehrere Leichen tot geborgen werden konnten“.

Der Output beider Aussagen mutet gedankenlos an. Trotzdem besteht ein wesentlicher Unterschied. Der erste Satz wurde gedankenvoll gestaltet, der zweite wurde infolge klassischer Gedankenlosigkeit zu einer makaberen Aussage.

Aber auch dann, wenn man „schauen, denken, reden“ nicht als Plan definieren, sondern als Regel aufstellen würde, wird das nicht zum gewünschten Erfolg führen. Denn wir Menschen sind nun mal nicht perfekt und Regeln bieten außerdem den Reiz, sie zu brechen, und so tragen Statements, die öffentlich abgegeben werden, ebenso oft zu unserer Erheiterung bei, wie sie uns schaudern lassen können.

Prominente Personen sind für Verbalentgleisungen natürlich die beste Quelle. So tätigte der Ex-US-Präsident George W. Bush die legendäre Aussage: „Die große Mehrzahl unserer Importe kommt von außerhalb des Landes." Diese Aussage empfinde ich als „peinlich erheiternd"!

Silvio Berlusconi soll Menschen, die durch eine Erdbebenkatastrophe in Italien obdachlos wurden und ein Notquartier in einem Zeltlager bei L'Aquila gefunden hatten, mit folgenden Worten aufgemuntert haben: „Man muss es eben nehmen wie ein Camping-Wochenende." – Das ist kein Ausrutscher, das ist ignorante Selbstgefälligkeit in Reinkultur!

Paul Breitner, ein deutscher Torhüter, sagte in einem Interview: „Da kam dann das Elfmeter-Schießen. Wir hatten alle die Hosen voll, aber bei mir lief es ganz flüssig." – Diese Mitteilung bringt mich herzhaft zum Lachen.

Was mich in keiner Weise zum Lachen bringt, ist, dass Menschen, obwohl sie sich ganz korrekt an das Konzept „schauen, denken, reden" halten, trotzdem abscheuliche Aussagen tätigen, weil das einfach ihr Gedankengut ist. Sie sind von dem, was sie sagen, felsenfest überzeugt und fühlen sich im Recht. Ein Beispiel hierfür findet man auf der Website einer Person aus dem rechten Flügel, die für die Österreichische Bundespräsidentenwahl 2010 kandidierte: „Sie steht für Politik mit Werten. Sie redet nicht nur davon, wie andere das tun. Sie lebt ihre Einstellung."

Ein korrekte Aussage, welche an sich für PolitikerInnen von links, rechts, oben und unten und sonst überall gültig sein sollte. Sie schaute, sie dachte und sie sprach. Sie hielt sich an dieses Konzept. Sie erläutert auch ihre Werte und versicherte, dass sie als Österreichische Bundespräsidentin darauf achten würde, dass „unsere Werte, unsere Traditionen und unsere Kultur gestärkt und nicht weiter ausgedünnt werde“, da wir ja nicht „Fremde in der eigenen Heimat“ werden wollen. Sind Werte wie Tradition und Heimat, wenn diese nur der Ausgrenzung dienen, überhaupt noch Werte?

In ihrem Buch „MenschInnen“ SCHAUT sie sich die Geburtenstatistik der Österreichischen Bevölkerung an, DENKT dabei sorgenvoll an die Zukunft und REDET den Frauen ins Gewissen, dass, wenn sie weiterhin das Gebären verweigern, die österreichische Gesellschaft jeder archaischen und vormodernen Gesellschaft unterlegen ist.

Sie degradiert alle Mütter und solche, die es werden wollen, zu „kulturerhaltenden Gebärmaschinen“ und diskriminiert gleichzeitig alle kinderlosen Frauen und das schafft sie mit einem einzigen Satz, bei dem sie artig zuerst geschaut, dann gedacht und dann gesprochen hat.

Was nützt das Denken, wenn die Werte eines Menschen nicht mal die fünf Buchstaben wert sind?! Gedankenlose Ausrutscher sind da oft die netteren Wegbegleiter als durchdachter Schwachsinn.

Warum passieren uns eigentlich gedankenlose Ausrutscher oder Versprecher? Nur dann, wenn wir gedankenlos sprechen? Ich ertappe mich bei verbalen Ausrutschern auch oft dann, wenn mich ein Thema emotional stark anspricht. Oder auch dann, wenn ich schneller denken möchte, als ich sprechen kann, produziere ich Aussagenauffälligkeiten. Das passiert mir übrigens auch beim Schreiben am PC, da ich im „Ohne-Acht-Finger“-System tippe und die in meinem Hirn vorformulierten Sätze, um sie nur ja nicht zu vergessen, möglichst rasch tippen möchte. Nicht nur, dass ich mit zwei Fingern sowieso langsam bin, so reagiert auch noch die linke Hand langsamer als die rechte und schon sind die Buchstaben durcheinandergewürfelt. Tippfehler kann man ausbessern, verbale Ausrutscher oft nicht.

Eine weitere Falle stellt mir mein Gehirn immer dann, wenn ich es besonders beanspruche, indem ich völlig in Gedanken versunken bin. Werde ich dabei etwas gefragt, sehe ich meinen Gesprächspartner zwar an, höre auch, was gesagt wird, nehme es aber scheinbar nur eingeschränkt wahr, denke dann parallel zu den laufenden Gedanken darüber nach und was kommt dann über meine Lippen? Nun ja, oft Unsinn. Sei es in Form eines unvollständigen Satzes, einer Aussage, die nur ansatzweise etwas mit der Frage zu tun hat, oder als klassischer Versprecher.

Unser Gedächtnis ist nun mal zu Streichen aufgelegt. Jedoch weiß man aus der Kognitionswissenschaft, dass der Mensch seinen gesprochenen Output auf mehreren Ebenen überarbeitet und somit prüft, wodurch manche Fehler entdeckt werden – aber nie alle und selten die unangenehmen. In 25 bis 50 Prozent aller Fälle entdecken SprecherInnen ihren Fehler und versuchen, diesen zu korrigieren. Die Betonung liegt auf versuchen, denn oft gelingt das nicht und man schlittert nach dem Ausrutscher noch weiter übers ganze Parkett. Man verhaspelt sich noch mehr oder tritt immer tiefer in den Fettnapf.

Die Ursache für die Störungsanfälligkeit des gesprochenen Wortes vermutet man in zwei unterschiedlich organisierten Wortschatzspeichern des Gehirns. In einem sind Wörter nach ihrem Klang gespeichert, im anderen nach ihrer Bedeutung. Stellen Sie sich vor, Sie würden in zwei Bänden eines Lexikons gleichzeitig etwas nachschlagen – Sie werden feststellen, dass Sie zu wenig Hände und zu wenig Augen haben, um das zu tun. Dahingehend leistet unser Gehirn beim Denken doch Großes und darf auch ein bisschen patzen. Übrigens merkt das Umfeld Versprecher seltener als die SprecherInnen selbst, da das Gehirn unterbewusst solche oft automatisch richtigstellt.

So dachte ich bei einem Buch über gesammelte Versprecher, das den Titel „Reden ist Schweigen, Silber ist Gold“ trägt, einige Sekunden nach, bevor ich den Fehler erkannte. Mein Gehirn hatte das Sprichwort nämlich sofort in die richtige Version gebracht.

Das bedeutet auch, dass man sich manchmal gar nicht so viele Gedanken darüber machen müsste, was andere über einen denken, wenn man mal harmlos verbal entgleist. Zumal jenen, die sich darüber viele Sorgen machen, selten derartige Missgeschicke passieren, da sie aus der Angst heraus nur schauen und schweigen und das Reden weitgehend vermeiden.

So betrachtet, kommt es beim Konzept „schauen – denken – reden“ nicht nur auf die richtige Abfolge an, sondern auch auf die „Dosis“ der einzelnen „Zutaten“.

Ich habe nun fast vier Buchseiten lang die Konzeptbezeichnung betrachtet und darüber nachgedacht und schreibe jetzt nieder, dass mir der deutsche Wortklang des Konzeptes zu sperrig klingt. Ich werde es ab nun als LOTTA-Prinzip bezeichnen. Abgeleitet vom Englischen „Look – Think – Talk“ und weil Lotta für meine Ohren nett klingt. Und aus Prinzip, weil es aus meiner Sicht eine Gesetzmäßigkeit sein sollte. Nun wieder zur eigentlichen Sache: Schweige ich aus Angst, weil das, was ich sage, „dumm“ sein könnte, so bedenke ich nicht, dass auch mein Schweigen als dumm oder überheblich interpretiert werden kann:

„Die/Der ist zu dumm, um mitzureden.“

„Die/Der fühlt sich als etwas Besseres und ist sich zu gut, um mitzureden.“

Je mehr sich Menschen selbst beobachten und ihr Verhalten reflektieren, desto mehr liegt deren Schwerpunkt auf dem Beobachten, Zuhören und Nachdenken. Jedoch auch beim aufmerksamen Zuhören redet man, indem man nachfragt. Nachfragen bedeutet auch Anteil nehmen und Interesse zeigen. Um nachzufragen, muss ich auch nachdenken. Nachfragen ist daher immer eine Möglichkeit, sich in Gespräche einzubringen. Auch für Menschen, die Sorge haben, etwas Dummes zu sagen, denn es gibt keine dummen Fragen, sondern höchstens dumme Antworten. Unhöfliche oder distanzlose Fragen gibt es natürlich schon, aber die passieren einfühlsamen, zurückhaltenden oder schüchternen Menschen sicher nicht. Außerdem sollten solche gar nicht auftreten, wenn ich mich ans LOTTA-Prinzip halte. Treten sie auf, obwohl sich jemand an dieses Prinzip hält, liegt das Problem, wie schon zuvor erwähnt, am Gedankengut des Menschen. Sind die Werte und Einstellungen eines Menschen fragwürdig, dann nützt eben auch kein Konzept und keine Regel. Achtsamkeit ist die Wurzel, aus dem das LOTTA-Prinzip entwächst.

Wir beobachten achtsam eine Situation, denken darüber achtsam nach und wählen unsere Worte achtsam.

Bei Besprechungen, denen ich regelmäßig beiwohne, habe ich des Öfteren den Eindruck, dass das LO von LOTTA aus dem Raum gejagt wird. Wie sonst kann es sein, dass Menschen jemandem einfach ins Wort fallen und sich in ihrer Rede auch dann nicht stoppen lassen, wenn der andere sich nicht unterbrechen lässt? Ich erlebe das sehr häufig und bin immer wieder fasziniert. Da sitzen rund fünfzehn Personen in einem Raum und fünf davon sprechen plötzlich fast gleichzeitig. Das LO flüchtet sich dann meist zu mir und hilft mir beim Staunen. Andererseits habe ich durch diese Diskussionskultur auch gelernt, mich nicht so leicht unterbrechen zu lassen, sondern mein Statement zu Ende zu führen. Und ich konnte hier auch trainieren, zu unterbrechen! Runzeln Sie bitte nicht Ihre Stirn und werfen mir jetzt vor, dass ich das doch eben kritisiert habe, ich erkläre es sogleich: Ist eine Gesprächskultur von Egozentrik durchwachsen, kommt jemand, der rücksichtsvoll wartet, bis alle ausgesprochen haben, nie zu Wort. Daher macht es Sinn, das Luftholen von SprecherInnen zu nutzen um seinen Wortbeitrag zu starten.

In Besprechungsrunden gibt es immer einige TeilnehmerInnen, die sich selbst sehr gerne reden hören. Ob man solchen Personen Einhalt gebieten kann oder nicht, hängt von den Rahmenbedingungen und der Situation ab. Je weiter jedoch das LO von solchen SelbstdarstellerInnen flüchtet, desto schwieriger wird es. Denn wenn jemand sein Gegenüber und sein Umfeld nicht beobachtet, sondern nur denkt und spricht und denkt und spricht und spricht und spricht und spricht ... und auch noch sehr gerne spricht, wie und warum sollte er dann aufhören? Denn:

> *Schweigen ist Gold und Gold ist unglaublich schwer.*
> (Pascal Lachenmeier)

Auch Beobachten nützt nichts, wenn ich mich nicht in andere einfühlen kann. Denn wenn ich in eine Runde blicke und gelangweilte Gesichter sehe, mir das aber völlig gleichgültig ist, ist das LOTTA-Prinzip zwar perfekt, aber wie steht es um meine Wertschätzung den anderen gegenüber? Das führt uns, wie schon zuvor, zu der Erkenntnis, dass die Grundhaltung eines Menschen ausschlaggebend ist.

Jetzt wird es noch komplizierter, da Menschen, deren Werte und Einstellungen nicht die unsrigen sind, das sicher nicht so sehen. Sie betrachten ihre Werte als die wahren und tun dies auch kund. Sie schauen, denken und

Aufmerksamkeitslenkung auf den aktuellen Moment, das bedeutet, wir sind uns bewusst, dass wir etwas Bestimmtes tun.
(Kabat-Zinn)

reden. Sie halten sich ans LOTTA-Prinzip!

Lassen wir nun mal die Werte, trotz ihrer Wichtigkeit, außen vor und sehen uns das LOTTA-Prinzip in Bezug auf kränkende Aussagen an. In Situationen, in denen wir zum Beispiel jemandem Feedback geben, ist es ein sehr wichtiges Prinzip. Bei negativem, aber auch bei positivem Feedback. Denn klingt beispielsweise die positive Aussage „Dieses Kleid ist bei deiner Figur sehr vorteilhaft" besser als die negative „Dieses Kleid kannst du dir bei deiner Figur aber nicht leisten"? Ich finde nicht!

Entweder denkt die Person, die solches Feedback gibt, nicht nach und agiert somit nicht nach dem LOTTA-Prinzip oder woran kann es noch liegen? Schon wieder an den Werten, obwohl ich doch diese außen vor lassen wollte.

In Feedbacksituationen, wie in allen anderen Situationen, in denen wir Aussagen tätigen, sind Menschen, die über Weisheitskompetenzen verfügen, im Vorteil. Man könnte auch fast sagen, ohne Weisheitskompetenzen erübrigt sich das LOTTA-Prinzip. Der Psychiater und Psychotherapeut Prof. Dr. Michal Linden definiert diese Kompetenzen in seinen Schriften so:

Perspektivenwechsel: Fähigkeit zum Erkennen der verschiedenen Perspektiven der an einem Problem beteiligten Personen.

Selbstdistanz: Fähigkeit, sich selbst aus der Sicht einer anderen Person wahrzunehmen.

Empathie: Fähigkeit zum Erkennen und Nachempfinden von Gefühlen der an einem Problem beteiligten Personen.

Emotionswahrnehmung und Emotionsakzeptanz: Fähigkeit zur Wahrnehmung und zur Akzeptanz der eigenen Gefühle.

Emotionale Heiterkeit und Humor: Fähigkeit zur emotionalen Ausgeglichenheit bei der Vertretung eigener Überzeugungen und Standpunkte sowie die Fähigkeit, sich selbst und die eigenen Schwierigkeiten mit Humor zu betrachten.

Fakten- und Problemlösewissen: Generelles und spezifisches Wissen um Probleme und Möglichkeiten der Problemlösung.

Kontextualismus: Wissen um die zeitliche und situative Einbettung von Problemen und die zahlreichen Umstände, in die ein Leben eingebunden ist.

Wertrelativismus: Wissen um die Vielfalt von Werten und Lebenszielen und die Notwendigkeit, jede Person innerhalb ihres Wertesystems zu betrachten, ohne dabei eine kleine Anzahl universeller Werte aus dem Auge zu verlieren.

Selbstrelativierung: Fähigkeit zu akzeptieren, dass in der Welt vieles nicht nach dem eigenen Willen läuft und man selbst nicht immer am wichtigsten ist.

Ungewissheitstoleranz: Wissen um die dem Leben innewohnende Ungewissheit bezüglich Vergangenheit, Gegenwart und Zukunft.

Nachhaltigkeit: Wissen um negative und positive Aspekte jedes Geschehens und jedes Verhaltens sowie um kurz- und langfristige Konsequenzen, die sich daraus ergeben und einander auch widersprechen können.

Problem- und Anspruchsrelativierung: Fähigkeit, die eigenen Probleme durch einen Vergleich mit den Problemen anderer Personen relativieren zu können.

Sollten Sie nun erfreut feststellen, dass Sie über alle diese Kompetenzen verfügen, dürfen Sie jedoch trotzdem nicht selbst von sich behaupten, weise zu sein, denn Weisheit wird immer durch andere festgestellt. Diese Bewertung obliegt nie einem selbst. Trotzdem sollten Sie so weise sein und auf ihre Weisheitskompetenzen möglichst oft zurückgreifen und diese gemeinsam mit dem LOTTA-Prinzip zum Einsatz bringen.

23. Warum handeln wir anders, als wir fühlen?

Wenn ich darauf eine eindeutige und befriedigende Antwort geben könnte, hätte ich bereits ein riesengroßes Schloss mit Schlosspark und Bediensteten und für mein ganzes Leben ausgesorgt. Und indem ich das gerade schreibe, handle ich ander, als ich fühle, denn ich habe kein Bedürfnis, ein Schloss zu besitzen oder Bedienstete zu haben.

Also warum agieren wir nun so widersprüchlich? Dafür gibt es zahlreiche, oft nur unterbewusste Gründe. Diese Gefühlsquellen, denen die widersprüchlichen Handlungen entspringen, liegen in einem tiefen, unerforschten Seelenwald. Die Handlungsbächlein, die aus diesen Quellen sprudeln, vereinigen sich dann leider sehr rasch zu einem breiten Fluss. Dieser Fluss wird in Sekundenschnelle zu einem reißenden Handlungsstrom, unaufhörlich gespeist durch verwirrte Gefühlsquellen.

Denn wie sonst könnte man beispielsweise jemanden wie eine auf Bewährung entlassene Person behandeln, obwohl man diesen Menschen innig liebt? Genau das passiert, wenn jemand sehr eifersüchtig ist. Ich empfinde Liebe für eine Person und sehne mich nach Zuneigung und deshalb führe ich folgende Handlungen durch:

Ich liebe eine Person und deshalb terrorisiere ich sie mit Telefonanrufen und werde sauer, wenn sie nicht immer Zeit hat oder mal nicht ans Telefon geht.

Ich liebe eine Person und deshalb durchwühle ich ihre Sachen, wenn sie gerade duscht.

Ich liebe eine Person und deshalb nutze ich jede Gelegenheit, um alle ihre Anrufe und Mails heimlich durchforsten zu können.

Ich liebe eine Person und deshalb werfe ich ihr so oft wie möglich vor, dass sie mich nicht mehr liebt.

Ich liebe eine Person und deshalb mache ich sie so oft wie möglich darauf aufmerksam, dass sie Mutter, Vater, Geschwister, ihren Freundeskreis und wer weiß sonst noch wen viel mehr liebt als mich.

Ich liebe eine Person und deshalb bestehe ich darauf, dass sie alle Zeit ausschließlich mit mir verbringt.

Ich liebe eine Person und deshalb trommle ich mit Fäusten auf sie ein, weil sie mir verschwiegen hat, dass sie mit KollegInnen nach der Arbeit etwas trinken war.

Diese Aufzählung kann man noch um zahlreiche Handlungen ergänzen, hin bis zu jener erschreckenden Tat: Ich liebe eine Person und deshalb steche ich mit einem Küchenmesser auf die geliebte Person ein!

So kann Eifersucht aussehen! Zwar endet sie nicht immer tödlich, aber Betroffene sterben über die Zeit hinweg viele kleine Tode. Eifersucht kann auch sehr groteske Formen annehmen, wie jene, wenn Väter und Mütter auf ihre Kinder, die sie lieben, eifersüchtig sind. Zuerst möchte ich noch mögliche Ursachen für Eifersucht beleuchten, bevor ich auf eifersüchtige Eltern eingehe.

Eifersucht schafft Leiden auf beiden Seiten. Jemand, der eifersüchtig ist, zweifelt an seinem eigenen Wert. Nimmt sich selbst als nicht liebenswert war und jubelt diese Annahme dann seinem Gegenüber unter. Eifersüchtige Menschen leiden somit an einem Mangel an Selbstwert und Selbstachtung. Eine Person, die von ihrer eifersüchtigen Partnerin oder dem Partner mit unermüdlichem Eifer davon zu überzeugen versucht wird, dass es schlichtweg unmöglich sein kann, dass sie ihre Partnerin oder ihren Partner tatsächlich liebt, leidet ebenfalls. Sie leidet häufig unter den Vorwürfen, dem mangelnden Vertrauen, der Überwachung und Kontrolle, der geforderten Freiheitseinschränkung und was sonst noch so alles an Eifersuchtshandlungen geboten wird.

Eifersucht ist der „Big Mac" der Emotionen, denn wenn ich eifersüchtig bin, wird Gefühl über Gefühl geschichtet und in ein zähes Brötchen aus Kontrollhandlungen hineingepappt. Die Zutaten der unverdaulichen Füllung sind Liebe, Hass, Wut, Traurigkeit, Hilflosigkeit und Angst. Wie soll ein Mensch bei so vielen gleichzeitigen Empfindungen entsprechend jeder einzelnen, geschweige denn noch konstruktiv handeln können? In diesem Gefühlschaos reduziert sich das rationale Denken drastisch und die Folge sind entsprechend irrationale Handlungen. Mein Bedürfnis aus der Liebe heraus wäre, der geliebten Person nahe zu sein. Bin ich eifersüchtig, setze ich jedoch Handlungen entgegen meinem Bedürfnis, denn ich treibe die geliebte Person damit immer weiter von mir weg: Ich fühle Liebe und handle lieblos.

Eifersucht ist aus meiner Sicht immer eine überbordende, sehr ungesund kognitiv-emotionale Turbulenz. Ein gesundes Misstrauen hingegen kann im Leben durchaus hilfreich sein. Misstrauen hat die Größe einer Glasmurmel – Eifersucht hingegen mindestens die eines Luftballons, der auch zu einem Heißluftballon mutieren kann!

Zwei Beispiele für eifersüchtige Eltern. Ich enthalte mich dabei jeglichen Kommentars:

Es war einmal ein Vater, der eifersüchtig war auf seine

Kinder, weil seine Frau denen eine größere Portion Essen auf den Teller gab als ihm. Er sah darin den Beweis, dass sie ihn nicht mehr liebt.

Es war einmal eine Mutter, die eifersüchtig war, weil ihre vierzehnjährige Tochter lieber mit Freundinnen als mit der Mutter shoppen ging, Probleme besprach und es dann auch noch völlig uncool fand, dass sich die Mutter das gleiche Kleid gekauft hatte wie sie.

Was ist nun aber die Ursache, wenn ich tief in meinem Seelenwald Kränkung oder Trauer spüre, aber mich froh und liebevoll verhalte?

Was könnte in einem Menschen vorgehen, der jahrelang in einem Betrieb als verantwortungsvoller und kompetenter Mitarbeiter tätig war und dann unerwartet seine Kündigung erhält und diese auch noch in einer menschenverachtenden Form zelebriert wird?

Ich kann mir vorstellen, dass jemand Kränkung, Zorn, Hilflosigkeit, Traurigkeit, Enttäuschung und Angst fühlt. Einen ähnlichen Gefühlscocktail, aus dem Eifersucht gebraut ist. Nachdem es hier jedoch einen rationalen Auslöser gibt, wären Handlungen, die Empörung, Ausdruck von Ärger und Wehrhaftigkeit beinhalten, nachvollziehbar.

Aber nichts von dem geschieht. Dieser Mensch verhält sich großmütig und freundlich und setzt keinerlei wehrhafte Handlungen. Er macht das Beste aus der Situation, legt einen beruflichen Neustart auf den Asphalt des Lebens, etabliert sich rasch und ist beruflich sehr erfolgreich.

Auf meine Frage, ob er denn keinerlei negative Gefühle hegt oder gehegt hat, verneint er mit folgendem Argument: „Wenn mir durch eine Person oder Institution eine Kränkung zugefügt wird, erfolgt diese ohne das Wissen aller Beteiligten, im Auftrag einer höheren Macht. In diesem Moment mag es als etwas Schlimmes erscheinen,

Die Eifersucht ist eine Leidenschaft, die mit Eifer sucht, was Leiden schafft.
(FRIEDRICH D. E. SCHLEIERMACHER)

aber später stellt sich heraus, dass die einst ‚böse Tat' für das ‚Opfer' eine positive Konsequenz zur Folge hat."

Ich formuliere diese Aussage nun etwas bodenständiger: „Shit happens – und das wandelt sich immer in biologischen Dünger." Der bodenständigen Version stimme ich fast zu. Das „IMMER" stelle ich jedoch infrage und möchte die Aussage dahingehend abändern: „Wenn ‚Shit happens', so KANN sich dieser unter bestimmten Voraussetzungen in biologischen Dünger verwandeln."

Es ist für die Zufriedenheit jedes Menschen zuträglich, wenn man aus negativen und belastenden Ereignissen Erfahrungen mitnehmen und diese dann konstruktiv nutzen kann. Das ist Lebenskunst und sehr weise.

Auch ist es für das seelische Gleichgewicht förderlich, verzeihen zu können.

Aber ich kann mir einfach nicht vorstellen, dass ein Mensch weder durch eine Kündigung an sich noch durch eine solche Handlungsweise nicht gekränkt oder enttäuscht ist?! Die Gründe, warum ich es nicht so ganz glauben kann, sind im Kapitel „Verletze Gefühle" ausgeführt.

Folgende Überlegungen leiten sich daher für mich aus solch großmütigen Reaktionen auf ein doch sehr einschneidendes Ereignis ab: Fühlte ein Mensch in dem Augenblick sehr wohl Kränkung und Enttäuschung, verdrängt sie rasch und hat infolge einer beruflich erfolgreichen Neuorientierung „gesunden Kompost" aus dem „Exkrementen" machen können? Ist es möglich, infolge neuer beruflicher Erfolge eine vergangene Enttäuschung oder Kränkung wegzaubern zu können? Stärkt erlebter Erfolg den Selbstwert so sehr, dass man „über den Dingen stehen“ kann? Bestehen die Nachwehen negativer Gefühle doch noch, aber man darf sich diese Gefühle infolge seiner Lebensregeln und Werte nicht eingestehen, da man sonst zum Beispiel nicht verzeihend handeln würde? Wenn man Gefühle und Bedürfnisse bei sich nur unzureichend wahrnehmen und nur schwer benennen kann, kann dieses Defizit eine seelische Unverletzlichkeit zur Folge haben? Hilft die Grundeinstellung „Shit happens!“ in einem solchen Ausmaß, dass man sogar mit Lebenskrisen gelassen umgehen kann?

Meine Überlegungen mit Fragezeichen, auch als Hypothesen zu bezeichnen, konnten weder bestätigt noch widerlegt werden. Jedoch wurde in einem Gespräch deutlich, dass das Weltbild dieses Mannes auf tiefem religiösen Glauben basiert. Er ist ein Mensch mit viel Lebenserfahrung und hat auch schon sehr schwere Krisen bewältigt. Was er selbst auch erkennt, ist, dass er die Signale seines Körpers nur sehr eingeschränkt wahrnehmen kann.

Daraus leitet sich ab, dass alle meine Vermutungen zutreffen können, jedoch nicht müssen. Ich kann somit keine klare und eindeutige Aussage treffen, ob dieser Mann überhaupt anders gehandelt als gefühlt hat, und wenn doch, warum er so agiert hat! Es wird nichts aus meinem Schloss mit Bediensteten, das ich ja gar nicht will.

Wenn man versucht, Kränkungen völlig zu verleugnen, weil es sich nicht gehört, bestimmte Gedanken zu denken und Gefühle zu haben, so tut man sich nichts Gutes. Besser ist es, Gedanken und Gefühle zuzulassen und infolge konstruktive Handlungen zu setzen, wie in den vorangegangen Kapiteln mehrfach ausgeführt. Ich lerne nicht, mit Emotionen umzugehen und angemessene Handlungen daraus abzuleiten, wenn ich meine Gefühle ständig unterdrücke. Ich habe auch nie die Sicherheit, dass ich meine

Emotionen in allen Situationen auf immer und ewig unterdrücken, verdrängen oder verleugnen kann. Sollte der Emotionsberg, den ich unter den Seelenteppich kehre, mich dann doch einmal zu Fall bringen, dann kann es sein, dass ich der Emotionsflut, die dann emporschießt, nicht gewachsen bin. Daher ist meine These: Emotionen sind menschlich, ich soll sie mir daher auch zugestehen. Je besser ich meine eigenen Gefühle und Bedürfnisse kenne, umso handlungsfähiger fühle ich mich bei emotionalen Sturmböen.

Jetzt lehne ich mich mal weit hinaus und behaupte, dass es in einigen Bereichen des Lebens von großem Vorteil ist, nicht seinen Gefühlen entsprechend zu handeln. Anders ausgedrückt, emotionsgeladene Handlungen zu unterlassen, aber Emotionen zulassen, jedoch strategisch zu handeln. Sinn dahinter ist, dass ich so sachlich bleiben kann, meine Kompetenzen erkennbar werden und ich Situationen besser überblicken kann.

Höre ich jetzt gerade ein Grummeln, liebe LeserInnen? Sie meinen, ich fordere zur Manipulation auf? Stimmt genau, das tue ich, obwohl ich manipulative Handlungen hasse. Ich fühle anders, als ich eben handle! Warum tue ich das? Meine berufliche Erfahrung und Lebenserfahrung lehrten mich, dass Offenheit für die Offenen, schädlich sein kann.

Völlig übereinstimmend zu handeln wie zu fühlen, ist mit Offenheit gleichzusetzen, oder mit bösen Worten ausgedrückt, es handelt sich um Naivität!

Finden Sie es beispielsweise ratsam, in hierarchischen Systemen Personen, die „über mir stehen“, jedoch nicht Träger meines Vertrauens oder meiner Sympathie sind, diese Tatsache durch entsprechende Handlungen zu verstehen zu geben? Ich nicht. Hier ist sachliches Verhalten und distanzierte Freundlichkeit von Vorteil. Auch bei Arbeitsaufträgen, die man erhält, jedoch als ärgerlich, unpassend, ungerecht oder ausnützend empfindet, ist es nicht zu empfehlen, diese dem Auftraggeber auf den Schreibtisch zu knallen, böse dreinzublicken und mit einem „Den Mist können Sie sich selber machen!“ zu quittieren. Wie hingegen eine sozial kompetente und vielleicht auch manipulative Handlung aussehen kann, ist natürlich individuell unterschiedlich. Man kann dabei auch durchaus authentisch bleiben, wenn man für sich entdeckt hat, welcher Stil der Manipulation zu den eigenen Lebensregeln, Grundannahmen und Werten passt. Falls jemand hier hilfreichen Input braucht, kann er ihn in Form von Coaching oder Supervision finden.

Auch sollte keine Sorge bestehen, durch strategisches Handeln, welches ja ebenfalls ein manipulatives ist, zu rücksichtlosen MistkerlInnen zu werden. MistkerlInnen haben keine ethischen Bedenken, manipulative Handlungen durchzuführen. Es käme solchen nicht mal in den Sinn, darüber nachzudenken! Sobald jemand darüber selbstreflexiv nachdenkt, hat er bereits eine sehr geringe Chance, als „Gesäßöffnung“ zu gelten.

Wenn zu den Punkten der Lebensregeln eines Menschen Selbstreflexion, Verantwortungsgefühl, Rücksichtnahme, Wertschätzung, Menschlichkeit und Empathie zählen, so wird diese Person ihr Gegenüber nie und nimmer so manipulieren können, dass dem anderen ein Schaden daraus entsteht. Menschen mit diesen Werten sind nur in der Lage, „Selbstschutzmanipulation“ zu praktizieren. Fremdgefährdung ist ihnen fremd!

Menschen sind in der Lage, anders zu handeln, als sie fühlen, aber trotzdem authentisch zu bleiben, wenn sie weitsichtig sind und Handlungskonsequenzen abschätzen können. Daher gilt es, das Hirn nie auszuschalten, sondern es zu seinem treuen Gefährten zu machen. Treue GefährtInnen wissen genau, welche Situationen es erfordern, sich diskret im Hintergrund zu halten oder forsch an vorderster Front zu agieren.

24. Handeln und Verhalten – wo ist der Unterschied?

Menschen können verhaltensauffällig sein, aber nicht handlungsauffällig. Aber Handlungen, die ein Mensch durchführt, können dazu beitragen, dass er durch diese in seinem Verhalten auffällt. Ich setze nun meine Handlung, die dazu beitragen soll, Sie zu verwirren, fort, indem ich verworrene Behauptungen aufstelle und diese hier niederschreibe. Verhalte ich mich somit verworren oder gemein? Ich würde mal sagen, ich verhalte mich gemein und mein Handlungsziel ist es, Sie zu verwirren.

Das ist natürlich nicht wirklich meine Absicht. Abgesehen davon, dass Sie sich ja auch gar nicht verwirren lassen müssen, wollte ich nur ein Beispiel zur Unterscheidung von Handlung und Verhalten kreieren.

Handeln wird somit als Subkategorie von Verhalten definiert.

Handeln ist ein regelbezogenes, zielorientiertes, zum Teil den Ablauf kontrollierendes und (teil)bewusstes, absichtsvolles Tun einer Person. Eine Handlung ist eine willentlich gesteuerte Tätigkeit mit einem Ziel.

Mit „regelbezogen“ sind fundamentale Regeln gemeint. Würden solche fehlen, wäre die Handlung aus dem Zusammenhang gerissen und nicht mehr als Handlung zu bezeichnen, da die Absicht und das Ziel plötzlich verschwunden sind.

Würde jemand Holzfiguren ziellos auf einem karierten Brett herumschieben, so wäre das noch lange kein

Schachspielen. Dazu muss man die Regeln des Spiels kennen.

Wenn ich in einer Hand ein Messer und in der anderen einen Brotlaib halte, entsteht daraus noch keine Schnitte Brot. Um eine solche zu erschaffen, muss ich die Vorgehensweise des Brotschneidens – also die Regeln – kennen. Im Übrigen zählt das rein manuelle Brotschneiden zu jenen Handlungen, die man kaum durch schriftliche oder mündliche Erklärungen lernen kann, sondern man braucht eine bildliche Vorlage oder eine brotschneidende Modellperson. Um Brotschneiden zu erlernen, braucht es ein aufmerksames und achtsames Verhalten, um diese nicht ungefährliche Handlung ohne Verletzungen ausführen zu können.

In der Literaturwissenschaft bezeichnet Handlung die zusammenhängende Reihe von Begebenheiten in einem literarischen Werk. Wobei man gar nicht so weit gehen muss, schon im Deutschunterricht beim Aufsatzschreiben können es sich Lehrpersonen oft nicht verkneifen, „Handlung fehlt!" unter die Arbeit zu schreiben. „Verhalten fehlt!" würde eher grotesk klingen.

Man kann jemanden eine Handlungsvollmacht erteilen. So kann zum Beispiel ein Geschäftsinhaber einen Angestellten ermächtigen, Geschäftshandlungen in seinem Namen zu tätigen, indem er ihm eine Handlungsvollmacht erteilt. So kann ich jedoch keine „Verhaltensvollmacht" erteilen.

Benotung von Verhalten

Die Vorstellung, dass Kinder ihren Eltern eine Verhaltensvollmacht erteilen, wenn die Kinder Verhaltensprobleme in der Schule haben, erheitert mich. Wird eine solche erteilt, gehen dann die Eltern in die Schule und verhalten sich anstelle des Kindes „anständig". Würden die Eltern dann tatsächlich das von der Lehrperson gewünschte Verhalten aufweisen oder wären sie ebenso auffällig wie ihre Kinder?

Im Schulunterrichtsgesetz sind die Pflichten der SchülerInnen in Form einer Schulordnung, welche Verhaltensregeln beinhaltet, festgehalten. Das Verhalten von SchülerInnen in der Schule unterliegt auch der Beurteilung durch die Lehrpersonen. In jedem Semester- und Jahreszeugnis ab der fünften Schulstufe gibt es Verhaltensnoten, mit Ausnahme der letzten Jahrgänge einer Schulform. Die Benotungskategorien sind „sehr zufriedenstellend", „zufriedenstellend", „wenig zufriedenstellend" und „nicht zufriedenstellend".

Um als Verhaltensnote ein „sehr zufriedenstellend" diagnostiziert zu bekommen, sind folgende Voraussetzungen zu erfüllen: eine andauernde gute Mitarbeit, die Einordnung in die Klassengemeinschaft mit Hilfsbereitschaft, Höflichkeit und Verständnis, Förderung der Unterrichtsarbeit durch Fragen, Material usw., regelmäßiges und pünktliches Erscheinen, alle Unterrichtsmaterialien (auch Hausübungen!) müssen immer vorhanden sein, Schul- und Hausordnung werden eingehalten und auch außerhalb des Unterrichts ist der Schüler höflich und freundlich.

Abgesehen davon, dass alle Punkte (bis auf die Einordnung in die Klassengemeinschaft und das Einhalten der Schul- und Hausordnung) SchülerInnen zu bestimmten Handlungen auffordern, tönen diese Voraussetzungen in meinen Ohren mehr nach Drill, als danach, Freude am Lernen und Leben zu haben.

All diese Verhaltensregeln perfekt einzuhalten, ist aus meiner Sicht für einen normalen und psychisch ausgeglichenen jungen Menschen fast unmöglich. Ich würde sagen, es ist bereits ungesund! Das Argument, es muss ja nicht unbedingt ein „sehr zufriedenstellend“ sein, es reicht doch, wenn es ein „gut“ ist, würde ich sofort unterstützen – gäbe es ein „gut“. Zur Abwechslung gibt es hier nämlich nur vier Noten und nicht fünf! Es fehlt das nette, alte „gut“!

Der Sprung zu „zufriedenstellend“ ist ein recht drastischer und nicht alle SchülerInnen, die sich nicht ausschließlich „sehr zufriedenstellend“ Verhalten, legen Auffälligkeiten an den Tag, die unter „zufriedenstellend“ fallen.

„Zufriedenstellend“ ist SchülerInnenverhalten dann, wenn Verhaltensdefizite auftreten, wie kleinere Mängel im Sozialverhalten, Stören im Unterricht, Fernbleiben von Schulveranstaltungen, fehlende Entschuldigungen, Verwendung von abfälligen und unflätigen Ausdrücken, Lügen, regelmäßiges Zuspätkommen zum Unterricht, Nichtbefolgen von Anordnungen und Beschmieren und Verschmutzen von Schuleigentum.

Auch von den Eltern, die, wie in meinem Gedankenexperiment, von ihren Kindern eine Verhaltensvollmacht erteilt bekommen, würde sich der eine oder andere Elternteil schwer tun, ein „sehr zufriedenstellend“ zu erreichen. Zumal doch einige der Verhaltensdefizite, die bei „zufriedenstellend“ angeführt sind, im Erwachsenenleben nur als tolerierte Eigenheiten oder Ausrutscher gelten. Beispiele dafür sind: mangelhaftes Sozialverhalten im Straßenverkehr durch Nicht-einordnen-lassen, durch „Schneiden“, Sich-auf-zwei-Parkplätzen-breit-machen, knappes Auffahren und, und, und. Oder in öffentlichen Verkehrsmitteln zu drängen, zu rempeln, den Ausstieg verstellen, geruchsintensives Essen verspeisen, laut zu telefonieren, alle Fenster aufzureißen und, und, und. Mitmenschen in ihrer Arbeit stören, am Arbeitsplatz wie zu Hause. Fernbleiben von Familienfesten oder Firmenfesten, fehlende Entschuldigungen für Versäumnisse aller Art, der Gebrauch von Schimpfworten, Lügen und Notlügen, regelmäßiges Zuspätkommen zur Arbeit, Nichtbefolgen von Kommunikationsregeln oder Verkehrsregeln, Verschmutzen der Umwelt durch ...

Es wäre somit keine gute Idee, Eltern eine Verhaltensvollmacht zu erteilen, denn in vielen Fällen würde die Verhaltensnote wohl kaum um einen Deut besser ausfallen. Ich möchte damit nicht zum Ausdruck bringen, dass Eltern asoziale Wesen sind, sondern dass Erwachsenen einfach wesentlich mehr Freiheiten in ihrem Verhalten und ihren Handlungen zugestanden werden als Kinder, und dass aus meiner Sicht die Verhaltensnote „gut" fehlt.

Wie kann man sich verhalten?

Aber was genau ist denn nun Verhalten, zumal es oft mit Handlungen umschrieben wird?

Mit Verhalten wird die Gesamtheit aller beobachtbaren, feststellbaren oder messbaren Aktivitäten des lebenden Organismus bezeichnet. Es zählen somit auch physiologische Vorgänge, wie zum Beispiel Blutdruckveränderungen oder Schwitzen, zu Verhalten.

Mit Verhalten bezeichnet man auch Interaktionen zwischen einem Organismus, oder etwas netter ausgedrückt einem Lebewesen, und seiner gegenständlichen, biologischen und sozialen Umwelt.

Verhalten ist nicht nur bloßes Reagieren auf Reize, sondern es beinhaltet auch das eigenständige Setzen von Aktionen.

Körperbewegungen, Körperhaltungen, Stimmausdruck und Gesichtsausdruck eines Lebewesens in seiner Umwelt zählen ebenfalls zum Verhalten. In den 1960er-

Jahren durften sich im Zuge der „kognitiven Wende“ in der Psychologie auch die inneren Erlebensprozesse, wie eben das Denken, das Fühlen und das Wollen, zum Verhalten hinzugesellen.

Ja, was gehört jetzt eigentlich nicht zum Verhalten, wenn nun zum Beispiel schon das Handeln, das Herzklopfen, das Auf-die-Zehen-steigen, das Plaudern oder das Anbrüllen, das Laufen, das Lächeln oder das Weinen, das bucklige Sitzen, das Nachdenken wie das Nichtdenken, das Stursein oder auch sich für ein Karamelleis zu entscheiden, Aspekte des Verhaltens sind? Der Kommunikationswissenschaftler, Soziologe und Psychotherapeut Paul Watzlawick tätigte die Aussage: „Man kann nicht nicht kommunizieren!“ Ich wandle sie etwas ab: „Man kann sich nicht nicht verhalten!“

Ob nun beispielsweise Einzeller, Bäume, Regenwürmer, Schnecken, Fische, Katzen, Hunde, Pferde oder Menschen ihre Ausscheidungen in freier Natur tätigen, alle legen bei diesem Vorgang ein Verhalten an den Tag. Die Pflanzen und Tiere dabei ein angemessenes, der Mensch hingegen ein unangemessenes!

Wie kommt es nun, dass doch der Großteil der Menschen weiß, welches Verhalten in welchem Kontext angemessen ist und welches unangemessen? Den Einfluss der Erziehung und der Kultur habe ich bereits in den entsprechenden Kapiteln behandelt. Einen weiteren Einflussfaktor, das „Modelllernen“, habe ich zwar schon angeschnitten, jedoch noch nicht explizit ausgeführt.

Unter Modelllernen versteht man, wenn ein Mensch das Verhalten von anderen Lebewesen beobachtet sowie die darauf folgenden Konsequenzen dieses Verhaltens kognitiv erfasst und sich dadurch neue Verhaltensweisen aneignet oder schon bestehende Verhaltensmuster merklich verändert.

Diese Definition ist eine stark vereinfachte, aber mit weiteren Ausführungen die Lerntheorie betreffend halte ich mich hier zurück. Auch wenn ich Ihnen dadurch etwas sehr Wichtiges vorenthalte, verhalte ich mich jetzt unnachgiebig. Sie haben ja bei weiterbestehendem Interesse die Möglichkeit, sich Ihren Bedürfnissen entsprechend zu verhalten und entschlossen zu handeln, indem Sie sich entsprechende Literatur zu diesem Thema besorgen.

Kann jemand „Ja sagen", aber damit ein verhaltenes „Nein" ausdrücken?

Ja, jetzt habe ich Nein gesagt. „Nein sagen können" ist eine Verhaltensweise, deren Defizit beim Menschen dazu führen kann, dass er sich zu mehr Handlungen auffordern oder bitten lässt, als es ihm gut tut. In meinem Beruf lerne ich viel zu viele Menschen kennen, die nicht „Nein sagen" können. Diese Menschen werden von jenen Menschen, die sich gut abgrenzen können, nahezu magisch angezogen. Das wäre ja gut, wenn die Ja-SagerInnen die Nein-SagerInnen als Modell nutzen könnten, aber dem ist oft nicht so. Die Nein-SagerInnen delegieren nämlich gerne Tätigkeiten an die Ja-SagerInnen, weil die eben, infolge ihrer Lebensgeschichte, nicht gut Nein sagen können.

Nein sagen, kann jedoch jeder Mensch lernen, denn Verhalten ist veränderbar. Es ist zwar nicht immer einfach und psychologische Unterstützung ist dabei sehr hilfreich. Das Gefühl jedoch, wenn sich die ersten Handlungsunterlassungen einstellen, wird von den „Neo-Nein-SagerInnen" als ein „himmelhochjauchzendes" beschrieben.

Als kleiner Tipp für notorische Ja-SagerInnen, wenn diese durch eine Frage zu einer Handlung aufgefordert werden: Der erste Schritt zum Nein ist es, kein Ja zu sagen!

Stattdessen gibt's für den Beginn, also als Vorstufen zum Nein, verschiedene Antwortmöglichkeiten. Die Anrede per Sie oder du ist natürlich frei wählbar: Sich „dumm stellen" und fragen: „Wie meinen Sie das, ich kann Ihnen nicht ganz folgen?"

„Oh, ich würde es sehr gerne machen, aber leider werde ich es nicht zeitgerecht schaffen."

„Ich muss noch darüber nachdenken."

„Im Moment kann ich gar nichts versprechen."

„Warum – Wieso – Wozu – Wie – Wann?" (Nicht unbedingt alles auf einmal fragen, sondern passend zur Anfrage, im Einzelschussmodus bedächtig und gezielt nacheinander abfeuern!)

„Ich habe leider sehr viel zu tun! Ich werde mal sehen, wie (ob) ich das schaffe."

„Warum fragst du gerade mich? Ich habe kaum Zeit, meine eigene Arbeit fertigzubekommen."

„Kann diese Arbeit denn nur ausschließlich ich erledigen, oder gibt es auch noch andere, die das tun könnten?"

Sagen Sie gar nichts, lassen Sie nur Ihre Mimik und Gestik spielen – also setzen Sie nur das Ausdrucksverhalten, also nonverbales Verhalten ein. Blicken Sie nachdenklich und skeptisch drein, legen die Stirn in tiefe Sorgenfalten, knabbern dabei leicht an Ihrer Unterlippe und halten den Kopf etwas schief. Schütteln Sie dabei gleichzeitig den Kopf andeutungsweise nach links und rechts. Man könnte diese Kopfbewegungen als ein „Nein-eher-nicht-Wiegen" bezeichnen. Außer einem tendenziell eher ablehnenden leisen Grummeln oder Brummen geben Sie keinen Ton von sich, sondern warten einfach nur, was passiert.

Lassen Sie sich selbst noch viel Besseres einfallen, denn Ihrem Ideenreichtum, das indirekte Nein-Sagen betreffend, sind keine Grenzen gesetzt und flugs sind Sie dann auch schon bei einem klar verständlichen Nein gelandet, ohne es direkt aussprechen zu müssen. Das kann dann so lauten: „Ich wünschte, ich könnte, aber ich will nicht!"

Hoffen Sie nicht, dass Menschen, die ein sehr forderndes Verhalten aufweisen, dieses verändern, nur weil sich das jemand anderer wünscht! Warum sollten sie auch? Es trägt ja zu ihrem Wohlbefinden bei. Somit müssen die „Opfer" Handlungen setzen, die zeigen, dass sie sich solche Verhaltensweisen nicht gefallen lassen.

Ich schließe dieses Kapitel mit einer grundlegenden Regel für menschliches Verhalten: Kein Mensch kann das Verhalten eines anderen Menschen verändern! Man kann immer nur sein eigenes Verhalten verändern. Meine Verhaltensänderung kann bewirken, dass sich Mitmenschen dann auch anders verhalten.

Es ist auch gut so, dass kein Mensch, das Verhalten eines anderen Menschen verändern kann! Sonst könnten ja unsere Mitmenschen auch unser eigenes Verhalten nach ihren Wunschvorstellungen verändern. Würden Sie das wollen?

25. Wie wirken sich Kränkungen auf unsere Handlungen aus?

Die „Urkränkung"

Die Vertreibung aus dem Paradies war aus meiner Sicht die „Urhandlung", die auf eine Kränkung folgte, und mit dieser ward auch die Rache geboren. Auch das Tierreich ist dabei gekränkt worden, da mit dem sogenannten Sündenfall auch die Schlange in Verruf kam. Bezeichne ich jemanden als „falsche Schlange“, gilt das als beleidigend. Ob sich deshalb manche Schlangenart Giftzähne zugelegt hat, um sich bei Gefühlsverletzungen handlungsfähig zu fühlen?

Sigmund Freund teilte meine Sichtweise der Urkränkung wohl nicht, denn er setzt später an und definierte drei Kränkungen der Menschheit: die Kopernikanische, die Darwinsche und seine eigene, die Freudsche.

Die Kopernikanische Kränkung

Kopernikus hatte behauptet, dass sich die Erde um die Sonne bewege und nicht umgekehrt, und so der Erde ihr Zentrumdasein im Universum abgesprochen. Was auch bedeutet, dass die Erde, die als Heimat von Gottes Ebenbild betrachtet wurde, nicht mehr das Zentrum des Universums ist, sondern lediglich nur den Platz eines winzigen Teilchens in einem unvorstellbar großen Weltsystem einnimmt. Es handelte sich hierbei um eine kosmologische Kränkung.

Die Darwinsche Kränkung

Die Kränkung der Menschheit durch Darwin geschah, da er zu behaupten wagte, der Mensch stammt vom Affen ab. Mit der Veröffentlichung seiner Evolutionstheorie war plötzlich der Mensch (und die Welt) nicht von Gott geschaffen, sondern das Ergebnis eines langen, nie endenden Entwicklungsprozesses: „Der Mensch ist nicht seiend, sondern werdend.“ Darwins Vorstellung vom Leben ist eine, die keines Gottes mehr bedarf, und mit dieser biologischen Kränkung hatte er erbitterte Gegner auf den Plan gerufen, die diese Sichtweise als Gotteslästerung empfanden.

Die Mimosenkränkung

Die Gotteslästerung habe ich bereits in einem anderen Zusammenhang im Kapitel „Verletzte Gefühle“ behandelt. Und sollten Sie sich nicht mehr erinnern können, so wäre es möglich, dass ich jetzt gekränkt bin. Würde Ihre mangelnde Erinnerung bei mir eine Kränkung auslösen, würde man mich wohl als Mimose, also als überempfindlich bezeichnen.

Das wäre dann natürlich nicht die vierte Kränkung der Menschheit, denn dazu müsste ich doch noch ein klein wenig mehr narzisstisch sein, um das anzunehmen. Trotzdem könnte ich, wenn ich meine, Sie haben das Buch nur überflogen, narzisstisch gekränkt sein. Und auf eine solche Kränkung kann als Handlung leicht Rache folgen. Mehr zur narzisstischen Kränkung und wie Rache aussehen kann, können Sie bald lesen, sofern Sie geduldig genug sind und nicht gleich weiterblättern. Üben Sie sich somit in Geduld, denn Sie wissen ja, es könnte mich kränken, wenn Sie nicht Zeile für Zeile lesen. Und Sie wissen nicht, ob ich rachsüchtig bin!?

Die Freudsche Kränkung

Die dritte Kränkung der Menschheit mag die tiefste sein, denn sie bohrt sich wie ein Pfeil in die menschliche Seele, da sie dem Menschen sozusagen die Kontrolle über diese abspricht. Freud behauptete, dass die psychischen Vorgänge des Menschen zum größten Teil auf einer unbewussten Ebene ablaufen. Deftiger ausgedrückt, „wir sind nicht HerrInnen über unser Oberstübchen“ oder „der Mensch ist nicht Herr im eigenen Hause“, sondern wir werden durch unsere Triebe gesteuert. Mit dieser psychologischen Kränkung wurde die Annahme eines souveränen menschlichen Willens widerlegt.

Wie sahen und sehen nun die Handlungen aus, welche auf die drei Kränkungen der Menschheit gefolgt sind?

Die Handlungen, die den drei Kränkungen der Menschheit folgten

Man merke, Kopernikus hatte durch seine Theorie nicht Gott verleugnet, sondern er argumentierte nur, dass die Bibel falsch interpretiert werde. Das schwächte die Kränkung aus Sicht der Kirche aber in keiner Weise ab. Sie ließ diese Häme nicht auf sich sitzen und arbeitete emsig daran, die Theorie von Kopernikus zu unterdrücken und ihn und seine Werke zu beleidigen und zu diffamieren.

Dies gelang den Gekränkten jedoch nur mehr post mortem, da Kopernikus bereits tot gewesen sein soll, als seine Theorie in Buchform mit dem Titel „De Revolutionibus Orbium Celestium“ (Über die Bahnen der Himmelskörper) in Druck ging. Den Widerstand der Kirche vorausahnend widmete Koperinkus dieses Buch Papst Paul III. und pfefferte die Kränkung noch mit einem, an den Papst gerichteten, spitzzüngigen Vorwort.

Auch alle anderen Wissenschafter, die sein Gedankengut fortsetzten, ereilte die Schmach und Schande durch die Kirche.

Ähnlich erging es Darwin, als er 1859 sein Werk „Über die Entstehung der Arten“ veröffentlichte. Er rüttelte am kirchlichen „Watschenbaum“, indem er Gott als Plagiator outete, weil er die Erschaffung der Welt und des Menschen auf „seine Fahnen schrieb“. So wurde er von der Kirche der Ketzerei bezichtigt und seine Theorie negiert oder überhaupt verboten. Auf diese biologischen Kränkung hin handelte eine Gruppe von Menschen mit Zusammenrottung gegen den Kränker – das war die Geburtsstunde der Kreationisten, die an Gott als Kreator der Welt glauben. Sie erklärten der Naturwissenschaft den Krieg und fanden vor allem in den USA ein breites Betätigungsfeld. Über vierzig Jahre wurde in mehr als zwanzig Staaten der USA infolge dieser Bewegung die Evolutionstheorie an öffentlichen Schulen geächtet oder verboten. Und vermutlich drehte sich Darwin in dem ihm im Jahr 2009 gewidmeten Grab gramvoll um, denn bis zum heutigen Tag haben die Kreatonisten in Teilen der USA noch immer großen Einfluss auf das Bildungssystem. Vorenthalten von Bildung und Wissen für unzählige junge Menschen ist eine Handlung, die diese Kränkung zu Folge hatte. Oder besser gesagt, die Unterlassung einer Handlung.

Heute ist die Evolutionstheorie im Gegensatz zur Schöpfungstheorie in der Wissenschaft unumstritten und anerkannt, trotzdem gibt es noch Argwöhnische und Gegner, wie zum Beispiel Kardinal Christoph Schönborn. Er bezweifelt nicht nur die Evolutionstheorie, er lehnt sie vehement als unwissenschaftlich ab. Aus psychologischer Sicht scheint dieser Mann auf die Kränkung der Kirche mit Verbitterung zu reagieren und entsprechend zu handeln.

Die Folgen der Freudsche Kränkung sind auch heute noch erkennbar. Zwar hat sich die Zahl der Gekränkten sicher reduziert, aber es gibt sie noch. Wie die beiden anderen Theorien ist auch Freuds Theorie eines sogenannten „hochkomplexen seelischen Apparates" Thema der Neurobiologie und Kognitionswissenschaft. Auch die Psychotherapie ist eine Wissenschaft. Das hindert jedoch trotzdem den einen oder anderen Zeitgenossen nicht daran, psychische Prozesse als Firlefanz abzutun.

In der Verhaltenstherapie spricht man, wie schon in diesem Buch erwähnt, zwar nicht vom Unbewussten, sondern vom Unterbewussten, aber es ist trotzdem Tatsache, dass uns unser Seelenleben Probleme bereiten kann, die wir nicht sofort, und oft auch nicht ohne fachliche Unterstützung, als solche identifizieren und beheben können.

Die Tatsache, dass unsere Seele mit uns etwas tut, das wir nicht sehen oder angreifen können, ist nicht so leicht zu akzeptieren. Andererseits wären sicher nur wenige glücklich, wenn es ein „Seelenröntgen“ gäbe. Das will man nun auch wieder nicht! Aber einer wissenschaftlichen Disziplin ihre Gültigkeit abzusprechen, das wiederum befriedigt manche Menschen. Warum es das tut? Nun es entsteht aus einer Kränkung heraus.

Immer wieder treffe ich bei meiner Arbeit im Krankenhaus auf Personen, die empört sind über die Frage, ob sie sich vorstellen können, dass ihre derzeitige körperliche Erkrankung, wie zum Beispiel ein Hörsturz, Ohrensausen oder Schwindel, mitbedingt durch psychische Belastungen entstanden sein könne. Sie fühlen sich gekränkt? Gekränkt, weil ich so eine unverschämte Frage stelle, oder gekränkt, weil ihre Seele eine Doppelagentin sein könnte? Der vorrangige Grund der Kränkung ist oft in der Antwort zu erkennen, die ich dann bekomme. Sie lautet: „Ich bin doch nicht verrückt!“ Auch wenn das niemandem unterstellt wird, scheint es die Sorge zu sein, wenn die Seele was tut, was man nicht kontrollieren kann, ist man verrückt. Dann bin ich nicht mehr HerrIn in meinem Haus!

Einmal sagte eine Frau sogar allen Ernstes zu mir, dass sie lieber eine Krebserkrankung hätte als psychische Probleme. Denn bei Krebs wisse man wenigstens genau, was man habe, und es gebe erfolgversprechende Behandlungen. Jeder weitere Kommentar erübrigt sich hier.

Als Handlung auf die Kränkung, dass ich jemanden ein psychisches Problem „unterstelle“, erlebe ich auch öfters Abwertung. Die gekränkten Personen versuchen dann die Wissenschaft an sich oder mich als Person abzuwerten. Abwertende Handlungen findet man häufig bei Menschen, die einen narzisstischen Persönlichkeitsstil aufweisen. Sie ahnen es bereits, jetzt sind wir bei der Narzisstischen Kränkung angelangt.

Narzisstische Kränkung und Narzissmus

In der griechischen Mythologie ist Narkissos der Sohn, der einer Vergewaltigung der Wassernymphe Leiriope durch den Flussgott Kephisos entstammt. Narkissos war mit ausgeprägter Schönheit gesegnet und wurde daher von allen bewundert. Er konnte der Versuchung seiner eigenen Schönheit nicht widerstehen und verliebte sich in sein eigenes Spiegelbild. Daraus leitet sich der psychologische Terminus Narzissmus ab. Eben korrigierte ich den Tippfehler „Narzissmaus". Ob das jetzt wohl ein „Freud'scher Vertipper" war, weil ich in meinem Innersten Narzissten klein machen wollte? Hätte ich so eine narzisstische Kränkung vollzogen?

Unter narzisstischer Kränkung versteht man, dass jemand sich in seinem persönlichen Wert zutiefst verletzt und infrage gestellt fühlt. Auch wenn der Kränkungsanlass objektiv gesehen geringfügig erscheint, ist dabei ein wunder Punkt getroffen worden, wodurch ein „seelischer Nadelstich" als zerfleischende „seelische Messerattacke" wahrgenommen wird. Aber nicht jeder Mensch, der eine narzisstische Kränkung erfährt, hat unweigerlich auch eine narzisstische Persönlichkeit.

Die narzisstische Persönlichkeitsstörung zeichnet sich aus durch eine deutliche Tendenz zur Selbstüberschätzung der eigenen Fähigkeiten und der eigenen Person. Weiters durch eine stark eingeschränkte Fähigkeit, sich in andere Menschen einzufühlen, einen Mangel an kritischer Selbstreflexion und durch eine extreme Empfindlichkeit gegenüber Kritik durch andere Personen. Narzisstische Personen sind der Ansicht, dass Ihnen Glück, Anerkennung, Macht, Geld, Ruhm und alles, was es sonst nach an inmateriellen wie materiellen Besitztümern gibt, ausnahmslos zusteht.

Man unterscheidet auch zwischen destruktiven NarzisstInnen, die ihre Grandiosität durch Abwertung ihres sozialen Umfeldes untermauern, und solchen, die durch konstruktive Taten ihre Grandiosität betonen, für diese dann jedoch uneingeschränkte Bewunderung von ihrem „Fußvolk" einfordern. Die destruktive Sorte zählt durch die ständigen Abwertungen ihres Umfeldes zu chronischen KränkerInnen. Jene, die Bewunderung infolge ihrer großartigen Taten erwarten, werden zu RächerInnen, wenn sie nicht entsprechend vergöttert werden.

In meiner psychologischen Arbeit habe ich die Erfahrung gemacht, dass diese Störung die einzige ist, die Menschen mit gewissem Stolz erfüllt und nicht infrage gestellt wird. Hier tritt erstaunlicherweise keine „Freud'sche Kränkung" ein, wenn jemand erfährt, was seine Seele so alles anstellt, ohne dass es ihm bewusst wird. Auch nehmen NarzisstInnen die Diagnose „Narzisstische Persönlichkeit" nicht als narzisstische Kränkung wahr, sondern werten dies oft als Lob.

Aus der Persönlichkeitsforschung weiß man, dass eine übersteigerte Selbstliebe und Grandiosität ein instabiles Gebäude ist, denn es ist auf einem Fundament der Selbstunsicherheit gebaut. Diese Unsicherheit kann man sich als Treibsand vorstellen, welcher mit Beton, also der Grandiosität, übergossen wird. Aber wehe, wenn ein starkes Unwetter, also eine Krise kommt, dann wird Treibsand leicht weggeschwemmt und der Beton beginnt zu reißen und zerbröselt sehr schnell. Die Folge ist ein seelischer Zusammenbruch.

Der „gesunde Narzissmus" hingegen ist für unser Seelenwohl notwendig, denn sonst können wir uns selbst nicht in unserer Individualität und Besonderheit wahrnehmen und eigene Leistungen auch nicht als etwas Großartiges sehen und stolz auf uns selbst sein.

Wenn durch eine Kränkung der innerste Kern der Persönlichkeit getroffen wird, ist die Reaktion oft sehr heftig. Die Handlung, die auf eine solche Kränkung folgt, ist dann motiviert durch die sogenannte narzisstische Wut. Diese kann nun, je nach Persönlichkeit des Gekränkten, von verbaler Abwehr hin bis zur Anwendung von Gewalt gegen andere gehen.

Im Grunde genommen sind tiefe Kränkungen gleichzeitig oft narzisstische Kränkungen. Im Übrigen ergaben Studien, dass Frauen und Männer im gleichen Ausmaß kränkbar sind. Also keine Rede von weiblichen Mimosen!

Auf eine Kränkung kann nun Rache und Vergeltung folgen, muss sie aber nicht unweigerlich. Menschen reagieren auf Kränkungen auch mit Traurigkeit, Rückzug oder Selbstentwertung. Auch wenn ich mich nicht als „unkränkbar“ bezeichnen kann, wie es der verstorbene deutsche Politiker Franz Josef Strauß von sich behauptet haben soll, gibt es auch andere Handlungsmöglichkeiten. So kann ich, wenn ich das Empfinden habe, dass jemand meine persönliche Grenze überschritten hat, auf dieses unerlaubte Überschreiten hinweisen. Ich kann mich in adäquater Form wehren und für die Zukunft selbst schützende Konsequenzen ziehen. Kann ich es nicht, so kann ich es lernen. Psychotherapie und Coaching eignen sich auch dafür!

Aber nicht immer will der Mensch so vernünftig sein. Ich behaupte nun mal ganz unverschämt, dass die Mehrheit der Menschen zumindest ein „Rächlein“ oder Schadenfreude hin und wieder als wohltuend empfindet.

Rache

Rache wird als eine Handlung gesehen, die bewirken soll, dass erlittenes Unrecht ausgeglichen wird, also wieder Gerechtigkeit hergestellt wird. Jeder Rache geht ein Angriff oder eine psychische wie physische Verletzung voraus. Rache entsteht nie ohne das Zutun einer anderen Person oder Institution. Rache ist eine Reaktion, also aktiver Vorgang, während Schadenfreude passiv ist. Ich selbst muss keine Handlung gesetzt haben, die einem anderen schadet, um mich über das Leid eines anderen zu freuen. Ich sehe Schadenfreude aber als Verwandtschaft der Rache, sei es als Nichte oder Neffe.

Es spricht viel gegen Rache, wie das auch eine buddhistische Weisheit bildlich zum Ausdruck bringt: „Willst du ein glühendes Kohlestück nach jemandem werfen, so ist das Erste, was verbrennt, deine Hand."

Zwischen der Handlung, ein glühendes Kohlestück nach jemandem zu werfen, und jener, stattdessen ein winziges Kieselsteinchen zu verwenden, sehe ich einen mindestens faustgroßen Unterschied. Das Kohlestück ist vermutlich auch verglüht, bevor es den Widersacher trifft und wird diesem kaum mehr Schaden zufügen. Brandverletzungen hingegen zählen zu den schmerzhaftesten. Ein Kieselsteinchen, geschickt geworfen, schmerzt den Werfer nicht, kann aber den Beworfenen verwirren, weil der den Aufprall nicht richtig zuordnen kann. Vieles fühlt sich ähnlich an: So könnte ein Vogel seinen Darm über ihm entleert haben oder ein dicker Regentropfen sein Ziel gefunden haben. Kieselsteinchen haben auch die unangenehme Eigenschaft, in Schuhe zu schlüpfen und dort piekend ihr Unwesen zu treiben.

Die Einstellungen zur Rache sind so unterschiedlich, wie es auch Rachehandlungen selbst sein können. Bei einer kleinen Umfrage, Rache betreffend, erhielt ich spannende Antworten und weise Zitate, die ich Ihnen nicht vorenthalten möchte:

„Rache ist ein Gericht, das am besten kalt serviert wird.“ (Klingonisches Sprichwort)
„Zuckersüß – aber filigran muss sie sein und ganz unverhofft zuschlagen. Herrlich ...“
„Auge um Auge bedeutet in der Konsequenz, dass letztlich alle erblinden.“
„Rache = Zeitverschwendung:“
„Alles rächt sich von selbst und zu seiner Zeit ...! Daher, selbst in Aktion zu treten – nein! Wäre schade um die Zeit!“
„Rache – ein unglaublich spannendes Motiv! Aber am besten nicht selbst involvieren, sondern im Kino genießen ...“
*„Die Rachegötter schaffen im Stillen.“ (*FRIEDRICH SCHILLER*)*
„Ohja, Rache ist supersüß und kommt am besten brennend heiß oder eiskalt serviert und am allerallerbesten, wenn das Gegenüber so ganz und gar nicht damit rechnet.“
*„Die Rach‘ ist eine Lust, die währt wohl einen Tag, die Großmut ein Gefühl, das ewig freu'n dich mag.“ (*FRIEDRICH RÜCKERT*)*

Ja; so ist es ganz unterschiedlich, ob und wie ein Mensch es für sein Seelenheil braucht, dass Unrecht mittels Bestrafung ausgeglichen wird. In der neuroökonomischen Forschung wurde entdeckt, dass im Gehirn Glückshormone, ähnlich wie beim Genuss von Schokolade; ausgeschüttet werden, wenn man jemanden bestrafen kann, der sich unrecht verhält. Kann deshalb auch Rache süß (wie Schokolade) sein?

Die Unterlassung einer Handlung kann auch ein Racheakt sein. Liebesentzug zählt zum Beispiel zu dieser gefährlichen Gattung. In partnerschaftlichen Liebesbeziehungen wird er ebenso eingesetzt wie in Eltern-Kind-Beziehungen. Eltern, die sich von ihrem Kind gekränkt fühlen und diesem deshalb „die kalte Schulter" zeigen, können damit die kindliche Seele tief und anhaltend verletzen und sie verhalten sich dabei auch sehr unreif. In einer Partnerschaft die Liebe und Zuwendung zu entziehen, ist zwar nicht weniger unreif, aber es handelt sich hierbei um grundsätzlich gleichberechtigte autonome Wesen, die sich wehren können.

Aus meiner Sicht ist wichtig, dass ein Mensch es sich zugesteht, sich gegen Unrecht wehren zu dürfen, und dass er auch über entsprechende Fertigkeiten dazu verfügt. Das verhindert das Gefühl von Hilflosigkeit und macht handlungsfähig. Hilflosigkeit ist der beste Nährboden für eine depressive Verstimmung. Die Verstimmung mag zuerst zwar nur als zarte Distel hervorsprießen, kann aber leicht zu einem undurchdringlichen Unkrautdickicht emporwuchern.

Daher kommt es darauf an, die „Wehroption" zu haben – ob man sie nutzt, ist zweitranging. Wenn man sie nutzt, dann sollte aber das Ausmaß der wehrhaften Handlungen immer ein solches bleiben, welches weder ein fremdes noch das eigene Leben zerstört. Diese Regel einzuhalten, fällt vielen Menschen leicht, denn Rache kann bereits nur als Gedanke oder Vorstellung wohltuendes Empfinden durch wiederhergestellte Gerechtigkeit hervorrufen.

Ein wunderschönes Sprichwort aus China forciert die zarte Rache: „Umarme deine Feinde und du machst sie bewegungsunfähig." Wie auch immer man es auslegen mag, in keinem Fall kann dabei Zerstörung oder eine rächerische Kurzschlusshandlung entstehen.

26. Können Kurzschlusshandlungen auch spontane Handlungen sein?

Assoziationen zu Kurzschluss sind meist negativ, wie Stromausfall, kein Warmwasser oder kaputte Geräte. So sind auch Kurzschlusshandlungen jene Handlungen, denen unangenehme Folgen zugeschrieben werden. Hingegen ist die Bedeutung von „spontan“ eine konstruktive. Kreativ, taff, weltgewandt, flexibel sind nur einige positive Begriffe, die mit spontan verbunden werden.

Den Begriff „Kurzschluss“ kennen die meisten Menschen im Zusammenhang mit Elektrizität. Hier weiß man, dass Strom versucht, immer den Weg des geringsten Widerstands zu gehen. Das heißt, am liebsten mag Strom es, wenn der Umstand eintritt, dass der Plus-Pol und der Minus-Pol einer Spannungsquelle eine direkte Verbindung haben und er ungehindert und voller Power durchschießen kann. Dieser Zustand ist dann der Kurzschluss – der direkte Weg ohne Umleitungen und Zeitverlust. Würde man Strom personifizieren, so würde man ihn als effizient beschreiben: Er liebt Klarheit und Geradlinigkeit, fast könnte man sagen, er ist etwas zu direkt. Warum soll er einen Umweg über einen Widerstand, wie zum Beispiel eine Glühlampe, nehmen und diese unter Einsatz seiner Energie zum Leuchten bringen, wenn er seine Entladung auch „ohne Rücksicht auf Verluste“ durchziehen kann?!

Alle technisch bewanderten LeserInnen mögen mir mein Unwissen verzeihen und geflissentlich über mögliche Fehler in meiner Kurzschluss-Strom-Metapher hinweglesen, ich versichere Ihnen, ich überlasse alles, was in meinem Haushalt mit Strom zu tun hat, ProfessionistInnen. Gerätestecker stecke ich natürlich schon selbst in die Steckdose und auch Leuchtkörper in die Fassung. Darüber hinaus ist mir Strom aber immer schon sehr suspekt gewesen und Kurzschlüsse noch viel mehr.

Seitdem ich kurz nach dem Einzug in meine neue Wohnung einen „Nullleiterbruch“ mit Kabelbrand und dadurch einen Megakurzschluss hatte, hat sich mein Verhältnis zu Strom noch drastisch verschlechtert. Bei diesem Erlebnis stand ich kurz vor einer Kurzschlusshandlung, denn eine Null ist nicht immer gleich nichts, sondern kann, wenn sie bricht sehr unheimlich werden. So hörte es sich damals in meinem Sicherungskasten eines Abends an, als würden Knallfrösche gezündet und es roch auch ähnlich. Nicht nur das, es tropfte dann plötzlich auch noch übel riechende Flüssigkeit aus den Fugen des Sicherungskastens. In meiner Panik und den dadurch wachgerüttelten Katastrophengedanken sah ich mich vom Strom, der plötzlich aus dem Sicherungskasten schießen könnte, getroffen, bewusstlos auf dem Fußboden liegen, und so, in der durch einen Kabelbrand ausgelösten Flammenhölle, in meiner Wohnung umkommen. Was tun? Der erste Impuls war, laut zu schreien und fluchtartig die Wohnung zu verlassen. Das wäre wohl eine Kurzschlusshandlung gewesen. Zum Glück stand mir ein bedächtiges fremdes Gehirn zur Seite und ich wurde beruhigt und zu einem konstruktiven Vorgehen angehalten. Das führte zwar zu einer stromlosen, aber ungefährlichen Nacht in meiner Wohnung und es hat mich vor einer Kurzschlusshandlung bewahrt.

Menschliche Kurzschlusshandlungen entstehen somit, ähnlich wie in der Elektrotechnik, aus einem plötzlichen übermäßig starken Antrieb heraus, der wie ein Stromstoß den Widerstand der Vernunft umgeht und die kürzeste Strecke zum Ziel nimmt. Ziel ist, ungeachtet der möglichen Folgen, die unerträgliche psychische Anspannung zu minimieren.

Dieser starke Antrieb kann beispielsweise Angst sein, die zur Panik anwächst. Oder Traurigkeit, die sich zu einem verheerenden Unwetter tiefster Verzweiflung zusammenbraut. Oder Hilflosigkeit, die sich in Form von Ärger, Zorn und Wut zu einem gefährlichen Orkan aufstaut.

Für mich ist eine Kurzschlusshandlung jedoch nicht ident mit einer Affekthandlung. Zwar kann man dieselbe Beschreibung verwenden, wie sie für eine Affekthandlung im Kapitel „Wenn Gefühle überhandnehmen …“ festgehalten wurde: Führt jemand eine Kurzschlusshandlung durch, so verliert er dabei die Kontrolle über sein rationales Denken und Tun.

Durch den Gesetzestext hingegen wird der Unterschied etwas deutlicher, da nur solche Handlungen als Affekthandlungen gelten, bei denen sich der Durchschnittsmensch vorstellen kann, auch er geriete unter den gegebenen besonderen Umständen in eine derartige Gemütsverfassung, um eine solche Handlung zu setzen. Dies ist für die Kurzschlusshandlung nicht unweigerlich zutreffend. Denn so wäre meine Reaktion, bei einem Sicherungskasten mit knallendem und stinkendem Inhalt schreiend die Wohnung zu verlassen, für den Durchschnittsmenschen nicht unbedingt nachvollziehbar.

Andererseits erscheint mir folgendes Beispiel nicht als Tat im Affekt, sondern als Kurzschlusshandlung, obwohl diese Reaktion für einen Durchschnittsmenschen durchaus nachvollziehbar sein kann: Ein Mensch fährt mit dem Auto, als vor ihm plötzlich ein Kind auf die Fahrbahn springt. Er verreißt das Auto und kracht in den Gegenverkehr. Nach der gesetzlichen Formulierung könnte es eine Tat im Affekt sein, mir mutet es jedoch mehr nach Kurzschluss an?!

Spontan oder rasch gehandelt hätte hier eine Person, wenn sie je nach Umgebungssituation eine Notbremsung oder ein Ausweichmanöver in eine ungefährliche Richtung vollzogen hätte.

Obwohl es eine Kurzschlusshandlung war, ist das Ergebnis hier nicht grundlegend negativ, wenn dem Kind nichts passiert ist und alle anderen Beteiligten weitgehend unverletzt und nur mit Blechschaden davongekommen sind. Also könnte das eine Kurzschlusshandlung sein, die unter Umständen ein Leben gerettet hat, aber trotzdem nicht die Bezeichnung „spontane oder rasche Handlung" verdient.

Menschen, die sich „Leben retten" zum Beruf gemacht haben, handeln hingegen rasch und trotzdem überlegt.

Rasches Handeln ist in kritischen Situationen gefragt. Zu den Berufsgruppen, bei denen die Fähigkeit zum raschen Handeln unverzichtbar ist, zählen zum Beispiel RettungssanitäterInnen, Bergrettung, Feuerwehr, PolizistInnen, Not- und UnfallärztInnen, alle chirurigischen Fächer, FlugzeugpilotInnen, Pflegepersonal oder BörsenmarklerInnen. Es gibt natürlich noch viele andere Tätigkeitsbereiche, in denen rasches Handeln tagtäglich gefordert wird, diese sind jedoch nicht so spektakulär. So sind auch Mütter, Väter, KindergartenpädagogInnen, Lehrpersonal, KraftfahrzeuglenkerInnen, LokführerInnen, LandwirtInnen oder ForstarbeiterInnen immer wieder kritischen Situationen ausgesetzt, die einen kühlen Kopf und ein rasches, effizientes Handeln erfordern. Im Grund genommen macht sich der Alltag einen Spaß daraus, den Menschen laufend Situationen darzubieten, in denen rasches Agieren vonnöten ist.

Im Englischen bedeutet „headlong rush" so viel wie „Hals über Kopf" oder „den Kopf verlieren". Was zeichnet Menschen aus, die auch unter Stress, Hektik und Gefahr ihren Kopf in kühlem Zustand auf dem Hals belassen und zügig, aber nicht überstürzt die geforderten Handlungen setzen?

Wenn es zu ihrem Beruf gehört, müssen Menschen es mögen, Zeitdruck, Verantwortungsdruck, unbekannten, schnell wechselnden Situationen und Ungewissheit ausgesetzt zu sein. Emotional stabil und ausgeglichen sollten sie sein. Keinesfalls darf es sich um sogenannte DraufgängerInnen handeln, denn hier muss Sorge getragen werden, dass man weder sich selbst noch KollegInnen oder HelferInnen in Gefahr bringt.

Eine gute allgemeine Voraussetzung, um auch in kritischen Situationen effizient zu handeln, ist wenn man das Gefühl hat, sein eigenes Leben kontrollieren zu können und Einfluss auf sein Leben nehmen zu können. Seinen Mitmenschen gegenüber sollte man keine grundlegende Feindseligkeit verspüren, sondern eine neutrale, wertschätzende Einstellung haben.

Selbstreflexion und die Fähigkeit, eigene Stärken und Defizite wahrzunehmen, sind ebenfalls gute Ressourcen. Nicht nur, um schnell handeln zu können, sondern auch, um sich Belastungen eingestehen und aufarbeiten zu können. So bringt alleine das tägliche Leben immer wieder Herausforderungen mit sich, deren Bewältigung anstrengend, belastend und energiefordernd ist. Die Aufarbeitung von Belastungen muss dann weder schnell noch spontan erfolgen, sondern bedächtig und schrittweise. Nicht zu vergessen ist, sich einen regelmäßigen Ausgleich zu Situationen zu schaffen, die hohe Anspannung, schnelles Denken und Handeln mit sich bringen.

Sich Belastungen einzugestehen, zeigt von Stärke, nicht von Schwäche! Wir sind allesamt Menschen und keine Roboter. Wären wir Roboter, so würden wir ohne regelmäßige Wartung und Service nach kurzer Zeit „den Geist aufgeben“, also nicht mehr funktionieren, denn Wartung und Service benötigt jedes technische Gerät, welches in einem Dauerbertrieb zum Einsatz kommt.

Aber auch Menschen, die in der Lage sind, einen kühlen Kopf in einer brenzligen Situation zu behalten, sind vor Kurzschlusshandlungen im Alltag nicht gefeit. Die Auslöser dafür werden zwar nicht solche sein, für die sie fachliche Kompetenz haben, sondern sogenannte „Daily hassles“ – also die täglichen kleinen energieraubenden Nadelstiche in die Seele.

Aber wer verfügt schon über Kompetenz für selbst erlebten Liebeskummer?

So war in den Nachrichten zu lesen, dass ein 30-jähriger Mann, nachdem seine Freundin seinen Heiratsantrag kühl und bestimmt abgewiesen hatte, sich betrunken und dann den diamantenen Verlobungsring verschluckt hatte. Eine Kurzschlusshandlung, die den verschmähten Geliebten auf den Operationstisch brachte.

Es gibt auch immer wieder Handlungen, die von den handelnden Personen als Kurzschlusshandlung bezeichnet werden, jedoch bei genauem Hinsehen taktische, strategische oder manipulative Züge in sich bergen. Es sind somit spontane Handlungen, deren Ziel es ist, sich selbst auf Kosten eines anderen Vorteile zu verschaffen. Hier wird versucht, eine vorsätzliche Tat unter dem Deckmäntelchen eines „menschelnden Hoppalas“ zu verstecken und so zu entschuldigen.

So ist der Handballtrainer Gunnar Prokop, als kurz vor Spielende höchste Gefahr bestand, dass seine Mannschaft verlieren könnte, aufs Spielfeld gestürmt und hat dort eine gegnerische Spielerin mit vollem Körpereinsatz angerempelt. Sein Ziel hat er erreicht, denn es kam zu einem Unentschieden. Seine angeblich süffisant lächelnd vorgetragene Entschuldigung soll gewesen sein, dass es eine Kurzschlusshandlung in einem emotional aufgebrachten Moment war und dass es ihm „mehr als leid tue“. Herr Prokop schrieb Sportgeschichte mit dieser unprofessionellen wie unsportlichen Handlung, da noch nie ein Trainer mit einem tätlichen Angriff ein Spiel entschieden hatte. Kurzschlusshandlung war es aber keine. Diese Aktion hat alle Kennzeichen eines raschen, aber klaren Denkvorgangs, dem eine bewusste Handlung folgte, mit der das gewünschte Ziel erreicht wurde. So wäre diese Tat als spontane oder rasche Handlung zu bezeichnen, die alles andere als Bewunderung verdient.

Kurzschlusshandlungen von TrainerInnen hingegen gibt es oft, aber die sehen anders aus. Solche offenbaren sich in Form verbaler Entgleisungsattacken oder ungefährlichem regelwidrigen „Bewegungsverhalten“.

Zu einer spontanen Handlung werden entscheidungsunfreudige oder penibel planende Menschen hin und wieder aufgefordert: „Sei doch mal spontan!“ Kurzschlusshandlungen werden hingegen nur in Form von „Schließen wir uns kurz“ gewünscht, denn so hörte ich noch nie jemanden sagen „Sei doch mal kurzschlüssig!“

Dem Vorschlag „Können wir uns zwecks Terminvereinbarung dann kurzschließen?“ liegt ein geplantes und kommunikatives Unterfangen zugrunde.

„Schließ es mal kurz!“ ist hin und wieder in Krimis zu hören, wenn der Zündschlüssel fehlt und ein Auto ungewollt seinen Besitzer wechseln muss. Hier führt ein elektrischer Kurzschluss übrigens ein konstruktives Ergebnis herbei – zumindest für den Autodieb.

Kommt eine Person nun dem Vorschlag nach, doch endlich mal spontan zu sein, wird sie alles andere als spontan sein, weil das dann nicht mehr spontan wäre. Spontanität muss immer unaufgefordert, freiwillig und aus einem Impuls heraus entstehen.

Fast jeder Mensch verfügt über ein gewisses Ausmaß an Spontanität und unserem Menschsein sind spontane Reaktionen auch zugehörig. Dazu zählen das Entstehen von Gefühlen und das „Einschießen" von Gedanken, wie Ideen, Assoziationen und Erinnerungen, sowie zahlreiche psychophysiologische Reflexe. So ist zum Beispiel Ekel, Überraschung, Enttäuschung oder Freude blitzartig in unserem Gesicht abzulesen. Ein „Pokerface" zu zeigen, also die Mimik unter Kontrolle zu halten, ist übrigens ziemlich schwer. Nicht umsonst sitzen bei den Profipokerturnieren die SpielerInnen mit dunklen Sonnenbrillen am Spieltisch, um nur keinesfalls ungewollt ihr Blatt mimisch zu verraten.

Erfolgreiche Pokerprofis verfügen grundlegend über eine gut ausgeprägte Fähigkeit zur Spontanität, da sie ungewöhnlich rasch Überlegungen anstellen und sehr entscheidungsfreudig sein müssen.

Um wieder einmal ein bisschen Verwirrung zu stiften, behaupte ich jetzt, dass Menschen, die Planung, Struktur, Langsamkeit, bedächtiges Vorgehen und Gleichmäßigkeit lieben, durchaus auch sehr spontan sein können. Denn es heißt ja noch lange nicht, dass ich etwas, nur weil ich es gut kann, auch mögen muss. Wenn ich mich gut und rasch auf neue Situationen einstellen kann und in diesen rasche Entscheidungen treffe, habe ich trotzdem immer die Freiheit zu wählen, ob ich das auch dann tue, wenn es nicht unbedingt von Nöten ist.

Für all jene, die ihre Spontanität fördern oder mehr ausleben möchten, eignen sich das Improvisationstheater, bei dem aus dem Stegreif Szenen erschaffen werden, sowie das Schlagfertigkeitstraining. Natürlich würden auch Lachseminare förderlich sein, aber Humor und Lachen zu können, sind bei Schlagfertigkeit die Voraussetzung und beim Improvisationstheater die Konsequenz!

Beim Improvisationstheater gilt der Grundsatz *„Ist eine Person inspiriert und offen, geht alles gut. Versucht sie jedoch, alles richtig zu machen, wird es zur Katastrophe."*

Die sogenannte Zivilcourage setzt ebenfalls spontanes Handeln voraus, hingegen ist das Bestreben, „alles richtig“ zu machen, dabei oft sehr hinderlich. Zivilcouragierte Menschen begeben sich immer wieder spontan in Schwierigkeiten, denen sie leicht hätten aus dem Weg gehen können. Sie machen spontan etwas völlig richtig, das bei genauer Überlegung für sie negative Konsequenzen haben kann. Das bedeutet, sie machen etwas richtig und gleichzeitig auch falsch! Trotzdem setzen sie keine Kurzschlusshandlungen – oder doch?

Ob couragiertes Handeln als Kurzschlusshandlung gewertet wird, ist abhängig von der Perspektive, aus der es betrachtet wird, und von der persönlichen Einstellung und dem Weltbild des Betrachters.

Eine Kurzschlusshandlung wäre es, wenn ich mich als Einzelperson zwischen eine Gruppe von GewalttäterInnen werfe, die eben dabei sind, eine Person zusammenzuschlagen. Wenn ich jedoch nur einen Funken Zivilcourage besitze, werde ich spontan Hilfe holen, statt wegzusehen und weiterzugehen. Unser Alltag bietet (leider) auch unzählige Situationen, in denen ein Mensch ohne Gefahr für Leib und Leben zivilcouragiert handeln sollte und so im Anschluss zur Belohnung Momente gedanklich-emotionaler Befriedigung erfahren kann.

So wünsche ich Ihnen nun kurz und bündig zum Schluss diese Kapitels und dieses Buches, dass Sie weiterhin das Steuerrad Ihrer Gedanken sicher in Ihren Händen halten, bedächtig durchs Meer der Gefühle gleiten, Kränkungsriffe gut umschiffen können und keinen Handlungsstürmen zum Opfer fallen.

Gedankenvolle Dankesworte

Beim Schreiben des Wortes „gedankenvoll“ rebellierten meine Gedanken plötzlich und ein Neuronengewitter erschuf dann die Frage: „Was ist eigentlich der tiefere Sinn dieses Wortes?“ Mein Hirn gab daraufhin umgehend den Befehl „Nachschlagen im Synonyme-Lexikon!“ Die Handlanger des Hirns, also meine Finger, führten den Befehl aus und bearbeiteten die PC-Tastatur und brachten mich so zu einem virtuellen Lexikon. „Versunken“ war der erste Vorschlag. Nun versunkene Dankesworte will ich nicht übermitteln, so griff ich weitere Vorschläge auf und war begeistert – denn „tiefsinnige“ und „Wohlklänge enthaltende“ Dankesworte entsprechen genau meiner Vorstellung.

Frau Verena Minoggio danke ich für die Idee des Buches. Dem Goldegg-Team danke ich für sein hervorragendes Brainstorming und den daraus resultierenden Kapitelvorschlägen. Diese waren nicht nur so anregend und spannend, dass ich am liebsten mit allen auf einmal begonnen hätte, sie wurden mir auch exzellent strukturiert unterbreitet. So hatte ich das Vergnügen, meinen Gedanken nur mehr die gezielte Richtung geben zu müssen, meiner Kreativität freien Lauf lassen zu dürfen und das in meinem Gehirn gespeicherte Wissen unter Glücksgefühlen abrufen zu können.

Frau Bruns möchte ich auch bei diesem Buch wieder „höchste Wohlklänge enthaltenden“ Dank aussprechen. Sie hat es mir wiederum möglich gemacht, meine Gedanken nicht um Beistrichsetzung, neue Rechtschreibung oder verworrene Schachtelsätze kreisen zu lassen und dadurch in ein wenig erfolgversprechendes Grübeln zu verfallen. So konnte ich meine Gedanken einfach nur sprudeln lassen, lustvoll zu Worten formen, um sie schließlich genussvoll mittels der Tastatur festzuhalten.

Bei dem stets achtsam und vernetzt denkenden Netzwerk des Goldegg Verlag-Teams, bedanke ich mich herzlich für alle Gedanken und Handlungen, die zur Entstehung dieses Buches beitrugen.

Meinem Partner danke ich für sein undenkbar großes Verständnis für meine permanente Abwesenheit an seiner Seite und die dauerhafte Anwesenheit an der Seite des Textverarbeitungsprogramms. Ich danke ihm auch für seine Bereitschaft und die Ausdauer beim „Probelesen" der einzelnen Kapitel, sein Mitdenken und seinen gedankenvollen (hier nun mit der Bedeutung tiefsinnig und tiefgründig) Input.

Meiner langjährigen Freundin Walpurga Müller danke ich für das kapitelweise Probelesen, die Korrekturen und dafür, dass sie mir uneingeschränkt positives Feedback gegeben hat – das tut einfach gut! Sie war in der Volksschule jene Sitznachbarin, die unter meinem bedenklichen Konzentrationsmangel leiden musste und die Sie im Kapitel „Denkt jeder anders?" kurz kennengelernt haben. Sie hat mir meine Nervigkeit dankenswerterweise nie nachgetragen!

Herrn Florian Randacher, österreichischem Liedermacher, Sänger, Dichter und ehemaligem Bandleader der Ausseer Hardbradler, danke ich für den inspirierenden und gedankenanregenden E-Mailverkehr und dafür, dass er mir seinen Liedtext „A jeder denkt anders" für dieses Buch zur Verfügung stellte und weiteren Input durch die Lieder auf seiner Website www.blumenbeet.ru gab.

Bei den Mitgliedern des XING-Netzwerkes bedanke ich mich für alle gedankenlosen, gedankenvollen, weisen, skurrilen, erschütternden, humorvollen und tiefsinnigen wie schwachsinnigen Statements, die mich zum Nachdenken anregten und in so manches Buchkapitel einflossen.

Tiefe Dankbarkeit empfinde ich meinen Eltern gegenüber, da sie es mir möglich machten, mich zu einem eigenständig denkenden und emotionalen Menschen zu entwickeln, der die Freiheit der Gedanken und seine Gefühle immer ausleben durfte, jedoch die Verantwortung für die Konsequenzen, die aus den resultierenden Handlungen entstanden, auch selbst tragen lernte.

Anhang

Lösungen für das Rätsel auf Seite 49

1. ein vegetarischer Schädel = Kohlkopf
2. ein widerspenstiger Schädel = Trotzkopf
3. ein geschriebener Schädel = Briefkopf
4. ein junger Schädel = Kindskopf
5. ein lebloser Schädel = Totenkopf
6. ein Schädel ohne Haare = Glatzkopf
7. ein musikalischer Schädel = Tonkopf
8. ein gedrückter Schädel = Presskopf

Der MI-Selbsttest – „Auf welche Weise bin ich intelligent?"

Kreuzen Sie bei jeder der unten stehenden Aussagen an, wie sehr diese jeweils auf Sie zutrifft (0 = trifft nicht zu, bis hin zu 4 = trifft völlig zu).

Vergleichen Sie Ihre Werte in den einzelnen Bereichen und erstellen Sie so Ihr Multiple-Intelligenz-Profil.

MI 1

Ich schreibe gerne und veröffentliche Artikel oder würde das gerne tun.	☐ ☐ ☐ ☐ ☐ 0 1 2 3 4
Ich lese fast täglich etwas, was nicht mit meiner Arbeit zusammenhängt.	☐ ☐ ☐ ☐ ☐ 0 1 2 3 4
Ich nehme Werbeplakate und -anzeigen bewusst wahr.	☐ ☐ ☐ ☐ ☐ 0 1 2 3 4
Ich höre oft Radiosendungen, Hörbücher oder andere Tonträger mit gesprochenem Wort.	☐ ☐ ☐ ☐ ☐ 0 1 2 3 4
Ich mag Kreuzworträtsel und/oder Wortspiele und/oder Anagramme.	☐ ☐ ☐ ☐ ☐ 0 1 2 3 4
Wenn ich Vorträge oder einen Unterricht halte (oder halten würde), so setze ich Tafel, Overhead-Projektor, Plakate, Flip-Chart u.Ä. ein.	☐ ☐ ☐ ☐ ☐ 0 1 2 3 4
Ich sehe mich als gute/n BriefschreiberIn.	☐ ☐ ☐ ☐ ☐ 0 1 2 3 4
Höre ich ein Lied einige Male, so kann ich mir den Text recht gut merken.	☐ ☐ ☐ ☐ ☐ 0 1 2 3 4
Wäre ich eine Lehrperson, so würde ich es wichtig finden, im Unterricht vorzulesen und/oder zu schreiben.	☐ ☐ ☐ ☐ ☐ 0 1 2 3 4
Ich habe in meinem Leben schon etwas geschrieben, das mir gefällt.	☐ ☐ ☐ ☐ ☐ 0 1 2 3 4

MI 2	
Ich mache gerne ausgedehnte Spaziergänge.	☐ 0 ☐ 1 ☐ 2 ☐ 3 ☐ 4
Ich tanze gern.	☐ 0 ☐ 1 ☐ 2 ☐ 3 ☐ 4
Ich betreibe regelmäßig eine oder mehrere Sportarten.	☐ 0 ☐ 1 ☐ 2 ☐ 3 ☐ 4
Ich übe gerne handwerkliche Tätigkeiten aus wie Nähen, Stricken, Basteln, Modellbau, ...	☐ 0 ☐ 1 ☐ 2 ☐ 3 ☐ 4
Ich finde es hilfreich, mir durch praktisches Ausprobieren neue Fertigkeiten anzueignen.	☐ 0 ☐ 1 ☐ 2 ☐ 3 ☐ 4
Beim Joggen, Staubsaugen oder anderen körperlichen Tätigkeiten kommen mir oft gute Ideen.	☐ 0 ☐ 1 ☐ 2 ☐ 3 ☐ 4
Ich bewege mich gerne im Freien und erledige auch gerne Aufgaben im Freien.	☐ 0 ☐ 1 ☐ 2 ☐ 3 ☐ 4
Längere Zeit still zu sitzen empfinde ich als schwierig.	☐ 0 ☐ 1 ☐ 2 ☐ 3 ☐ 4
Ich mag Vortrags- und Unterrichtsmethoden, die Bewegung erfordern.	☐ 0 ☐ 1 ☐ 2 ☐ 3 ☐ 4
Zahlreiche meiner Freizeitaktivitäten und Hobbies sind körperlich orientiert.	☐ 0 ☐ 1 ☐ 2 ☐ 3 ☐ 4

MI 3	
Ich achte in meinem Leben auf Farben, bei der Kleidung, in Wohn- & Arbeitsräumen und in meinem Alltag.	☐ 0 ☐ 1 ☐ 2 ☐ 3 ☐ 4
Ich fotografiere sehr gerne und, wenn es die Zeit erlaubt, auch viel.	☐ 0 ☐ 1 ☐ 2 ☐ 3 ☐ 4
Ich zeichne und male gern.	☐ 0 ☐ 1 ☐ 2 ☐ 3 ☐ 4
Reich bebilderte Bücher und Texte sprechen mich sehr an.	☐ 0 ☐ 1 ☐ 2 ☐ 3 ☐ 4

Ich mag es, wenn Texte mit Tabellen, Grafiken und Illustrationen versehen sind.	☐ 0 ☐ 1 ☐ 2 ☐ 3 ☐ 4
In fremden Städten und Umgebungen kann ich mich gut orientieren.	☐ 0 ☐ 1 ☐ 2 ☐ 3 ☐ 4
Bei Vorträgen und im Unterricht finde ich Dias und Bilder hilfreich.	☐ 0 ☐ 1 ☐ 2 ☐ 3 ☐ 4
Ich mag Rätselaufgaben und Puzzles.	☐ 0 ☐ 1 ☐ 2 ☐ 3 ☐ 4
In meiner Schulzeit war ich gut in Geometrie.	☐ 0 ☐ 1 ☐ 2 ☐ 3 ☐ 4
Wenn ich einen Vortrags-, Seminar- oder Unterrichtsraum betrete, erkenne ich, ob die Sitzordnung von Vortragenden und TeilnehmerInnen den Lern- & Lehrprozess fördert oder hemmt.	☐ 0 ☐ 1 ☐ 2 ☐ 3 ☐ 4

MI 4

Ich habe keine Probleme, einen Takt zu erkennen und einem Takt zu folgen.	☐ 0 ☐ 1 ☐ 2 ☐ 3 ☐ 4
Wenn ich ein Musikstück höre, erkenne ich Harmonien und kann diesen gut folgen.	☐ 0 ☐ 1 ☐ 2 ☐ 3 ☐ 4
Ich höre, wenn SängerInnen den Ton nicht treffen.	☐ 0 ☐ 1 ☐ 2 ☐ 3 ☐ 4
Meine Stimme ist ausdrucksstark.	☐ 0 ☐ 1 ☐ 2 ☐ 3 ☐ 4
Ich mag Lieder und Musik in meinem Leben und lasse mein Umfeld auch an meiner Liebe zur Musik teilhaben.	☐ 0 ☐ 1 ☐ 2 ☐ 3 ☐ 4
Ich spiele ein Musikinstrument.	☐ 0 ☐ 1 ☐ 2 ☐ 3 ☐ 4
Ich höre oft Musik – im Auto, in der Arbeit oder zu Hause.	☐ 0 ☐ 1 ☐ 2 ☐ 3 ☐ 4
Ich kenne und erkenne die Melodien vieler Lieder.	☐ 0 ☐ 1 ☐ 2 ☐ 3 ☐ 4
Ich summe oder pfeife oft eine Melodie, wenn ich allein bin oder mich wohl fühle.	☐ 0 ☐ 1 ☐ 2 ☐ 3 ☐ 4

Ich fühle mich gut, wenn ich mir Musik anhöre, die ich mag.	☐ 0 ☐ 1 ☐ 2 ☐ 3 ☐ 4

MI 5

Ich gehe lieber auf Veranstaltungen, Feste oder Partys, statt allein zu Hause zu bleiben.	☐ 0 ☐ 1 ☐ 2 ☐ 3 ☐ 4
Wenn ich Probleme erkenne, so diskutiere ich diese gern mit FreundInnen.	☐ 0 ☐ 1 ☐ 2 ☐ 3 ☐ 4
Andere Menschen wenden sich mit ihren Problemen oft an mich.	☐ 0 ☐ 1 ☐ 2 ☐ 3 ☐ 4
Ich unternehme in meiner Freizeit mehrmals die Woche etwas mit anderen Menschen.	☐ 0 ☐ 1 ☐ 2 ☐ 3 ☐ 4
Ich mag es, Gäste zu haben oder Feste zu veranstalten.	☐ 0 ☐ 1 ☐ 2 ☐ 3 ☐ 4
Ich übernehme gern und oft leitende Rollen bzw. Funktionen.	☐ 0 ☐ 1 ☐ 2 ☐ 3 ☐ 4
Ich helfe gern und zeige anderen, wie etwas funktioniert.	☐ 0 ☐ 1 ☐ 2 ☐ 3 ☐ 4
Mein Freundeskreis besteht aus mehr als nur einer/einem guten FreundIn.	☐ 0 ☐ 1 ☐ 2 ☐ 3 ☐ 4
Ich fühle mich unter vielen Menschen sowie auf Veranstaltungen und Festen mit vielen Unbekannten sehr wohl.	☐ 0 ☐ 1 ☐ 2 ☐ 3 ☐ 4
Ich freue mich, wenn ich Arbeits-, Vortragsstrukturen oder Seminarinhalte diskutieren und mitentscheiden kann.	☐ 0 ☐ 1 ☐ 2 ☐ 3 ☐ 4

MI 6

Ich kann Behauptungen besser akzeptieren, wenn sie messbar oder berechenbar sind.	☐ 0 ☐ 1 ☐ 2 ☐ 3 ☐ 4
Ich kann gut mit Zahlen umgehen.	☐ 0 ☐ 1 ☐ 2 ☐ 3 ☐ 4
Ich mag Kartenspiele wie Romme, Skat oder Bridge.	☐ 0 ☐ 1 ☐ 2 ☐ 3 ☐ 4

Ich mochte den Mathematikunterricht in der Schule.	☐ ☐ ☐ ☐ ☐ 0 1 2 3 4
Ich denke, dass viele Dinge logisch und rational erklärbar sind.	☐ ☐ ☐ ☐ ☐ 0 1 2 3 4
Ich mag Denkspiele.	☐ ☐ ☐ ☐ ☐ 0 1 2 3 4
Ich interessiere mich für aktuelle wissenschaftliche Entwicklungen.	☐ ☐ ☐ ☐ ☐ 0 1 2 3 4
Beim Kochen messe ich Zutaten genau ab.	☐ ☐ ☐ ☐ ☐ 0 1 2 3 4
Es macht mir Spaß, in der Arbeit, der Freizeit oder wann immer es sich ergibt, Probleme zu lösen.	☐ ☐ ☐ ☐ ☐ 0 1 2 3 4
Ich mag es, wenn Situationen und Abläufe strukturiert sind und man so weiß, was einen erwartet.	☐ ☐ ☐ ☐ ☐ 0 1 2 3 4

MI 7

Ich kann verschiedene Vogelarten gut unterscheiden.	☐ ☐ ☐ ☐ ☐ 0 1 2 3 4
Ich kann verschiedene Pflanzenarten gut unterscheiden.	☐ ☐ ☐ ☐ ☐ 0 1 2 3 4
Ich gärtnere gerne.	☐ ☐ ☐ ☐ ☐ 0 1 2 3 4
Ich mag Tiere und habe (hätte) auch gern Haustiere.	☐ ☐ ☐ ☐ ☐ 0 1 2 3 4
Ich kann Autos leicht nach Typ und Baujahr unterscheiden.	☐ ☐ ☐ ☐ ☐ 0 1 2 3 4
Ich kenne verschiedene Wolkenformationen und ihre Bedeutung für das Wetter.	☐ ☐ ☐ ☐ ☐ 0 1 2 3 4
Ich kann Unkraut gut von anderen Pflanzen unterscheiden.	☐ ☐ ☐ ☐ ☐ 0 1 2 3 4
Ich verbringe meine Zeit gerne im Freien.	☐ ☐ ☐ ☐ ☐ 0 1 2 3 4
Ich interessiere mich für Gestein.	☐ ☐ ☐ ☐ ☐ 0 1 2 3 4

Ich habe Zimmerpflanzen im Haus und im Büro.	☐ ☐ ☐ ☐ ☐ 0 1 2 3 4

MI 8

Ich meditiere regelmäßig oder gehe oft „in mich selbst".	☐ ☐ ☐ ☐ ☐ 0 1 2 3 4
Ich halte mich für unabhängig.	☐ ☐ ☐ ☐ ☐ 0 1 2 3 4
Ich führe ein Tagebuch oder halte meine Gedanken in anderer Form fest.	☐ ☐ ☐ ☐ ☐ 0 1 2 3 4
Ich komme selbst auf neue Ideen, wie man Arbeitsprozesse verändern oder Aufgabenstellungen des Alltags lösen kann, und nutze nicht nur Anleitungen.	☐ ☐ ☐ ☐ ☐ 0 1 2 3 4
In meinen Arbeitsbereichen mag ich neue Aufgabestellungen oder den Einsatz neuer Medien und Arbeitsmittel.	☐ ☐ ☐ ☐ ☐ 0 1 2 3 4
Wenn ich seelisch verletzt oder enttäuscht werde, spüre ich das sehr schnell und reagiere auch rasch darauf.	☐ ☐ ☐ ☐ ☐ 0 1 2 3 4
Ich spreche über meine Lebensprinzipien, Einstellungen und Werte und über die daraus folgenden Verhaltensweisen.	☐ ☐ ☐ ☐ ☐ 0 1 2 3 4
Manche Hobbys oder Interessen verfolge ich gerne allein.	☐ ☐ ☐ ☐ ☐ 0 1 2 3 4
Ich mag es, Aufgabenstellungen alleine zu bearbeiten.	☐ ☐ ☐ ☐ ☐ 0 1 2 3 4
Ich möchte in meinen Arbeits- und Lebensbereichen Ruhe und Zeit zum Überlegen haben.	☐ ☐ ☐ ☐ ☐ 0 1 2 3 4

Auswertung des Muliple-Intelligenzen-Profils

Punkte MI 1 (Sprachliche Intelligenz):	
Punkte MI 2 (Körperlich-kinästhetische Intelligenz):	
Punkte MI 3 (Räumliche Intelligenz):	
Punkte MI 4 (Musikalische Intelligenz):	
Punkte MI 5 (Interpersonale Intelligenz):	
Punkte MI 6 (Logisch-mathematische Intelligenz):	
Punkte MI 7 (Naturalistische Intelligenz):	
Punkte MI 8 (Intrapersonale Intelligenz):	

MI-Screening in Anlehnung an Mary Ann Christison: „Applying Multiple Intelligences Theory“ in: English Teaching Forum, Vol. 36, Nr.4, S. 11–13.

Dieser Test wurde in Anlehnung an einen Onlinetest „Emotionale Intelligenz" auf www.topos-online.at erstellt und ist als reines EQ-Screening ohne Anspruch auf Wissenschaftlichkeit, Wahrheit und Aussagekraft zu sehen.

1. **Sie sitzen auf dem Deck eines Tragflügelbootes, als plötzlich ein starkes Unwetter mit Sturm und starken Wellen aufkommt. Das Boot beginnt zu schwanken und krachen und wird hin- und hergeschüttelt. Was tun Sie?**
   a) Sie konzentrieren sich weiter auf Ihre Lektüre oder nippen achtsam an Ihrem Getränk und beachten das Schwanken nur am Rande.
   b) Sie werden wachsam, da es zu einem Notfall kommen könnte und beobachten daher das Bordpersonal aufmerksam und lesen die Notfallinstruktionen durch.
   c) Ein Mittelding aus a) und b)
   d) Kann ich mir nicht vorstellen – ist noch nie vorgekommen.
2. **Sie gehen mit vier- bis fünfjährigen Kindern von FreundInnen auf den Spielplatz. Ein Junge beginnt zu weinen, weil ihn die anderen Kinder nicht mitspielen lassen. Was tun Sie?**
   a) Gar nichts – das werden die Kinder schon unter sich regeln.
   b) Ich gehe zu dem Jungen und überlege mit ihm gemeinsam, was er tun könnte, um die anderen Kinder dazu zu motivieren, mit ihm zu spielen.
   c) Ich sage dem Jungen mit tröstenden Worten, dass er nicht zu weinen brauche.
   d) Ich agiere als AnimateurIn und motiviere alle Kinder zu einem Spiel, bei dem jedes Kind eine Rolle

zugeteilt bekommt und so alle Kinder ins Spiel eingebunden sind.

3. **Stellen Sie sich vor, Sie sind StudentIn und sind sicher, dass Sie auf eine kürzlich abgelegte schriftliche Prüfung ein „sehr gut" bekommen werden. Als Sie sich über das Prüfungsergebnis informieren, erfahren Sie, dass Ihre Prüfung mit „genügend" bewertet wurde. Was tun Sie?**
   a) Ich strukturiere den Lernstoff und erstelle einen Arbeitsplan und beschließe diesen gewissenhaft einzuhalten, damit ich mein angeeignetes Wissen dann gut wiedergeben kann.
   b) Ich beschließe in Zukunft anders zu lernen.
   c) Ich beschließe, dass diese Vorlesung nicht so wichtig ist, und richte meine Aufmerksamkeit auf Lehrveranstaltungen, in denen ich gute Prüfungsergebnisse hatte.
   d) Ich suche den Vortragenden auf, um ihn zu bitten, ob er sich meine Prüfungsarbeit nochmals ansehen könnte, da ich sehr sicher war, alle Prüfungsfragen korrekt beantwortet zu haben.
4. **Sie haben einen Nebenjob bei einer Marktforschungsfirma begonnen und müssen interviewwillige Personen über Telefon gewinnen. Zwanzig mögliche InterviewpartnerInnen haben Sie sofort abgewiesen. Sie sind ziemlich entmutigt. Was tun Sie?**
   a) Diesen Tag möglichst schnell vergessen und hoffen, dass Sie morgen vielleicht mehr motivierte Personen antreffen.
   b) Sich überlegen, ob der Misserfolg, InterviewpartnerInnen zu gewinnen, auf Ihre mangelhafte Überzeugungsstrategie zurückzuführen ist.

c) Die Anrufe weiter fortsetzen und neue Gesprächsvarianten und Strategien versuchen und sich durch Ablehnungen nicht kleinkriegen lassen.
d) Den Nebenjob aufgeben.

5. **Sie sind eine Führungskraft in einer Firma, die als Leitbild ein wertschätzendes Miteinander aller Kulturen pflegt. Sie hören, wie jemand einen rassistischen Witz erzählt und die ZuhörerInnen darüber lachen. Was tun Sie?**
   a) Da es nur ein Witz ist, ignoriere ich das Ganze.
   b) Ich bitte die Person, die den Witz erzählte, zu einem Vier-Augen-Gespräch in mein Büro und weise die Person zurecht.
   c) Ich spreche sofort sowohl die Person, die den Witz erzählt hat, als auch die LacherInnen an und mache klar, dass Rassismus auch nicht in der Form des Witzes angebracht ist und ich das in dieser Organisation nicht dulde.
   d) Ich schlage der gesamten Gruppe vor, ein Training zu besuchen, in dem Toleranz und Wertschätzung geübt werden.

6. **Sie sitzen auf dem Beifahrersitz im Auto einer befreundeten Person und diese schäumt über vor Wut, weil sie von einem Verkehrsteilnehmer eben heftig „geschnitten" wurde. Was tun Sie?**
   a) Sie raten, das Ganze zu vergessen.
   b) Sie legen die Lieblings-CD der Person ein und versuchen ihr so Entspannung zu verschaffen.
   c) Sie stimmen solidarisch in den Schimpfexzess mit ein.
   d) Sie berichten, dass Sie kürzlich auch heftig von jemandem geschnitten wurden, wodurch sie zuerst sehr erschrocken sind, um gleich darauf wütend zu werden. Sie hätten danach zufällig beobachtet, dass

der rücksichtslose Fahrer vor der Notaufnahme eines Spitals anhielt und dort völlig hektisch eine hochschwangere Frau aussteigen ließ.

7. **Sie sind mit Ihrer/Ihrem LebenspartnerIn in einen heftigen Streit geraten. In der „Hitze des Gefechts" machen beide sehr verletzende Bemerkungen und Angriffe, die „unter die Gürtellinie" zielen, wobei es beide aber nicht wirklich so meinen. Was ist jetzt am besten zu tun?**
   a) Eine Pause von ca. 30 Minuten vorschlagen und danach versuchen, möglichst konstruktiv miteinander zu reden.
   b) Abkühlen, ruhig werden und nicht mehr auf den/die PartnerIn eingehen, egal was er/sie sagt.
   c) Sich entschuldigen und auch eine Entschuldigung des/der Partners/Partnerin fordern.
   d) Kurz innehalten, um seine Gedanken ordnen zu können, um danach die eigene Sichtweise so sachlich wie möglich darzustellen.

8. **Sie haben eben die Leitung eines Projekts mit einem neu zusammengestellten Team übernommen. Die erste Aufgabe ist, ein nerviges Problem den Arbeitsablauf betreffend zu lösen. Wie gehen Sie vor?**
   a) Eine Liste mit allen Punkten und ein Zeitprotokoll für die Diskussion jedes Punktes erstellen, um die gemeinsame Arbeitszeit gewinnbringend zu nutzen.
   b) Zuerst einmal den Teammitgliedern Zeit lassen, damit sie sich besser kennenlernen und austauschen können.
   c) Jedes Mitglied des Projektteams sofort einzeln nach seinen Ideen und Vorschlägen fragen.
   d) Ein gemeinsames Brainstorming starten und alle ermutigen, jede Idee und jeden Gedanken mitzuteilen, auch wenn ein Input völlig verrückt anmutet.

9. **Ihr dreijähriges Kind ist seit Geburt außergewöhnlich schüchtern, ängstlich und sensibel – diese Ängste hat es auch vor unbekannten Orten und Menschen. Was tun Sie?**
   a) Ich nehme dieses Verhalten als gegeben hin und suche nach Möglichkeiten, mein Kind vor jenen Situationen zu schützen, die es ängstigen könnten.
   b) Ich suche mit meinem Kind eine/n Kinderpsychologin/en auf, um professionelle Hilfe einzuholen.
   c) Ich konfrontiere mein Kind bewusst mit vielen neuen Menschen und Orten, damit es seine Angst bewältigen kann.
   d) Ich versuche kontinuierlich, meinem Kind solche Herausforderungen zu verschaffen, die es bewältigen kann. So kann es schrittweise lernen, mit den angstbesetzten Situationen gut umzugehen.
10. **Sie haben sich viele Jahre vorgenommen, dem Erlernen einer Sportart oder eines Musikinstruments, Zeit zu widmen. Es ist etwas, das Sie in Ihrer Kindheit bereits probiert und sehr gemocht hatten. Sie haben jetzt endlich damit begonnen und möchten Ihre Zeit bestmöglich nutzen. Wie gehen Sie vor?**
   a) Ich halte mich gewissenhaft an eine tägliche Trainings-/Übungszeit.
   b) Ich wähle Trainingseinheiten/Musikstücke aus, bei denen ich meine Fertigkeiten schrittweise verbessern kann und Freude daran habe.
   c) Ich trainiere/übe nur dann, wenn mir danach ist.
   d) Ich wähle Trainingseinheiten/Musikstücke aus, die zwar weit über meinem Können sind, die ich jedoch mit Eifer und regelmäßiger Übung bewältigen kann.

Auswertung des EQ-Tests

	a)	b)	c)	d)	Punkte
1.	20	20	20	0	
2.	0	20	0	0	
3.	20	0	0	5	
4.	0	5	20	0	
5.	0	0	20	0	
6.	0	5	5	20	
7.	20	0	0	5	
8.	0	20	0	5	
9.	0	5	0	20	
10.	0	20	0	5	
Punkte Summe:					

0–90 Punkte: Es besteht dringender Bedarf an Selbsterfahrung, Social Skills Training oder Coaching.
100 Punkte: Guter Durchschnitt. Selbsterfahrung, Social Skills Training oder Coaching kann jedoch nie schaden!
125–150 Punkte: Ihr EQ ist für Sie und Ihr Umfeld ein Genuss!
200 Punkte: Sie sind der Einstein des EQ!

Erklärung zur Punkteverteilung des EQ-Tests

1d) Zeigt einen Mangel an Bewusstsein über normale Stressreaktionen.

2b) Emotional intelligente Menschen nutzen emotionale Augenblicke, um ein Kind zu coachen und Bewältigungsmöglichkeiten aufzuzeigen, indem sie ihm dabei helfen, zu verstehen, was es fühlt.

3a) Das Beste ist, sich selbst zu motivieren und einen Plan und eine Strategie zu entwickeln, wie man

Frustration und Hindernisse bestmöglich bewältigt, um alles dann auch praktisch umzusetzen.

4c) Eine optimistische Denkweise ist ein Faktor emotionaler Intelligenz. Dadurch kann man aus Misserfolg Erfahrungen sammeln, motiviert weitermachen und neue Strategien ausprobieren, statt in Selbstmitleid oder Selbstanklage zu versinken und bedrückt und frustriert zu sein.

5c) Es ist ein sozial kompetentes und zielgerichtetes Vorgehen, öffentlich kundzutun, dass die Firmenkultur und allgemeine soziale Normen des Unternehmens diskriminierende Aussagen in keiner Form dulden. Alle anzusprechen schafft ein Klima der Offenheit. Man kann das Denken und Tun von Menschen nicht ändern und sie somit auch nicht von ihren Vorurteilen abbringen, aber man kann verhindern, dass sie Vorurteile ausagieren und kommunizieren.

6d) Es spricht für das Vorhandensein von emotionaler Intelligenz, wenn man es schafft, eine aufgebrachte Person dahin zu bringen, sich wieder zu entspannen und dann die Situation aus verschiedenen Perspektiven zu betrachten und zu versuchen, sich in andere Beteiligte hineinzuversetzen, um deren Agieren besser begreifen zu können.

7a) Es ist nachgewiesen, dass es mindestens 20 Minuten braucht, bis sich psychophysiologische Auswirkungen von Ärger und Wut gelegt haben. Ärger blockiert konstruktive Gedanken, wodurch man leichter zum Verteilen von verbalen „kurzen Haken“ neigt. Nach einer entsprechenden Auszeit fällt eine konstruktive Diskussion viel leichter.

8b) Der schrittweise Aufbau einer Beziehung ist die Basis für jedes gute Miteinander. Wenn diese besteht, kann daraus Wohlbefinden, Vertrauen und

Kooperation wachsen. In einem solchen (Gruppen-) Klima gebären Menschen die kreativsten Ideen.

9d) Ängste sind am besten zu bewältigen, wenn man sich in seiner Angst ernst genommen fühlt, jedoch spürt, dass einem die schrittweise Überwindung der Angst zugetraut wird. Hierzu ist es notwendig, dass man regelmäßig angemessene Herausforderungen gestellt bekommt, die schrittweise gesteigert werden. So kann man seinen Mut und seine Selbstwirksamkeit erkennen und entwickelt zunehmend mehr Selbstvertrauen.

10b) Sich solche Aufgaben zu stellen, deren Gelingen möglich ist, bringt durch die kleinen Erfolge Wohlbefinden und Zufriedenheit. So entsteht ein Gefühlszustand, in dem die geistige Aufnahmefähigkeit optimal ist und wir so unsere Fertigkeiten fast spielerisch weiterentwickeln.

Selbsteinschätzungsbogen der „16 Lebensmotive nach Steven Reiss"

schwach ausgeprägt **Personen mit dem Motiv**		**ausgewogen**		**stark ausgeprägt**
geführt	lassen sich gerne führen, sind gute DienstleisterInnen, treffen ungern Entscheidungen	**Macht**	haben gerne die Verantwortung, definieren sich über ihre Leistung, sind ehrgeizig und zielstrebig	**führend**
unabhängig	handeln gerne autonom, nehmen ungern Hilfe an, pflegen ihre Individualität	**Unabhängigkeit**	sind konsensorientiert, arbeiten gerne im Team, bevorzugen wechselseitige Abhängigkeit	**konsensorientiert**
praktisch	sehen Wissen als Mittel zum Zweck, suchen nach praktischem Nutzen, haben wenig Interesse am Detail	**Neugier**	lernen um des Lernen willen, sind wissbegierig, suchen nach der Wahrheit	**wissbegierig**
selbstbewusst	haben viel Selbstsicherheit, sind offen gegenüber Kritik, sind eher faktenbezogen	**Anerkennung**	fürchten Zurückweisung, sind perfektionistisch, sind kritiksensibel	**kritiksensibel**
flexibel	planen nur ungern, agieren flexibel und spontan, können gut improvisieren	**Ordnung**	sind gut organisiert, brauchen Stabilität und Klarheit, mögen Routine	**strukturiert**
zweckorientiert	sparen nur, um großzügig zu sein, werfen Dinge schnell weg, verleihen und verschenken viel	**Sparen/ Sammeln**	horten und bewahren gerne Dinge, werfen Sachen ungern weg, haben Dinge gerne vollständig	**sparsam**

schwach ausgeprägt Personen mit dem Motiv		ausgewogen		stark ausgeprägt
großzügig	sind flexibel, handeln ziel- und zweckorientiert, sind „ich-bezogene" Pragmatiker	**Ehre**	agieren regelkonform, handeln prinzipoorientiert, haben feste moralische Werte	**prinzipientreu**
realistisch	sind weltlich und realistisch, konzentrieren sich auf eigenes Umfeld, akzeptieren Ungerechtigkeit	**Idealismus**	engagieren sich und spenden, nehmen generell Anteil, wollen die Welt besser machen	**idealistisch**
zurückgezogen	sind eher introvertiert, mögen Alleinsein, fühlen sich in Gesellschaft unwohl	**Beziehungen**	sind eher extravertiert, mögen Gesellschaft, sind sozial kompetent	**kontaktfreudig**
partnerschaftlich	führen gerne partnerschaftliche Beziehungen, schätzen ihren Freiraum, haben geringen Kinderwunsch	**Familie**	sind fürsorglich, mögen Familienleben, haben starken Kinderwunsch	**fürsorglich**
bescheiden	leben bescheiden, sind eher unauffällig, sind von Titeln/Besitz unbeeindruckt	**Status**	wollen öffentliche Anerkennung, mögen (im-)materielle Statusobjekte (-symbole), tragen gerne Titel	**elitär**
harmonisierend	streben nach Harmonie, sind konfliktscheu vermitteln oft	**Rache/ Wettkampf**	wollen gewinnen oder sich verteidigen, vergleichen sich oft mit anderen, suchen messbare Ergebnisse	**kämpferisch**

schwach ausgeprägt Personen mit dem Motiv		ausgewogen		stark ausgeprägt
asketisch	leben asketisch und nüchtern, haben wenig Interesse an Sexualität, scheuen sich vor Sinnlichkeit	**Eros**	führen ein erotisches Leben, interessieren sich für Kunst etc., wollen physisch attraktiv sein	**sinnlich**
hunger-stillend	fühlen sich durch Hunger gestört, wählen eintönig aus, sehen Essen als Nebensache	**Essen**	planen Mahlzeiten gedanklich, mögen Variantenreichtum, zelebrieren ihr Essen	**genießerisch**
bequem	mögen Gemütlichkeit, faulenzen gerne, vernachlässigen ihre Fitness	**Körperliche Aktivität**	spüren gerne ihren Körper, suchen nach körperlichen Grenzen, mögen Bewegung	**sportlich**
stress-robust	sind stressrobust, suchen die Herausforderung, sehen Veränderung als Chance	**Emotionale Ruhe**	machen sich viele Sorgen, sind eher ängstlich, sehen Veränderungen als Risiko	**stress-sensibel**

Selbsteinschätzungsbogen der „16 Lebensmotive nach Steven Reiss“ (www.institut-fuer-lebensmotive.de)

Grundrechte

	Meine Grundrechte	Beispiele für deren Bedeutung
1.	Recht auf menschliche Würde (Art. 1 GG)	Andere müssen mich achten und respektieren. Ich darf nicht verleumdet und lächerlich gemacht werden.
2.	Recht auf freie Entfaltung der Persönlichkeit, Leben und körperliche Unversehrtheit (Art. 2 GG)	Ich kann mein Verhalten ändern oder auch nicht, so kann ich z.B. abends weggehen, wenn ich das früher auch nie getan habe. Ich kann meinen Hobbies und Neigungen nachgehen. Ich habe das Recht auf eigene Gefühle und Gedanken, ohne mich dafür rechtfertigen zu müssen. Ich habe das Recht, Fehler zu machen und die Folgen selbst zu tragen. Mich darf niemand körperlich verletzen.
3.	Recht auf Gleichberechtigung (Art. 3 GG)	Ich muss als Frau bei gleicher Arbeit ebensoviel Lohn bekommen wie ein Mann. Ich darf anderen eine Bitte abschlagen, ohne mich als egoistisch wahrzunehmen. Ich darf als Arbeiterkind mit dem gleichen Recht studieren wie ein/e Arztsohn/-tochter.
4.	Recht auf Glaubens-, Gewissens- und Bekenntnisfreiheit (Art. 4 GG)	Ich kann meinen Glauben selbst wählen.

5.	Recht auf freie Meinungsäußerung (Art. 5 GG)	Ich kann die Verhältnisse, in denen ich lebe, kritisieren. Ich kann meine Meinung ändern, auch wenn ich zu einem anderen Zeitpunkt einen ganz anderen Standpunkt vertreten habe. Ich brauche Fragen nicht zu beantworten.
6.	Recht auf Unversehrtheit der Wohnung (Art. 13 GG)	Der Vermieter darf nicht einfach meine Wohnung betreten, wenn er will. Ich kann jeden aus meiner Wohnung weisen.
7.	Recht auf Gewährleistung des Eigentums (Art. 14 GG)	Der Hausbesitzer darf nicht ungefragt mein altes Fahrrad der Müllabfuhr mitgeben. Der Nachbar darf meine Zeitung nicht aus dem Briefkasten nehmen.

Selbsterkennung Depression: WHO-5-Fragebogen zum Wohlbefinden

Zutreffendes bitte ankreuzen						
In den letzten beiden Wochen	**die ganze Zeit**	**meistens**	**über die Hälfte der Zeit**	**weniger als die Hälfte der Zeit**	**ab und zu**	**zu keinem Zeitpunkt**
1. war ich froh und guter Laune	⑤	④	③	②	①	⓪
2. habe ich mich ruhig und entspannt gefühlt	⑤	④	③	②	①	⓪
3. habe ich mich aktiv und voller Energie gefühlt	⑤	④	③	②	①	⓪
4. habe ich mich beim Aufwachen frisch und ausgeruht gefühlt	⑤	④	③	②	①	⓪
5. war mein Alltag voller Dinge, die mich interessieren	⑤	④	③	②	①	⓪
Gesamtpunkte: Wenn Sie in der Gesamtsumme weniger als 13 Punkte erreichen, sprechen Sie bitte mit Ihrem Arzt.						

Quelle: www.nein-zur-depression.at / adaptiert nach WHO, Version 1998

Bastian, T. (2006). Schäm dich! Das unangenehmste Gefühl unserer Zeit. Psychologie Heute, 5, S. 48.

Bauer, J. (2006). Warum ich fühle, was du fühlst. Intuitive Kommunikation und das Geheimnis der Spiegelneuronen. München: Heyne Verlag.

Brizendine, L. (2007). Das weibliche Gehirn. Warum Frauen anders sind als Männer. Hamburg: Hoffmann und Campe Verlag.

de Saint-Exupéry, A. (2000). Der Kleine Prinz. Düsseldorf: Rauch Verlag.

Ein Gespräch mit Bärbel Wardetzki (2000). Kränkungen: Warum wir manches allzu persönlich nehmen. Psychologie Heute, 6, München: Spektrum Verlag.

Ein Gespräch mit Leon Wurmser (2000). „Rache ist ein archaisches Gefühl". Psychologie Heute, 6, München: Spektrum Verlag.

Ernst, H. (2003). Intuition. Können wir unserem Bauchgefühl vertrauen? Psychologie Heute, 3, München: Spektrum Verlag.

Ernst, H. (2007). Verbotene Gedanken, verpönte Gefühle. Psychologie Heute, 11, München: Spektrum Verlag.

Fine, C. (2007). Wissen Sie, was Ihr Gehirn denkt? Wie in unserem Oberstübchen die Wirklichkeit verzerrt wird ... und warum. München: Spektrum Verlag.

Gardner, H. (2008). Intelligenzen: Die Vielfalt des menschlichen Geistes. Stuttgart: Klett-Cotta.

Gigerenzer, G. (2007). Bauchentscheidungen. Die Intelligenz des Unbewussten und die Macht der Intuition. München: C. Bertelsman.

Gobnik, A., Kuhl, P. & Meltzoff, A. (2001). Forschergeist in Windeln. Wie Ihr Kind die Welt begreift. Genf: Ariston.

Handler, B. (2008). Mit allen Sinnen leben. Tägliches Genusstraining. Wien: Goldegg Verlag.

Handler, B. (2009). Meine magische Persönlichkeit. Persönlichkeitsanalyse mit der Erdgeistchenmethode. Wien: Goldegg Verlag.

Huber, A. (2009). Das Wissensquintett. Fünf Intelligenzen für das 21. Jahrhundert. Psychologie Heute, 7 , S. 36.
Metzinger, T. (1995). Generelle Einleitung: Das Problem des Bewußtseins. In Metzinger 1995: www.philosophie.uni-mainz.de/metzinger/publikationen/1995e.html (10–05–18).
Metzinger, T. (Hrsg.) (2005). Bewusstsein. Beiträge aus der Gegenwartsphilosophie. Paderborn: Mentis-Verlag.
Oertl, M. (2005). Unser verräterisches Gehirn. PM Online. www.pm-magazin.de/de/heftartikel/artikel_id1026.htm
Pauen, S. & Herber, V. (Hrsg.) (2009). Offensive Bildung: Vom Kleinsein zum Einstein. Berlin: Cornelsen Verlag Scriptor.
Reason, J. (1994). Menschliches Versagen. Psychologische Risikofaktoren und moderne Technologien. Heidelberg: Spektrum Verlag.
Schmitt, A. (2004). Magische Gestalten auf dem Familienbrett. Familiendynamik, (29) 1, S. 22–53.
Schnabel, U. & Uehlecke, J. (2009). Sind die Gedanken noch frei? Die Zeit (Online), 28.
Science ORF.at. Vorurteile sind schlecht für das Denken. http://sciencev1.orf.at/science/news/96159 (09–10–15).
Stavemann, H. H. (1999). Emotionale Turbulenzen. Kognitive Verhaltenstherapie von Angst, Aggression, Depression und Verzweiflung. (2., überarbeitete Auflage). Weinheim: Beltz.
Steiner, G. (2008). Warum Denken traurig macht. Frankfurt am Main: Suhrkamp.
Unverzagt, G. (2000). Gerächte Verhältnisse: Rache ist süß – aber verständlich. Psychologie Heute, 6 , S. 20.
Weik, S. (2009). Warum wie Vorurteile nicht loswerden können. Welt Online. www.pm-magazin.de/de/heftartikel/ganzer_artikel.asp?artikelid=1026 (09-11-14).

Über die Autorin

© Alexandra Taufner

Mag. Beate Handler ist Klinische Psychologin, Gesundheitspsychologin, Arbeitspsychologin und Psychotherapeutin (Verhaltenstherapie). Sie hat langjährige verhaltensmedizinische Erfahrung in den Bereichen Psychosomatische Erkrankungen, Burnout und Stressfolgen.

Durch die weit über dreitausend Erstgespräche, die sie im Zuge ihrer klinisch-psychologischen Tätigkeit über die Jahre hinweg geführt hat, konnte sie tiefe Einblicke in das menschliche Denken und Fühlen nehmen, wie es ähnlicher, aber ebenso unterschiedlich nicht sein kann. Auch der psychotherapeutische Prozess selbst ist ein zirkulierender Kreis von „denkendem Beobachten (also Schauen), ganzheitlichem und analytischem Denken und in Folge Umsetzen (also Handeln)", sowohl auf Seite der KlientInnen als auch seitens der PsychotherapeutInnen.

In ihrer psychologischen und psychotherapeutischen Praxis arbeitet sie mit Erwachsenen, Kindern und Jugendlichen, die von unterschiedlichen psychischen Störungsbildern betroffen sind. Wissenschaftliches Arbeiten, Vorträge, Workshops, Coaching und Supervision zählen zu ihren weiteren Tätigkeitsfeldern.

Sie ist die Autorin der Bücher „Mit allen Sinnen leben. Tägliches Genusstraining" (2010, zweite Auflage) und „Meine magische Persönlichkeit. Persönlichkeitsanalyse mit der Erdgeistchen-Methode" (2009). Beide sind im Goldegg Verlag erschienen.

www.psychotherapie-verhaltenstherapie.com
beate.handler@goldegg-verlag.at
+43 (0) 676-4077108

Brigitte Bösenkopf
Mut zur Lebensfreude
Lustvoll leben, lieben und arbeiten
GOLDEGG VERLAG